中等职业教育"十三五"规划教材
中职中专会计专业创新型系列教材

涉税会计实务

黄　莉　主　编

林　彤　副主编

冼卓朝　主　审

科学出版社

北　京

内 容 简 介

本书按照财政部最新的《企业会计准则》及财政部、国家税务总局最新颁布的法律法规编写，包括财政部、国家税务总局《关于全面推开营业税改征增值税试点的通知》《关于印发〈增值税会计处理规定〉的通知》以及2017年国家税务总局出台的相关公告等。全书分为八章，在内容编写上突出实用性，将复杂的税务问题变得通俗易懂，容易接受。每章后面都附有练习题，帮助学生巩固税收基本理论，提高其税务会计的实操能力。

本书既可作为中职财经类职业院校学生的学习用书，也可作为企业财税管理人员的工作指导用书。

图书在版编目（CIP）数据

涉税会计实务/黄莉主编. —北京：科学出版社，2017
（中等职业教育"十三五"规划教材·中职中专会计专业创新型系列教材）
ISBN 978-7-03-053275-6

Ⅰ.①涉…　Ⅱ.①黄…　Ⅲ.①税收会计－中等专业学校－教材
Ⅳ.①F810.42

中国版本图书馆CIP数据核字（2017）第128649号

责任编辑：贾家琛　王　琳/责任校对：王万红
责任印制：吕春珉/封面设计：艺和天下

科 学 出 版 社 出版
北京东黄城根北街16号
邮政编码：100717
http://www.sciencep.com

三河市良远印务有限公司印刷
科学出版社发行　各地新华书店经销
*
2017年8月第 一 版　开本：787×1092 1/16
2017年8月第一次印刷　印张：18 3/4
字数：444 000
定价：50.00元
（如有印装质量问题，我社负责调换<良远印务>）
销售部电话 010-62136230　编辑部电话 010-62135120-2019

前　言

涉税会计是税收法律法规与会计核算融为一体的一门专业会计,而涉税会计实务将税收的法律法规与财务会计联系在一起,是财经类院校一门实用的课程。

本书围绕税务会计的岗位需求,遵循职业能力培养规律,在课程内容设计上,运用大量例题,实现理论与实践相结合,使企业各税种的计算、会计处理、纳税申报等知识与操作都有所体现,充分体现涉税会计实务课程的实践性、岗位性、开放性和规律性要求。本书按照财政部最新的《企业会计准则》及最新颁布实施的税收法律法规(包括 2016 年 5 月 1 日开始全面推开营业税改征增值税的最新政策)编写,主要介绍税收的基本理论、基本方法,结合大量真实案例说明公司企业各税额的计算及会计处理、纳税申报。

本书内容体系设计新颖,根据公司企业对税务会计的要求确定内容,将税收的法律法规与真实的经济业务联系在一起,将理论转化为实践,实现会计核算、税收筹划、纳税申报的有机结合。

本书由黄莉担任主编,由林彤担任副主编,由崔向画、刘星辛、李夏参编,由德永信税务师事务所冼卓朝担任主审。具体编写分工如下:崔向画编写第一章,黄莉编写第二章和第四章,刘星辛编写第三章,林彤编写第五至七章,李夏编写第八章。

由于编者水平及编写时间有限,本书难免存在不足之处,恳请广大读者批评指正。

需要课件的教师请与科学出版社联系。所有意见及建议请发邮箱:594958871@qq.com。

编　者

2017 年 4 月

目　　录

第一章 涉税会计概述

学习目标

通过学习本章，学生应了解税收法律责任，掌握税务登记、发票开具与管理、纳税申报、税款征收、税务代理和税收检查及法律责任等内容。要特别注意税务登记的各种时间期限性的规定，掌握增值税发票开具的要求，了解税收保全措施和税收强制执行的联系和区别。

第一节 初识税收

情景导入

每次听到"税收"这个词，很多人觉得它离自己的生活很远，其实税收与我们的生活息息相关。学校门口有一个杂货店，店主是个中年人，小店的利润并不丰厚，但他每个月都缴120元左右的税费。一次，有人问他："为什么要纳税，你不觉得吃亏吗？"店主流露出由衷的微笑，说："我的小店之所以生意好，多亏国家把我们缴上的税款拨下来修路。以前通往小店的路不好走，小店的生意不好做。说到底，这税款还是用在我们纳税人身上了。"他还说他女儿在一个教学条件好的学校读书，学校建设资金也许有一部分就是他缴的税款。"你说亏不亏？"他反问。这位小店老板是一个平凡的人，但却深知税收"取之于民，用之于民"，才会感到"我纳税，我自豪！"

依法纳税是我国每个公民的义务。

那么，税收到底是什么？都有什么特征呢？

一般来说，公司税务会计的职责是负责税务登记、增值税认证、减免申请、发票领购、日常税务事项的处理，企业税务事项的办理、涉税业务凭证账表的填制、纳税申报、企业的税收筹划。

中华人民共和国税收征收管理法（2015 年修正）

中华人民共和国税收征收管理法实施细则（2016 年修正）

一、税收的概念

税收是国家（政府）为了实现其职能，满足社会公共需要，凭借其政治权力，运用法律手段，按照预定标准，向社会成员强制、无偿征收，而取得财政收入的一种形式。

税收的存在，最直观地看是由国家的存在决定的。国家从氏族公社蜕变出来以后，就成为公共事务的执行者，公共事务是满足公共需要的活动。所以从根本上说，税收的存在是由公共需要决定的。而公共需要则是社会需要中一个重要的有机组成部分。

从国家（政府）产生之日起，也就产生了税收。欧洲奴隶制国家形成以后，随即出现了对私有土地征收的税收。

【知识拓展】

中国古代税收:中国赋税历史源远流长，从夏朝开始就出现了贡。进入春秋时期，以鲁国的"初税亩"为标志，开始征收实物田税。租税制一直延续到秦、汉、两晋。北魏实行均田制，至唐朝发展成为租庸调制。"安史之乱"之后，唐朝开始实行以土地、财产为征税标准，分夏秋两季征收的"两税法"。"两税法"一直沿用到明代。明朝中期，张居正提出了将田赋、徭役和杂税合并的"一条鞭法"。清朝建立以后，在田赋征收上仍沿用"一条鞭法"，雍正年间，实行"摊丁入亩"，简化征收手续，完成了赋和役的合一。

二、税收的特征

税收与其他财政收入形式相比，具有强制性、无偿性、固定性3个基本特征。

1. 强制性

税收的强制性是指国家凭借政治权力，依据税法向纳税人强制课征，纳税人必须依据税法严格履行纳税义务。如果纳税人不履行纳税义务，必然会受到国家有关法律的制裁。

2. 无偿性

税收的无偿性是指国家在取得税收收入的同时，不需要向纳税人进行任何直接的返还，也不支付任何报酬。不过税收的无偿性是就具体纳税人而言的。国家征税的目的是满足社会公共需要。国家通过征税取得的财政收入，又通过各项财政支出用于国防安全、行政管理、教育卫生等社会事业，就整个财政活动来看，税收又具有有偿性的一面。

【知识拓展】

2016 年 7 月 20 日，税务总局收入规划核算司副司长郑小英通报了今年上半年税务部门组织税收收入情况。上半年，全国税务部门组织税收收入 64 979 亿元（已扣减出口退税），同比增长 9.4%。扣除卷烟消费税政策调整翘尾增收等特殊因素后，增长 5.1% 左右。

3. 固定性

税收的固定性是指以税法为表现形式的国家与纳税人之间的征纳关系的固定性，特别是指以法律的形式预先规定的课税对象和征税数额之间的数量比例（即税率）的固定性，征纳双方不得超越法律而随意改变。

税收的固定性还包含连续征收的含义，即征税要定期进行，而非只征收一次。当然，税收的固定性只是相对而言，因为各种税的征收制度从长期来看不可能一成不变。

三、我国税制结构

税制结构是指一国税收体系的整体布局和总体结构，是国家根据当时经济条件和发展要求，在特定税收制度下，由税类、税种、税制要素和征收管理层次所组成的，区分主次，相互协调、相互补充的整体系统。我国现行税制是以流转税为主体、所得税为发展重点的复合税制体系。

【知识拓展】

我国现行税制结构的形成及其特点新中国成立以来，为了适应不同时期社会政治经济条件的发展变化，我国的税收制度经历了多次重大改革，但税制结构中流转税居于主导地位的特点始终没有改变。中国税制结构的发展演变具体经历了3个阶段。

第一阶段是新中国成立初期到党的十一届三中全会以前。在这一阶段，我国税制实行以流转税为主体的"多种税、多次征"的税制模式，当时流转税收入占整个税收收入的80%以上。在国有企业占绝对比重、利润上缴形式为主的计划经济背景下，这种税制结构虽然可以基本满足政府的财政需要，但是却排斥了税收发挥调节经济的作用。

第二阶段是党的十一届三中全会以后到1994年税制改革以前。我国经济体制改革使国有经济"一枝独秀"的局面逐步有所改变，为适应税源格局的变化，我国政府于1983年和1984年分两步进行了"利改税"的改革，首次对国有企业开征了所得税，并改革了原工商税制。"利改税"以后，我国所得税占工商税收收入的比重迅速上升。1985年，所得税例达到34.3%，基本形成了一套以流转税为主体、所得税次之、其他税种相互配合的复合税制体系。

第三阶段是1994年税制改革后形成的现行税制结构。我国现行税制是在1994年工商税制改革的基础上形成的，此次改革侧重于税制结构的调整和优化，在普遍开征增值税的基础上，建立了以增值税为主体，消费税、营业税彼此配合的流转税体系；颁布并实施了统一的内资企业所得税和个人所得税的法律、法规。1994年税制改革后，我国的税种由32个减少到18个，税制结构得到了简化，并趋于合理。

四、税收种类

我国现行的税收分类如表 1-1 所示。

表 1-1　税收分类

分类标准	类型	代表税种
征税对象	流转税类	增值税、消费税、烟叶税和关税
	所得税类	企业所得税、个人所得税
征税对象	财产税类	房产税、车船税、船舶吨税
	资源税类	资源税
	行为税类	印花税、车辆购置税、城市维护建设税、证券交易税
征收管理的分工体系	工商税类	绝大多数
	关税类	进出口关税
征收权限和收入支配权限	中央税	关税、消费税
	地方税	城镇土地使用税、契税
	中央地方共享税	增值税、企业所得税、资源税、对证券交易征收的印花税
计税标准	从价税	增值税、消费税
	从量税	资源税、车船税、城镇土地使用税、消费税
	复合税	消费税中的卷烟和白酒

五、税务机构设置

中央政府设立国家税务总局（正部级），省级以下设立国家税务局和地方税务局两个系统。国家税务总局对国家税务局系统垂直管理；地方税务局由上级机关和同级政府双重领导。国家税务局负责增值税（即中央税和地方共享税）、消费税及资源税（即中央税）等税种的征收。地方税务局负责营业税、个人所得税、土地增值税、房产税（即地方税）等税种的征收。

六、税法

1. 税法及分类

税法是国家制定的用以调整国家与纳税人之间在征纳税方面的权利与义务关系的法律规范的总称。它是国家及纳税人依法征税、依法纳税的行为准则，其目的是保障国家利益和纳税人的合法权益，维护正常的税收秩序，保证国家的财政收入。

（1）按功能和作用分类

税法按功能和作用，分为税收实体法和税收程序法。

1）税收实体法。税收实体法是规定税收法律关系主体的实体权利、义务的法律规范总称。其主要内容包括纳税主体、征税客体、计税依据、税目、税率、减免税等，是国家向纳税人行使征税权和纳税人负担纳税义务的要件，只有具备这些要件时，纳税人才负有纳税义务，国家才能向纳税人征税。税收实体法直接影响到国家与纳税人之间权利义务的分配，是税法的核心部分，没有税收实体法，税法体系就不能成立。

例如，《中华人民共和国企业所得税法》（以下简称《企业所得税法》）、《中华人民共和国个人所得税法》（以下简称《个人所得税法》）就属于实体法。

2）税收程序法。税收程序法是税收实体法的对称，指以国家税收活动中所发生的程序关系为调整对象的税法，是规定国家征税权行使程序和纳税人纳税义务履行程序的法律规范的总称。其内容主要包括税收确定程序、税收征收程序、税收检查程序和税务争议的解决程序。税收程序法是指如何具体实施税法的规定，是税法体系的基本组成部分，如《中华人民共和国税收征收管理法》（以下简称《税收征收管理法》）就属于税收程序法。

（2）按主权国家行使税收管辖权分类

税法按主权国家行使税收管辖权，分为国内税法、国际税法、外国税法。

1）国内税法是指一国在其税收管辖权范围内，调整国家与纳税人之间权利义务关系的法律规范的总称，是由国家立法机关和经由授权或依法律规定的国家行政机关制定的法律、法规和规范性法律文件。

2）国际税法是指两个或两个以上的课税权主体对跨国纳税人的跨国所得或财产征税形成的分配关系，并由此形成国与国之间的税收分配形式，主要包括双边或多边国家间的税收协定、条约和国际惯例等。一般而言，国际税法的效力高于国内税法。

3）外国税法是指外国各个国家制定的税收法律制度。

（3）按税法法律级次分类

税法按法律级次，分为税收法律、税收行政法规、税收行政规章和税收规范性文件。

1）税收法律（狭义的税法），指由全国人民代表大会及其常务委员会制定，如《企业所得税法》《个人所得税法》《税收征收管理法》。

2）税收行政法规，指由国务院制定的有关税收方面的行政法规和规范性文件，如《中华人民共和国个人所得税法实施条例》《中华人民共和国税收征收管理法实施细则》等。

3）税收规章和税收规范性文件，由国务院财税主管部门（财政部、国家税务总局、海关总署和国务院关税税则委员会）根据法律和国务院行政法规或者规范性文件的要求，在本部门权限范围内发布的有关税收事项的规章和规范性文件，包括命令、通知、公告、通告、批复、意见、函等文件形式。税收规章分为税收部门规章和地方税收规章。

税法的分类标准和具体内容如表 1-2 所示。

表 1-2　税法的分类

标准	具体内容
功能作用（内容）	税收实体法（税法的核心部分）、税收程序法（税法体系的基本组成部分）
主权国家行使税收管辖权	国内税法、国际税法、外国税法
税法法律级次（效力从高到低）	税收法律、税收行政法规、税收规章、税收规范性文件

2. 税法的构成要素

税法的构成要素，是指各种单行税法具有的共同的基本要素的总称。一般包括征税人、纳税义务人、征税对象、税目、税率、计税依据、纳税环节、纳税期限、纳税地点、减免税和法律责任等项目。纳税义务人、征税对象和税率是构成税法的 3 个最基本的要素。

(1) 征税人

征税人又称征税主体，是指代表国家行使税收征管权的各级税务机关和其他征收机关。征税主体在税收征纳活动中行使的税权的内容是税收征管权，具体包括税收征收权、税收管理权和税收入库权；征税主体在税收征纳活动中实施的行为是征税行为，即依法将应收税款及时、足额征收入库。由于税收是以国家为主体的特殊分配形式，所以征税主体只能是国家，而不是其他主体。在我国，征税主体的具体部门有税务部门、财政部门和海关。

(2) 纳税义务人

纳税义务人即纳税人，又叫纳税主体，是指依法直接负有纳税义务的自然人、法人和其他组织。例如，增值税的纳税义务人是在我国境内销售货物、服务或者提供加工、修理修配劳务、销售服务、无形资产或不动产，以及进口货物的单位和个人。

(3) 征税对象

征税对象又叫课税对象、征税客体，指税法规定对什么征税，是征纳税双方权利义务共同指向的客体或标的物，是区别一种税与另一种税的重要标志。征税对象包括物或行为，都分别规定了征税对象。例如，资源税的征税对象是原油、天然气、煤炭、其他非金属矿原矿、有色金属原矿和盐。

(4) 税目

税目是纳税对象的具体化，是税法中具体规定的应当征税的项目。规定税目的目的有两个：一是为了明确征税的具体范围，凡列入税目的即为应税项目，未列入税目的，则不属于应税项目；二是为了对不同的征税项目加以区分，从而制定高低不同的税率，以体现不同的税收政策。实际上并非所有税种都需规定税目。

(5) 税率

税率是指应纳税额与计税额（或数量单位）之间的比例，是计算税额的尺度。税率的高低直接关系国家财政收入的多少和纳税人的负担程度，是税收法律制度中的核心要素。我国现行的税率主要有比例税率、定额税率、累进税率等。

1）比例税率，是指对同一征税对象，不论金额大小都按同一比例纳税。我国的增值税、营业税、城市维护建设税、企业所得税等均采用比例税率。比例税率在使用中又可以分为单一比例税率、差别比例税率和幅度比例税率。

2）定额税率，又称固定税率，是按纳税对象的一定计量单位规定固定的税额，而不采取百分比的形式。我国目前采用定额税率的有资源税中的大部分税目、城镇土地使用税、车船税等。定额税率计算简便，税负不受物价波动的影响，但有时也可能造成税负不公平。

3）累进税率，是指按照纳税对象数额的大小，实行等级递增的税率。一般适用于对所得和财产征税，如工资、薪金所得缴纳的个人所得税。

累进税率按结构不同，又可分为全额累进税率（"超额累进税率"的对称，全部课税对象数额都按其与之适应的最高一级征税比例计税的一种累进税率）、超额累进税率（工资、薪金所得缴纳的个人所得税）和超率累进税率（原理基本同超额累进税率，只是以征税对象数额的相对率划分级次）。

（6）计税依据

计税依据又叫税基，是指计算应纳税额的依据或标准，即依据什么来计算纳税人应缴纳的税额。计税依据是课税对象的量的体现，通常情况下，计税依据的数额与应纳税额成正比，计税依据的数额越多，应纳税额就越多。计税依据包括从价计征、从量计征和复合计征。

1）从价计征，是以征税对象的价值量为计税依据。例如，企业所得税是以应纳税所得额作为计税依据，消费税的大部分应税消费品以销售额作为计税依据。

2）从量计征，是以课税对象的自然实物量为计税依据，按税法规定的计量标准（数量、重量、面积等）计算。例如，消费税中的黄酒、啤酒以吨数作为计税依据；汽油、柴油以升数作为计税依据。

3）复合计征，是指既根据征税对象的价值量，又根据课税对象的自然实物量为计税依据。例如，我国现行的消费税中的卷烟、白酒等。

（7）纳税环节

纳税环节，是指税法规定的商品从生产到消费的流转过程中缴纳税款的环节。有的税种纳税环节单一，如资源税。有的税种需要对两个或两个以上的多个环节征税，如增值税。

（8）纳税期限

纳税期限指纳税人在发生纳税义务后，应向税务机关申报纳税的起止时间。超过纳税期限未缴税的，属于欠税，应依法加收滞纳金。纳税期限一般分为按期纳税和按次纳税两种形式。

税法关于纳税期限的规定有3个概念：一是纳税义务发生时间；二是纳税期限；三是缴库期限。

（9）纳税地点

纳税地点是指纳税人依据税法向征税机关申报缴纳税款的具体地点。我国税法规定的纳税地点主要有机构所在地、经济活动发生地、财产所在地、报关地等。

（10）减免税

减免税，即给予鼓励或照顾的一种特别规定。减税是从应征税款中减征部分税款；免税是免征全部税款。

除税法另有规定，一般减税、免税都属于定期减免的性质，期满后要恢复征税。

1）减税和免税。减税是对纳税人的应纳税额通过打一定折扣，少征一部分税款，或通过降低法定税率而减轻纳税人的一部分负担。免税是对纳税人的某一项或某几项计税对象免予征税。

2）起征点，是指计税依据达到国家规定的数额开始征税的界限。计税依据的数额未达到起征点的不征税；达到或超过起征点的，就其全部数额征税，而不是仅就超过部分征税。

3）免征额，是指在计税依据总额中免予征税的数额，它是按照一定标准从计税依据总额中预先减除的数额。免征额部分不纳税，只对超过免征额的部分征税。

（11）法律责任

法律责任是指对违反国家税法规定的行为人采取的惩罚性措施。税收法律责任的形式主要有行政法律责任和刑事法律责任。纳税人和税务人员违反税法规定，都将依法承担法律责任。

1）违反税务管理的法律责任。

纳税人有下列行为之一的，由税务机关责令限期改正，可以处 2 000 元以下的罚款；情节严重的，处 2 000 元以上 1 万元以下的罚款：①未按照规定的期限申报办理税务登记、变更或者注销登记的；②未按照规定设置、保管账簿或者保管记账凭证和有关资料的；③未按照规定将财务、会计制度或者财务、会计处理办法和会计核算软件报送税务机关备查的；④未按照规定将其全部银行账号向税务机关报告的；⑤未按照规定安装、使用税控装置，或者损毁，或者擅自改动税控装置的。

纳税人不办理税务登记的，由税务机关责令限期改正；逾期不改正的，经税务机关提请，由工商行政管理机关吊销其营业执照。

纳税人未按照规定使用税务登记证件，或者转借、涂改、损毁、买卖、伪造税务登记证件的，处 2 000 元以上 1 万元以下的罚款；情节严重的，处 1 万元以上 5 万元以下的罚款。

扣缴义务人未按照规定设置、保管代扣代缴、代收代缴税款账簿或者保管代扣代缴、代收代缴税款记账凭证及有关资料的，由税务机关责令限期改正，可以处 2 000 元以下的罚款；情节严重的，处 2 000 元以上 5 000 元以下的罚款。

2）违反纳税申报管理规定的法律责任。

纳税人未按照规定的期限办理纳税申报和报送纳税资料的，或者扣缴义务人未按照规定的期限向税务机关报送代扣代缴、代收代缴税款报告表和有关资料的，由税务机关责令限期改正，可以处 2 000 元以下的罚款；情节严重的，可以处 2 000 元以上 1 万元以下的罚款。

3）偷税的法律责任。

纳税人伪造、变造、隐匿、擅自销毁账簿、记账凭证，或者在账簿上多列支出或者不列、少列收入，或者经税务机关通知申报而拒不申报，或者进行虚假的纳税申报，不缴或者少缴应纳税款的，是偷税。对纳税人偷税的，由税务机关追缴其不缴或者少缴的税款、滞纳金，并处不缴或者少缴的税款 50% 以上 5 倍以下的罚款；构成犯罪的，依法追究刑事责任。

扣缴义务人采取前款所列手段，不缴或者少缴已扣、已收税款，由税务机关追缴其不缴或者少缴的税款、滞纳金，并处不缴或者少缴的税款 50% 以上 5 倍以下的罚款；构成犯罪的，依法追究刑事责任。

纳税人、扣缴义务人编造虚假计税依据的，由税务机关责令限期改正，并处 5 万元以下的罚款。

4）逃税的法律责任。

纳税人欠缴应纳税款，采取转移或者隐匿财产的手段，妨碍税务机关追缴欠缴的税款的，由税务机关追缴欠缴的税款、滞纳金，并处欠缴税款 50% 以上 5 倍以下的罚款；构成犯罪的，依法追究刑事责任。

纳税人不进行纳税申报，不缴或者少缴应纳税款的，由税务机关追缴其不缴或者少缴的税款、滞纳金，并处不缴或者少缴的税款 50% 以上 5 倍以下的罚款。

5）骗税的法律责任。

以假报出口或者其他欺骗手段，骗取国家出口退税款的，由税务机关追缴其骗取的退税款，并处骗取税款 1 倍以上 5 倍以下的罚款；构成犯罪的，依法追究刑事责任。

对骗取国家出口退税款的，税务机关可以在规定期间内停止为其办理出口退税。

6）抗税的法律责任。

以暴力、威胁方法拒不缴纳税款的，是抗税，除由税务机关追缴其拒缴的税款、滞纳金外，依法追究刑事责任。情节轻微，未构成犯罪的，由税务机关追缴其拒缴的税款、滞纳金，并处拒缴税款 1 倍以上 5 倍以下的罚款。

第二节　税务登记管理

情景导入

可达信息科技有限责任公司是一家注册在上海的外商独资企业，根据业务要求，2016 年 4 月在广州设立了分公司，同时在工商营业执照上做了备案，那么在税务登记上应如何处理呢？

税务登记是指纳税人为履行纳税义务就有关纳税事宜向税务机关办理登记的一种法定手续。税务登记是税务机关依据税法规定，对纳税人的生产、经营活动进行登记管理的一项法定制度，也是纳税人依法履行纳税义务的法定手续。税务登记是整个税收征收管理的起点。

《税务登记管理办法》规定，凡有法律、法规规定的应税收入、应税财产或应税行为的各类纳税人，均应当依照该办法的规定办理税务登记。扣缴义务人应当在发生扣缴义务时，到税务机关申报登记，领取扣缴税款凭证。税务登记包括开业登记，变更登记，停业、复业登记，注销登记，外出经营报验登记等。

关于修改《税务登记
管理办法》的决定

一、开业登记

开业登记是指纳税人依法成立并经工商行政管理机关登记后，为确认其纳税人的身份，纳入国家税务管理体系而到税务机关进行的登记。

1. 开业税务登记的对象

（1）领取营业执照从事生产、经营的纳税人

领取营业执照从事生产、经营的纳税人包括企业；企业在外地设立的分支机构和从事生产、经营的场所；个体工商户；从事生产、经营的事业单位（以下统称从事生产、经营的纳税人）。

（2）其他纳税人

对不从事生产经营活动，但依法负有纳税义务的单位和个人，除临时取得应税收入或发生应税行为的，也应该按规定向税务机关办理税务登记。

2. 开业税务登记的时间和地点

（1）开业税务登记的时间

企业，企业在外地设立的分支机构和从事生产、经营的场所，个体工商户和从事生产、经营的事业单位（以下统称从事生产、经营的纳税人），向生产、经营所在地税务机关申报办理税务登记：

1）从事生产、经营的纳税人领取工商营业执照的，应当自领取工商营业执照之日起30日内申报办理税务登记，税务机关发放税务登记证及副本。

2）从事生产、经营的纳税人未办理工商营业执照，但经有关部门批准设立的，应当自有关部门批准设立之日起30日内申报办理税务登记，税务机关发放税务登记证及副本。

3）从事生产、经营的纳税人未办理工商营业执照，也未经有关部门批准设立的，应当自纳税义务发生之日起30日内申报办理税务登记，税务机关发放临时税务登记证及副本。

4）有独立的生产经营权、在财务上独立核算并定期向发包人或者出租人上交承包

费或租金的承包承租人，应当自承包承租合同签订之日起 30 日内，向其承包承租业务发生地税务机关申报办理税务登记，税务机关发放临时税务登记证及副本。

5）境外企业在中国境内承包建筑、安装、装配、勘探工程和提供劳务的，应当自项目合同或协议签订之日起 30 日内，向项目所在地税务机关申报办理税务登记，税务机关发放临时税务登记证及副本。

其他纳税人，除国家机关、个人和无固定生产、经营场所的流动性农村小商贩外，均应当自纳税义务发生之日起 30 日内，向纳税义务发生地税务机关申报办理税务登记，税务机关发放税务登记证及副本。

纳税人提交的证件和资料齐全且税务登记表的填写内容符合规定的，税务机关应当日办理并发放税务登记证件。纳税人提交的证件和资料不齐全或税务登记表的填写内容不符合规定的，税务机关应当场通知其补正或重新填报。

已办理税务登记的扣缴义务人应当自扣缴义务发生之日起 30 日内，向税务登记地税务机关申报办理扣缴税款登记。税务机关在其税务登记证件上登记扣缴税款事项，税务机关不再发放扣缴税款登记证件。

根据税收法律、行政法规的规定可不办理税务登记的扣缴义务人，应当自扣缴义务发生之日起 30 日内，向机构所在地税务机关申报办理扣缴税款登记。税务机关发放扣缴税款登记证件。

（2）开业税务登记的地点

企业、企业在外地设立的分支机构和从事生产、经营的纳税人，向生产、经营所在地税务机关申报办理税务登记。

发生争议的，由税务机关和纳税人税务登记地税务机关的共同上级税务机关指定管辖。

3. 开业登记的程序

开业登记的程序如图 1-1 所示。

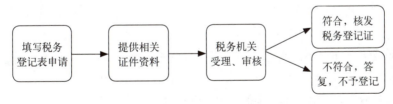

图 1-1　开业登记的程序

办理税务登记是为了建立正常的征纳秩序，是纳税人履行纳税义务的第一步。纳税人所属的本县（市）以外的非独立经济核算的分支机构，除由总机构申报办理税务登记外，还应当自设立之日起 30 日内，向分支机构所在地税务机关申报办理注册税务登记。在办理税务登记时，纳税人应认真填写税务登记表。

纳税人办理税务登记时应提供以下证件、资料。

1）工商营业执照或其他核准执业证件。

2）有关合同、章程、协议书。

3）组织机构统一代码证书。

4）法定代表人、负责人或业主的居民身份证、护照或者其他合法证件。

5）需要提供的其他有关证件、资料，由省、自治区、直辖市税务机关确定。

纳税人在申报办理税务登记时，应当如实填写税务登记表。

4. 税务登记证的核发

税务机关应当自收到申报之日起 30 日内审核并发给税务登记证件。

二、变更登记

变更登记是指纳税人在办理税务登记后，原登记的内容发生变化时向原税务机关申报办理的税务登记。

1. 变更税务登记的适用范围

纳税人办理税务登记后，如发生下列情形之一的，应当办理变更税务登记。

1）改变名称或改变法定代表人或者业主姓名。

2）改变经济类型或经济性质。

3）改变住所或者经营地点（指不涉及改变主管国家税务机关）。

4）改变生产经营范围或经营方式。

5）改变开户银行及账号。

6）改变隶属关系。

7）改变其他税务登记内容的。

2. 变更税务登记的时限要求

纳税人已在工商行政管理机关办理变更登记的，应当自工商行政管理机关变更登记之日起 30 日内，向原税务登记机关申报办理变更税务登记。

纳税人按照规定不需要在工商行政管理机关办理变更登记或者其变更登记的内容与工商登记内容无关的，应当自税务登记内容实际发生变化之日起 30 日内，或者自有关机关批准或者宣布变更之日起 30 日内，持有关证件到原税务登记机关申报办理变更税务登记。

税务机关应当自受理之日起 30 日内，审核办理变更税务登记。

纳税人提交的有关变更登记的证件、资料齐全的，应如实填写税务登记变更表，符合规定的，税务机关应当日办理；不符合规定的，税务机关应通知其补正。

税务机关应当于受理当日办理变更税务登记。纳税人税务登记表和税务登记证中的内容都发生变更的，税务机关按变更后的内容重新发放税务登记证件；纳税人税务登记表的内容发生变更而税务登记证中的内容未发生变更的，税务机关不重新发放税务登记证件。

三、停业、复业登记

停业、复业登记是指实行定期定额征收方式的纳税人，因自身经营的需要，暂停和恢复生产经营活动而向主管税务机关申请办理的税务登记。

1. 停业登记

实行定期定额征收方式（个体工商户）的纳税人需要停业的，在停业前应当向税务机关申报办理停业登记。税务机关应责成申请停业的纳税人结清税款并收回其税务登记证件、发票领购簿和发票。纳税人的发票不便收回的，税务机关应当就地予以封存。

纳税人在停业期间发生纳税义务的，应当按照税收法律、行政法规的规定申报缴纳税款。

纳税人的停业期限不得超过 1 年。

纳税人停业期满不能及时恢复生产经营的，应当在停业期满前到税务机关办理延长停业登记，并如实填写《停业复业报告书》。

2. 复业登记

定期定额户停业期满，应当于恢复生产经营或提前恢复生产经营前 5 日内向原主管税务机关提出复业申请，领取并填写"复业申请表"办理复业登记。税务机关当即或 2 日内确认后，制作"复业单证领取表"，纳税人确认签章后领回并启用原税务登记证件、发票领购簿及其停业前领购的发票，纳入正常管理。

纳税人停业期满不能及时恢复生产、经营的，应当在停业期满前填写"延期复业申请审批表"向主管地方税务机关提出延长停业登记申请，如实填写"停、复业报告书"，主管地方税务机关核准后发放"核准延期复业通知书"，方可延期。

纳税人停业期满未按期复业又不申请延长停业的，主管地方税务机关视为已恢复营业，实施正常的税收征收管理。纳税人在停业期间发生纳税义务的，应当按照税收法律、行政法规的规定申报缴纳税。

四、注销税务登记

注销登记是指纳税人在发生解散、破产、撤销以及依法终止履行纳税义务的其他情形时，向原税务登记机关申请办理的登记。

1. 注销税务登记的适用范围及时间

1）经营期限届满而自动解散。

2）由于改组、分立、合并等原因被撤销。

3）资不抵债破产。

4）因住所、经营地点迁移而涉及改变税务登记机关的，应当在向工商行政管理机关或者其他机关申请办理变更登记、注销登记前，或者住所、经营地点变动前，持有关证件和资料，向原税务登记机关申报办理注销税务登记，并自注销税务登记之日起

30 日内向迁达地税务机关申报办理税务登记（先注销，再设立）。

5）被工商行政管理机关吊销营业执照，应当自营业执照被吊销之日起 15 日内，向原税务登记机关申报办理注销税务登记。

6）纳税人依法终止履行纳税义务的其他情形。

2. 注销税务登记的程序、方法

1）领取并填写"注销税务登记申请审批表"，提供有关证件、资料。

2）税务机关受理、审阅。

3）缴销发票、清缴税款。

4）稽查环节（可能没有）。

5）办理注销税务登记手续。

五、外出经营报验登记

外出经营报验登记是指从事生产经营的纳税人到外县市进行临时性的生产经营活动时，按规定申报办理的税务登记。

从事生产、经营的纳税人到外县（市）进行生产经营的，应当向主管税务机关申请开具外出经营活动税收管理证明。

按照一地（县、市）一证的原则，核发"外出经营活动税收管理证明"（以下简称《外管证》)。《外管证》的有效期限一般为 30 日，最长不得超过 180 天。

纳税人应当在到达经营地进行生产、经营前向经营地税务机关申请报验登记。

外出经营活动结束，纳税人应当向经营地税务机关填报"外出经营活动情况申报表"，并按规定结清税款，缴销未使用完的发票。纳税人应当在"外出经营活动税收管理证明"有效期满后 10 日内，持《外管证》回原税务登记地税务机关办理《外管证》缴销手续。

六、纳税人税种登记

纳税人在办理开业或变更税务登记的同时应当申请填报税种登记，由税务机关根据其生产、经营范围及拥有的财产等情况，认定录入纳税人所适用的税种、税目、税率、报缴税款期限、征收方式和缴库方式等。税务机关依据"纳税人税种登记表"所填写的项目，自受理之日起 3 日内进行税种登记。

七、扣缴义务人扣缴税款登记

扣缴义务人是指法律、行政法规规定负有代扣代缴、代收代缴税款义务的单位和个人。

扣缴税款登记是指依法负有扣缴税款义务的扣缴义务人，发生扣缴义务时向税务机关申报办理税务登记的一种管理制度。

扣缴义务人应当自扣缴义务发生之日起 30 日内，向所在地的主管税务机关申报办理扣缴税款登记，领取扣缴税款登记证件。

第三节　增值税专用发票的使用和管理

情景导入

刘星是广州长美科技有限公司的经理，2016年11月30日在君乐酒家请客户吃饭，饭后付款要求酒家开出增值税专用发票，以便报销。酒家收银员告知没有增值税专用发票，只有普通发票，而且发票用完了，下个月才能开。酒家收银员的做法有问题吗？

中华人民共和国
发票管理办法

中华人民共和国发票
管理办法实施细则

一、增值税专用发票概述

发票是指在购销商品、提供或接受服务及从事其他经营活动中，开具、收取的收付款书面证明。发票是确定经济收支行为发生的法定凭证，是会计核算的原始依据，也是税务稽查的重要依据。发票按照用途及反映的内容不同，可分为增值税专用发票、普通发票和专业发票。

增值税专用发票是增值税一般纳税人销售货物或者提供应税劳务开具的发票，是购买方支付增值税税额并可按照增值税有关规定据以抵扣增值税进项税额的凭证。一般纳税人应通过增值税防伪税控系统（以下简称防伪税控系统）使用专用发票。使用包括领购、开具、缴销、认证纸质专用发票及其相应的数据电文。防伪税控系统，是指经国务院同意推行的，使用专用设备和通用设备，运用数字密码和电子存储技术管理专用发票的计算机管理系统。专用设备，是指金税卡、IC卡、读卡器和其他设备。通用设备，是指计算机、打印机、扫描器具和其他设备。

1.增值税专用发票的构成与限额管理

（1）增值税专用发票的构成

增值税专用发票由基本联次或者基本联次附加其他联次构成，基本联次为3联：发票联、抵扣联和记账联。发票联，作为购买方核算采购成本和增值税进项税额的记账凭证；抵扣联，作为购买方报送主管税务机关认证和留存备查的凭证；记账联，作为销售方核算销售收入和增值税销项税额的记账凭证。其他联次用途，由一般纳税人自行确定。

（2）增值税专用发票限额管理

增值税专用发票实行最高开票限额管理。最高开票限额，是指单份专用发票开具的销售额合计数不得达到的上限额度。

最高开票限额由一般纳税人申请，税务机关依法审批。一般纳税人申请最高开票限额时，需填报《增值税专用发票最高开票限额申请单》。主管税务机关受理纳税人申请后，根据需要进行实地查验，实地查验的范围和方法由各省国税机关确定。

自2014年5月1日起，一般纳税人申请领用增值税专用发票，最高开票限额为十万元的，主管税务机关不需要进行实地查验。各省国税机关可在此基础上扩大，不需要进行实地查验，实地查验的范围和方法由各省国税机关确定。

税务机关应根据纳税人实际生产经营和销售情况进行审批，保证纳税人生产经营的正常需要。

此外，防伪税控系统的具体发行工作由区县级税务机关负责。

2. 增值税专用发票的初始发行

一般纳税人领购专用设备后，凭《最高开票限额申请表》《发票领购簿》到主管税务机关办理初始发行。

初始发行，是指主管税务机关将一般纳税人的下列信息载入空白金税卡和IC卡的行为。

1）企业名称。

2）税务登记代码。

3）开票限额。

4）购票限量。

5）购票人员姓名、密码。

6）开票机数量。

7）国家税务总局规定的其他信息。

一般纳税人发生上列第1）、3）、4）、5）、6）、7）项信息变化，应向主管税务机关申请变更发行；发生第2）项信息变化，应向主管税务机关申请注销发行。

3. 增值税专用发票的领购范围

按照规定，增值税专用发票只限于增值税一般纳税人领购使用。一般纳税人有下列情形之一的，不得领购开具增值税专用发票：

1）会计核算不健全，不能向税务机关准确提供增值税销项税额、进项税额、应纳税额数据及其他有关增值税税务资料的。上列其他有关增值税税务资料的内容，由省、自治区、直辖市和计划单列市国家税务局确定。

2）有《税收征收管理法》规定的税收违法行为，拒不接受税务机关处理的。

3）有下列行为之一，经税务机关责令限期改正而仍未改正的：①虚开增值税专用发票；②私自印制增值税专用发票；③向税务机关以外的单位和个人买取增值税专用发票；④借用他人增值税专用发票；⑤未按规定开具增值税专用发票；⑥未按规定保管增值税专用发票和专用设备；⑦未按规定申请办理防伪税控系统变更发行；⑧未按规定接受税务机关检查。

有上列情形的，如已领购增值税专用发票，主管税务机关应暂扣其结存的增值税专用发票和IC卡。

未按规定保管增值税专用发票和专用设备是指：未设专人保管增值税专用发票和专用设备；未按税务机关要求存放增值税专用发票和专用设备；未将认证相符的增值税专用发票抵扣联、《认证结果通知书》和《认证结果清单》装订成册；未经税务机关查验，擅自销毁增值税专用发票基本联次。

4. 关于全面推行增值税发票系统升级版的规定

为适应税收现代化建设需要，满足增值税一体化管理要求，国家税务总局发布了《关于全面推行增值税发票系统升级版的规定》（国家税务总局公告2015年第19号）自2015年4月1日起在全国范围分步全面推行增值税发票系统升级版。

（1）推行范围

目前尚未使用增值税发票系统升级版的增值税纳税人，推行工作按照先一般纳税人和起征点以上小规模纳税人、后起征点以下小规模纳税人和使用税控收款机纳税人的顺序进行，具体推行方案由各省国税局根据本地区的实际情况制定。

（2）发票使用

1）一般纳税人销售货物、提供应税劳务和应税服务开具增值税专用发票、货物运输业增值税专用发票和增值税普通发票。

2）小规模纳税人销售货物、提供应税劳务和应税服务开具增值税普通发票。

税务机关为小规模纳税人代开增值税专用发票和货物运输业增值税专用发票，按照《国家税务总局关于印发〈税务机关代开增值税专用发票管理办法（试行）〉的通知》（国税发〔2004〕153号）和《国家税务总局关于在全国开展营业税改征增值税试点有关征收管理问题的公告》（国家税务总局公告2013年第39号）有关规定执行。

3）一般纳税人和小规模纳税人从事机动车（旧机动车除外）零售业务开具机动车销售统一发票。

4）通用定额发票、客运发票和二手车销售统一发票继续使用。

5）纳税人使用增值税普通发票开具收购发票，系统在发票左上角自动打印"收购"字样。

（3）系统使用

增值税发票系统升级版是对增值税防伪税控系统、货物运输业增值税专用发票税控系统、稽核系统，以及税务数字证书系统等进行整合升级完善。实现纳税人经过税务数字证书安全认证、加密开具的发票数据，通过互联网实时上传税务机关，生成增值税发票电子底账，作为纳税申报、发票数据查验以及税源管理、数据分析利用的依据。

1）增值税发票系统升级版纳税人端税控设备包括金税盘和税控盘（以下统称专用设备）。专用设备均可开具增值税专用发票、货物运输业增值税专用发票、增值税普通发票和机动车销售统一发票。

2）纳税人应在互联网连接状态下在线使用增值税发票系统升级版开具发票。增值税发票系统升级版可自动上传已开具的发票明细数据。

3）纳税人因网络故障等原因无法在线开票的，在税务机关设定的离线开票时限和离线开具发票总金额范围内仍可开票，超限将无法开具发票。纳税人开具发票次月仍未连通网络上传已开具发票明细数据的，也将无法开具发票。纳税人连通网络上传发票数据后方可开票，若仍无法连通网络的携带专用设备到税务机关进行征期报税或非征期报税后方可开票。

纳税人已开具未上传的增值税发票为离线发票。离线开票时限是指自第一份离线发票开具时间起开始计算可离线开具的最长时限。离线开票总金额是指可开具离线发票的累计不含税总金额，离线开票总金额按不同票种分别计算。

纳税人离线开票时限和离线开票总金额的设定标准及方法由各省、自治区、直辖市和计划单列市国家税务局确定。

4）按照有关规定不使用网络办税或不具备网络条件的特定纳税人，以离线方式开具发票，不受离线开票时限和离线开具发票总金额限制。特定纳税人的相关信息由主管税务机关在综合征管系统中设定，并同步至增值税发票系统升级版。

5）纳税人应在纳税申报期内将上月开具发票汇总情况通过增值税发票系统升级版进行网络报税。

特定纳税人不使用网络报税，需携带专用设备和相关资料到税务机关进行报税。

除特定纳税人外，使用增值税发票系统升级版的纳税人，不再需要到税务机关进行报税，原使用的网上报税方式停止使用。

6）一般纳税人发票认证、稽核比对、纳税申报等涉税事项仍按照现行规定执行。

7）一般纳税人和小规模纳税人自愿选择使用增值税税控主机共享服务系统开具增值税发票，任何税务机关和税务人员不得强制纳税人使用。

（4）纳税人置换专用设备

纳税人原使用的增值税税控系统金税盘（卡）、税控盘，需置换为增值税发票系统升级版专用设备。增值税发票系统升级版服务单位按照优惠价格（报税盘价格）对原金税盘（卡）、税控盘进行置换。

（5）红字发票开具

1）一般纳税人开具增值税专用发票或货物运输业增值税专用发票（以下统称专用发票）后，发生销货退回、开票有误、应税服务中止，以及发票抵扣联、发票联均无法认证等情形但不符合作废条件，或者因销货部分退回及发生销售折让，需要开具红字专用发票的，暂按以下方法处理：

① 专用发票已交付购买方的，购买方可在增值税发票系统升级版中填开并上传《开具红字增值税专用发票信息表》或《开具红字货物运输业增值税专用发票信息表》（以下统称《信息表》）。《信息表》所对应的蓝字专用发票应经税务机关认证（所购货物或服务不属于增值税扣税项目范围的除外）。经认证结果为"认证相符"并且已经抵扣增值税进项税额的，购买方在填开《信息表》时不填写相对应的蓝字专用发票信息，应暂依《信息表》所列增值税税额从当期进项税额中转出，未抵扣增值税进项税额的可列入当期进项税额，待取得销售方开具的红字专用发票后，与《信息表》一并作为记账凭证；经认证结果为"无法认证""纳税人识别号认证不符""专用发票代码、号码认证不符"，以及所购货物或服务不属于增值税扣税项目范围的，购买方不列入进项税额，不作进项税额转出，填开《信息表》时应填写相对应的蓝字专用发票信息。

专用发票尚未交付购买方或者购买方拒收的，销售方应于专用发票认证期限内在增值税发票系统升级版中填开并上传《信息表》。

② 主管税务机关通过网络接收纳税人上传的《信息表》，系统自动校验通过后，生成带有"红字发票信息表编号"的《信息表》，并将信息同步至纳税人端系统中。

③ 销售方凭税务机关系统校验通过的《信息表》开具红字专用发票，在增值税发票系统升级版中以销项负数开具。红字专用发票应与《信息表》一一对应。

④ 纳税人也可凭《信息表》电子信息或纸质资料到税务机关对《信息表》内容进行系统校验。

⑤ 已使用增值税税控系统的一般纳税人，在纳入升级版之前暂可继续使用《开具红字增值税专用发票申请单》。

2）税务机关为小规模纳税人代开专用发票需要开具红字专用发票的，按照一般纳税人开具红字专用发票的方法处理。

3）纳税人需要开具红字增值税普通发票的，可以在所对应的蓝字发票金额范围内开具多份红字发票。红字机动车销售统一发票需与原蓝字机动车销售统一发票一一对应。

二、增值税专用发票的开具

1. 开具范围

1）一般纳税人销售货物或者提供应税劳务，应向购买方开具增值税专用发票。

"营改增"纳税人发生应税劳务，应当向索取增值税专用发票的购买方开具增值税专用发票，并在发票上注明销售额和销项税额。

小规模纳税人需要开具增值税专用发票的，可向主管税务机关申请代开（除住宿业、鉴证咨询业、建筑业外）。

2）一般纳税人有下列行为的，不得开具增值税专用发票。

① 商业企业一般纳税人零售的烟、酒、食品、服装、鞋帽（不包括劳保专用部分）、化妆品等消费品不得开具增值税专用发票。

② 销售免税货物不得开具增值税专用发票，法律、法规及国家税务总局另有规定的除外。

③ 销售报关出口的货物、在境外销售应税劳务。

④ 将货物用于集体福利或个人消费。

⑤ 将货物无偿赠送他人（若受赠人为一般纳税人，可根据受赠人的要求开具增值税专用发票）。

⑥ 提供非应税劳务（不包括上述应当征收增值税的应税劳务）。

⑦ 向小规模纳税人销售服务、转让无形资产或不动产。

⑧ 向消费者个人销售服务、转让无形资产或不动产。

⑨ 适用免征增值税规定的应税行为。

⑩ "营改增"纳税人发生的应税行为，增值税专用发票的开具问题。

【知识拓展】

1）金融商品转让，不得开具增值税专用发票。

2）经纪代理服务，以取得的全部价款和价外费用，扣除向委托方收取并代为支付的政府性基金或者行政事业性收费后的余额为销售额。向委托方收取的政府性基金或者行政事业性收费，不得开具增值税专用发票。

3）试点纳税人根据 2016 年 4 月 30 日前签订的有形动产融资性售后回租合同，在合同到期前提供的有形动产融资性售后回租服务，选择继续按照有形动产融资租赁服务缴纳增值税的，经人民银行、银监会或者商务部批准从事融资租赁业务的试点纳税人，可以选择以向承租方收取的全部价款和价外费用，扣除向承租方收取的价款本金，以及对外支付的借款利息（包括外汇借款和人民币借款利息）、发行债券利息后的余额为销售额。向承租方收取的有形动产价款本金，不得开具增值税专用发票，可以开具普通发票。

4）试点纳税人提供旅游服务，可以选择以取得的全部价款和价外费用，扣除向旅游服务购买方收取并支付给其他单位或者个人的住宿费、餐饮费、交通费、签证费、门票费和支付给其他接团旅游企业的旅游费用后的余额为销售额。选择上述办法计算销售额的试点纳税人，向旅游服务购买方收取并支付的上述费用，不得开具增值税专用发票，可以开具普通发票。

5）提供劳务派遣服务选择差额纳税的纳税人，向用工单位收取用于支付给劳务派遣员工工资、福利和为其办理社会保险及住房公积金的费用，不得开具增值税专用发票，可以开具普通发票。

6）纳税人提供人力资源外包服务，向委托方收取并代为发放的工资和代理缴纳的社会保险、住房公积金，不得开具增值税专用发票，可以开具普通发票。

2.增值税专用发票的开具要求

1）项目齐全，与实际交易相符。

2）字迹清楚，不得压线、错格。

3）发票联和抵扣联加盖财务专用章或者发票专用章。

4）按照增值税纳税义务的发生时间开具。

对不符合上列要求的专用发票，购买方有权拒收。

一般纳税人销售货物或者提供应税劳务可汇总开具专用发票。汇总开具专用发票的，同时使用防伪税控系统开具《销售货物或者提供应税劳务清单》，并加盖财务专用章或者发票专用章。

3.增值税差额征税发票的开具

（1）金融商品转让。

1）一般纳税人。通过增值税发票管理新系统中正常开票功能，按照卖出价依6%的税率全额开具增值税普通发票。

2）小规模纳税人。通过增值税发票管理新系统中正常开票功能，按照卖出价依3%征收率开具增值税普通发票。

（2）经纪代理服务

1）一般纳税人。

方式一：通过增值税发票管理新系统中正常开票功能，以取得的全部价款和价外费用，扣除向委托方收取并代为支付的政府性基金或者行政事业性收费后的余额依6%的税率开具增值税专用发票；代为支付的费用依6%的税率开具增值税普通发票。

方式二：通过增值税发票管理新系统中正常开票功能，以取得的全部价款和价外费用，依6%的税率全额开具增值税普通发票。

2）小规模纳税人。

方式一：通过增值税发票管理新系统中正常开票功能，以取得的全部价款和价外费用，依3%征收率开具增值税普通发票。

方式二：通过增值税发票管理新系统中正常开票功能，以取得的全部价款和价外费用，扣除向委托方收取并代为支付的政府性基金或者行政事业性收费后的余额，依3%征收率到国税机关申请代开增值税专用发票；代为支付的政府性基金或者行政事业性收费，依3%征收率开具增值税普通发票。

（3）融资租赁和融资性售后回租业务

1）一般纳税人。通过增值税发票管理新系统中正常开票功能，以取得的全部价款和价外费用，按适用税率全额开具增值税专用发票或增值税普通发票。

2）小规模纳税人。

① 有形动产融资租赁。

方式一：通过增值税发票管理新系统中正常开票功能，以取得的全部价款和价外费用，依 3% 征收率全额开具增值税普通发票。

方式二：通过增值税发票管理新系统中正常开票功能，扣除支付的借款利息（包括外汇借款和人民币借款利息）、发行债券利息和车辆购置税后的余额，依 3% 征收率到国税机关申请代开增值税专用发票；支付的借款利息（包括外汇借款和人民币借款利息）、发行债券利息和车辆购置税，依 3% 征收率全额开具增值税普通发票。

② 不动产融资租赁。

方式一：通过增值税发票管理新系统中正常开票功能，以取得的全部价款和价外费用，依 5% 征收率开具增值税普通发票。

方式二：通过增值税发票管理新系统中正常开票功能，扣除支付的借款利息（包括外汇借款和人民币借款利息）、发行债券利息后的余额，依 5% 征收率到国税机关申请代开增值税专用发票；支付的借款利息（包括外汇借款和人民币借款利息）、发行债券利息，依 5% 征收率开具增值税普通发票。

（4）旅游服务

1）一般纳税人。

① 选择差额征税。

方式一：以取得的全部价款和价外费用，扣除向旅游服务购买方收取并支付给其他单位或者个人的住宿费、餐饮费、交通费、签证费、门票费和支付给其他接团旅游企业的旅游费用后的余额依 6% 的税率开具增值税专用发票。

向旅游服务购买方收取并支付给其他单位或者个人的住宿费、餐饮费、交通费、签证费、门票费和支付给其他接团旅游企业的旅游费用依 6% 的税率开具增值税普通发票。

方式二：以取得的全部价款和价外费用依 6% 的税率全额开具增值税普通发票。

② 选择全额征税。通过增值税发票管理新系统中正常开票功能，以取得的全部价款和价外费用依 6% 的税率全额开具增值税发票。

2）小规模纳税人。

方式一：通过增值税发票管理新系统中正常开票功能，以取得的全部价款和价外费用，依 3% 征收率全额开具增值税普通发票。

方式二：通过增值税发票管理新系统中正常开票功能，以取得的全部价款和价外费用，扣除向旅游服务购买方收取并支付给其他单位或者个人的住宿费、餐饮费、交通费、签证费、门票费和支付给其他接团旅游企业的旅游费用后的余额，依 3% 征收率到国税机关申请代开增值税专用发票；向旅游服务购买方收取并支付给其他单位或者个人的住宿费、餐饮费、交通费、签证费、门票费和支付给其他接团旅游企业的旅游费用，依 3% 征收率开具增值税普通发票。

（5）提供建筑服务

1）一般纳税人。通过增值税发票管理新系统中正常开票功能，以取得的全部价款和价外费用全额开具增值税发票。

2）小规模纳税人。

方式一：通过增值税发票管理新系统中正常开票功能，以取得的全部价款和价外费用，依 3% 征收率全额开具增值税普通发票。

方式二：通过增值税发票管理新系统中正常开票功能，以取得的全部价款和价外费用，依 3% 征收率到国税机关申请代开增值税专用发票。

（6）销售自行开发的房地产项目

1）一般纳税人。通过增值税发票管理新系统中正常开票功能，以取得的全部价款和价外费用全额开具增值税发票。

2）小规模纳税人。

方式一：通过增值税发票管理新系统中正常开票功能，以取得的全部价款和价外费用，依 5% 征收率全额开具增值税普通发票。

方式二：通过增值税发票管理新系统中正常开票功能，以取得的全部价款和价外费用，依 5% 征收率到国税机关申请代开增值税专用发票。

（7）劳务派遣服务

1）一般纳税人。

① 选择简易计税方法差额征税。

方式一：通过增值税发票管理新系统中正常开票功能，以取得的全部价款和价外费用，扣除代用工单位支付给劳务派遣员工的工资、福利和为其办理社会保险及住房公积金后的余额依 5% 的征收率开具增值税专用发票；代用工单位支付给劳务派遣员工的工资、福利和为其办理社会保险及住房公积金依 5% 的征收率开具增值税普通发票。

方式二：通过增值税发票管理新系统中正常开票功能，以取得的全部价款和价外费用全额依 5% 的征收率开具增值税普通发票。

② 选择一般计税方法。通过增值税发票管理新系统中正常开票功能，以取得的全部价款和价外费用依 6% 的税率全额开具增值税发票。

2）小规模纳税人。

① 选择简易计税方法差额征税。

方式一：通过增值税发票管理新系统中正常开票功能，以取得的全部价款和价外费用，依 5% 征收率全额开具增值税普通发票。

方式二：通过增值税发票管理新系统中正常开票功能，以取得的全部价款和价外费用，扣除代用工单位支付给劳务派遣员工的工资、福利和为其办理社会保险及住房公积金后的余额，依 5% 征收率到国税机关申请代开增值税专用发票；代用工单位支付给劳务派遣员工的工资、福利和为其办理社会保险及住房公积金，依 5% 征收率开具增值税普通发票。

② 选择简易计税方法。

方式一：通过增值税发票管理新系统中正常开票功能，以取得的全部价款和价外费用，依 3% 征收率全额开具增值税普通发票。

方式二：通过增值税发票管理新系统中正常开票功能，以取得的全部价款和价外费用，依 3% 征收率到国税机关申请代开增值税专用发票。

(8) 人力资源外包服务

1) 一般纳税人。

方式一：通过增值税发票管理新系统中正常开票功能，以取得的全部价款和价外费用，扣除代为发放的工资和代理缴纳的社会保险、住房公积金后的余额按适用税率开具增值税专用发票；代为发放的工资和代理缴纳的社会保险、住房公积金按适用税率开具增值税普通发票。

方式二：通过增值税发票管理新系统中正常开票功能以取得的全部价款和价外费用按适用税率全额开具增值税普通发票。

2) 小规模纳税人

方式一：通过增值税发票管理新系统中正常开票功能，以取得的全部价款和价外费用，依 3% 征收率全额开具增值税普通发票。

方式二：通过增值税发票管理新系统中正常开票功能，以取得的全部价款和价外费用，扣除受客户单位委托代为向客户单位员工发放的工资和代理缴纳的社会保险、住房公积金的余额，依 3% 征收率到国税机关申请代开增值税专用发票；受客户单位委托代为向客户单位员工发放的工资和代理缴纳的社会保险、住房公积金，依 3% 征收率开具增值税普通发票。

(9) 转让不动产

1) 一般纳税人。

① 选择简易计税方法差额征税。通过增值税发票管理新系统中差额征税开票功能开具 5% 征收率的增值税发票，录入含税销售额（或含税评估额）和扣除额，系统自动计算税额和不含税金额，备注栏自动打印"差额征税"字样，发票开具不应与其他应税行为混开。

② 选择一般计税方法计税。通过增值税发票管理新系统中正常开票功能，以取得的全部价款和价外费用，开具 11% 税率的增值税发票。

2) 小规模纳税人。

① 销售其取得（不含自建）的不动产（不含个体工商户销售购买的住房和其他个人销售不动产）通过增值税发票管理新系统中差额征税开票功能，依 5% 征收率开具增值税普通发票或到国税机关代开增值税专用发票，录入含税销售额（或含税评估额）和扣除额，系统自动计算税额和不含税金额，备注栏自动打印"差额征税"字样，发票开具不应与其他应税行为混开。

② 销售其自建的不动产。通过增值税发票管理新系统中正常开票功能，以取得的全部价款和价外费用，依 5% 征收率全额开具增值税普通发票或到国税机关代开增值税

专用发票。

三、增值税专用发票的作废处理

专用发票的作废有即时作废和符合条件作废两种。符合条件作废是指一般纳税人在开具专用发票当月，发生销货退回、开票有误等情形，收到退回的发票联、抵扣联符合作废条件的，按作废处理；开具时发现有误的，可即时作废。

符合作废条件指具有下列情形的：

1）收到退回的发票联、抵扣联时间未超过销售方开票当月。

2）销售方未抄税并且未记账。

3）购买方未认证或者认证结果为"纳税人识别号认证不符""专用发票代码、号码认证不符"。

作废增值税专用发票须在防伪税控系统中将相应的数据电文按"作废"处理，在纸质专用发票（含未打印的专用发票）各联次上注明"作废"字样，全联次留存。

四、抄税、报税及认证

抄税，是报税前用 IC 卡或者 IC 卡和软盘抄取开票数据电文。

一般纳税人开具增值税专用发票应在增值税纳税申报期内向主管税务机关报税，在申报所属月份内可分次向主管税务机关报税。

报税，是纳税人持 IC 卡或者 IC 卡和软盘向税务机关报送开票数据电文。

因 IC 卡、软盘质量等问题无法报税的，应更换 IC 卡、软盘。

因硬盘损坏、更换金税卡等原因不能正常报税的，应提供已开具未向税务机关报税的增值税专用发票记账联原件或者复印件，由主管税务机关补采开票数据。

一般纳税人注销税务登记或者转为小规模纳税人，应将专用设备和结存未用的纸质增值税专用发票送交主管税务机关。

主管税务机关应缴销其增值税专用发票，并按有关安全管理的要求处理专用设备。

增值税专用发票的缴销，是指主管税务机关在纸质增值税专用发票监制章处按"V"字剪角作废，同时作废相应的增值税专用发票数据电文。

被缴销的纸质增值税专用发票应退还纳税人。

用于抵扣增值税进项税额的专用发票应经税务机关认证相符（国家税务总局另有规定的除外）。认证相符的增值税专用发票应作为购买方的记账凭证，不得退还销售方。

认证，是税务机关通过防伪税控系统对增值税专用发票所列数据的识别、确认。

认证相符，是指纳税人识别号无误，增值税专用发票所列密文解译后与明文一致。

增值税专用发票抵扣联无法认证的，可使用增值税专用发票发票联到主管税务机关认证。增值税专用发票发票联复印件留存备查。

经认证，有下列情形之一的，不得作为增值税进项税额的抵扣凭证，税务机关退还原件，购买方可要求销售方重新开具增值税专用发票。

1）无法认证。是指增值税专用发票所列密文或者明文不能辨认，无法产生认证结果。

2）纳税人识别号认证不符。是指增值税专用发票所列购买方纳税人识别号有误。

3）增值税专用发票代码、号码认证不符。是指增值税专用发票所列密文解译后与明文的代码或者号码不一致。

经认证，有下列情形之一的，暂不得作为增值税进项税额的抵扣凭证，税务机关扣留原件，查明原因，分情况进行处理。

1）重复认证。是指已经认证相符的同一张增值税专用发票再次认证。

2）密文有误。是指增值税专用发票所列密文无法解译。

3）认证不符。是指纳税人识别号有误，或者增值税专用发票所列密文解译后与明文不一致。

4）列为失控增值税专用发票。失控增值税专用发票，是指认证时的增值税专用发票已被登记为失控增值税专用发票。

五、增值税专用发票丢失的处理

一般纳税人丢失已开具增值税专用发票的发票联和抵扣联，如果丢失前已认证相符的，购买方凭销售方提供的相应专用发票记账联复印件及销售方所在地主管税务机关出具的《丢失增值税专用发票已报税证明单》，经购买方主管税务机关审核同意后，可作为增值税进项税额的抵扣凭证；如果丢失前未认证的，购买方凭销售方提供的相应增值税专用发票记账联复印件到主管税务机关进行认证，认证相符的凭该增值税专用发票记账联复印件及销售方所在地主管税务机关出具的《丢失增值税专用发票已报税证明单》，经购买方主管税务机关审核同意后，可作为增值税进项税额的抵扣凭证。

一般纳税人丢失已开具增值税专用发票的抵扣联，如果丢失前已认证相符的，可使用增值税专用发票发票联复印件留存备查；如果丢失前未认证的，可使用增值税专用发票发票联到主管税务机关认证，增值税专用发票发票联复印件留存备查。

一般纳税人丢失已开具增值税专用发票的发票联，可将增值税专用发票抵扣联作为记账凭证，增值税专用发票抵扣联复印件留存备查。

六、红字增值税发票的处理

关于全面推行增值税发票
系统升级版有关问题的公告

关于红字增值税发票
开具有关问题的公告

　　为进一步规范纳税人开具增值税发票管理，国家税务总局发布了《国家税务总局关于红字增值税专用发票开具有关问题的公告》（国家税务总局公告〔2016 年第 47 号〕公告，对红字发票开具有关问题进行了规定，新规定自 2016 年 8 月 1 日起施行。）

　　1）增值税一般纳税人开具增值税专用发票后，发生销货退回、开票有误、应税服务中止等情形但不符合发票作废条件，或者因销货部分退回及发生销售折让，需要开具红字专用发票的，按以下方法处理：

　　① 购买方取得专用发票已用于申报抵扣的，购买方可在增值税发票管理新系统（以下简称"新系统"）中填开并上传《开具红字增值税专用发票信息表》（以下简称《信息表》），在填开《信息表》时不填写相对应的蓝字专用发票信息，应暂依《信息表》所列增值税税额从当期进项税额中转出，待取得销售方开具的红字专用发票后，与《信息表》一并作为记账凭证。

　　购买方取得专用发票未用于申报抵扣，但发票联或抵扣联无法退回的，购买方填开《信息表》时应填写相对应的蓝字专用发票信息。

　　销售方开具专用发票尚未交付购买方，以及购买方未用于申报抵扣并将发票联及抵扣联退回的，销售方可在新系统中填开并上传《信息表》。销售方填开《信息表》时应填写相对应的蓝字专用发票信息。

　　② 主管税务机关通过网络接收纳税人上传的《信息表》，系统自动校验通过后，生成带有"红字发票信息表编号"的《信息表》，并将信息同步至纳税人端系统中。

　　③ 销售方凭税务机关系统校验通过的《信息表》开具红字专用发票，在新系统中以销项负数开具。红字专用发票应与《信息表》一一对应。

　　④ 纳税人也可凭《信息表》电子信息或纸质资料到税务机关对《信息表》内容进行系统校验。

　　2）税务机关为小规模纳税人代开专用发票，需要开具红字专用发票的，按照一般纳税人开具红字专用发票的方法处理。

　　3）纳税人需要开具红字增值税普通发票的，可以在所对应的蓝字发票金额范围内开具多份红字发票。红字机动车销售统一发票需与原蓝字机动车销售统一发票一一对应。

　　4）按照《国家税务总局关于纳税人认定或登记为一般纳税人前进项税额抵扣问题的公告》（国家税务总局公告 2015 年第 59 号）的规定，需要开具红字专用发票的，按照规定执行。开具红字增值税专用发票信息表如表 1-3 所示。

七、虚开增值税专用发票及处罚

　　虚开增值税专用发票：让他人为自己开具与实际经营业务情况不符的增值税专用发票；介绍他人开具与实际经营业务情况不符的增值税专用发票。

表 1-3 开具红字增值税专用发票信息表

开具红字增值税专用发票信息表

填开日期： 年 月 日

销售方	名称		购买方	名称		
	纳税人识别号			纳税人识别号		
开具红字专用发票内容	货物（劳务服务）名称	数量	单价	金额	税率	税额
	合计	—	—		—	
说明	一、购买方 □ 对应蓝字专用发票抵扣增值税销项税额情况： 1. 已抵扣 □ 2. 未抵扣 □ 对应蓝字专用发票的代码：_____ 号码：_____ 二、销售方 □ 对应蓝字专用发票的代码：_____ 号码：_____					
红字专用发票信息表编号						

根据刑法第 205 条规定，只要纳税人实施了上述虚开增值税专用发票的行为，并且虚开税款数额在 1 万元以上，或者虚开增值税专用发票致使国家税款被骗取 5000 元以上者，构成虚开增值税专用发票罪。

对于本罪的处罚，根据行为性质、虚开的税款大小或者情节轻重，规定了 3 档处罚：

1）虚开税款数额 1 万元以上，或者虚开增值税专用发票致使国家税款被骗取 5000 元以上的，处 3 年以下有期徒刑或拘役，并处以 2 万元以上 20 万元以下罚金。

2）虚开税款数额 10 万元以上，或者因虚开增值税专用发票致使国家税款被骗取 5 万元以上的；具有其他严重情节的，处 3 年以上 10 年以下有期徒刑，并处以 5 万元以上 50 万元以下罚金。

3）虚开税款数额 50 万元以上，或者因虚开增值税专用发票致使国家税款被骗取 30 万元以上的；虚开的税款数额接近巨大并有其他严重情节的；具有其他特别严重情节的，处 10 年以上有期徒刑或无期徒刑，并处以 5 万元以上 50 万元以下罚金或者没收财产。

虚开的税款，是指没有商品交易，无中生有开出的税款，或者虽有商品交易但以少开多而多出来的那部分税款。

对单位犯上述之罪的，采取双罚制原则，即对单位判处罚金，并对其直接负责的主管人员和其他直接责任人员，处以拘役或有期徒刑或无期徒刑。

第四节 纳 税 申 报

情景导入

崔华开办了一个公司，几个月都没有收入，他需要进行纳税申报吗？

一、纳税申报的方式

纳税申报是指纳税人、扣缴义务人按照法律、行政法规规定，在申报期限内就纳税事项向税务机关提出书面申报的一种法定手续，是纳税人履行纳税义务、承担法律责任的主要依据，是税务机关税收管理信息的主要来源和税务管理的一项重要制度。纳税申报的对象为纳税人和扣缴义务人。纳税申报有以下几种方式。

1. 直接申报

直接申报（上门申报）是一种传统申报方式，是指纳税人直接到税务机关办理纳税申报。根据申报地点的不同，直接申报又可分为直接到办税服务厅申报、到巡回征收点申报和到代征点申报3种。

2. 邮寄申报

纳税人采取邮寄方式办理纳税申报的，应当使用统一的纳税申报专用信封，并以邮政部门的收据作为申报凭据。邮寄申报以寄出地的邮局邮戳日期为实际申报日期。

3. 数据电文申报

数据电文是指经税务机关确定的电话语音、电子数据交换和网络传输等电子方式。例如，目前纳税人的网上申报，就是数据电文申报方式的一种形式。

4. 简易申报

简易申报是指实行定期定额征收方式的纳税人，经税务机关批准，通过以缴纳税款凭证代替申报或简并征期的一种申报方式。

5. 其他方式

其他方式是指除上述几种申报方式外的符合主管税务机关要求的其他申报方式。

二、税款征收

税款征收是指国家税务机关等主体依照税收法律、法规规定，将纳税人应当缴纳的税款征收入库的一系列活动。

税款征收是税收征收管理工作的中心环节，是全部税收征收管理工作的目的和归宿。

1. 税款征收的方式

税收征收方式及其适用范围如表 1-4 所示。

表 1-4　税收征收方式及其适用范围

征收方式	概念	适用范围
查账征收	由纳税人依据账簿记载，先自行计算缴纳，事后经税务机关查账核实，如有不符合税法规定的，则多退少补	掌握税收法律法规，账簿、凭证、财务会计制度比较健全，能够如实反映生产经营成果，正确计算应纳税款的纳税人
查定征收	由税务机关根据纳税人的从业人员、生产设备、耗用原材料等情况，在正常生产经营条件下，对其生产的应税产品查实核定产量和销售额，然后依照税法规定的税率征收的一种税款征收方式	生产规模较小、账册不健全、财务管理和会计核算水平较低、产品零星、税源分散的纳税人
查验征收	由税务机关对纳税申报人的应税产品进行查验后征税，并贴上完税凭证、查验证或盖查验戳，从而据以征税的一种税款征收方式	经营品种比较单一，经营地点、时间和商品来源不固定的纳税单位
定期定额征收	税务机关依照有关法律、法规的规定，按照一定的程序，核定纳税人在一定经营时期内的应纳税经营额及收益额，并以此为计税依据，确定其应纳税额（包括增值税税额、消费税税额、营业税税额、所得税税额等）的一种税款征收方式	生产经营规模小，又确无建账能力，经主管税务机关审核，县级以上（含县级）税务机关批准可以不设置账簿或暂缓建账的小型纳税人
核定征收	由于纳税人的会计账簿不健全、资料残缺难以查账，或者其他原因难以准确确定纳税人应纳税额时，由税务机关采用合理的方法依法核定纳税人应纳税款的一种征收方式	可以不设置账簿的或应设置但未设置账簿的，或擅自销毁账簿或拒不提供纳税资料的，或虽设置账簿但账目混乱的纳税人，或纳税人申报的计税依据明显偏低，又无正当理由的
代扣代缴	按照税法规定，负有扣缴税款义务的法定义务人，在向纳税人支付款项时，从所支付的款项中直接扣收税款的一种税款征收方式	这种方式有利于对零星分散的税源实行控管，如个人所得税
代收代缴	负有代收代缴义务的法定义务人，对纳税人应纳的税款进行代收代缴的一种税款征收方式。即由与纳税人有经济业务往来的单位和个人在向纳税人收取款项时，依照税收的规定收取税款并代为缴入国库	如委托加工应税消费品，由受托方代收代缴
委托代征	受托单位按照税务机关核发的代征证书的要求，以税务机关的名义向纳税人征收一些零散税款的一种税款征收方式	如车船税
其他征收方式	除上述税款征收方式以外的方式	如邮寄申报纳税、自计自填自缴、自报核缴方式等

2. 税收保全措施

税收保全措施是指税务机关在规定的纳税期之前，对有逃避纳税义务行为的纳税人，限制其处理可用作缴纳税款的存款、商品、货物等财产的一种行政强制措施。

税收保全措施仅适用于从事生产、经营的纳税人，不适用于扣缴义务人和纳税担保人，也不适用于非从事生产经营的纳税人。

3. 税收强制执行措施

税收强制执行措施是指税务机关对未按规定的期限履行纳税义务的纳税人、扣缴义务人、纳税担保人等（全适用）税收管理相对人，依法采取法定的强制手段，以迫使其履行法定义务的一种征管制度。

税收保全措施和税收强制执行措施的关系如图 1-2 所示，二者的联系及区别如表 1-5 所示。

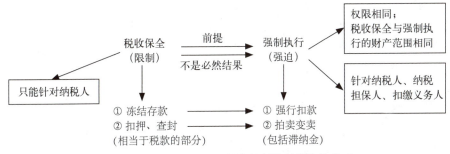

图 1-2　税收保全措施和税收强制执行措施的关系

表 1-5　税收保全措施和税收强制执行措施的联系及区别

相同点	不同点
① 都必须责令限期缴纳在先 ② 必须经县级以上税务局（分局）局长批准 ③ 采取的查封、扣押方式也基本相似，保全或强制的金额或价值都是相当于应纳税款的商品、货物及其他财产或存款；个人及其所抚养家属维持生活必需的住房和用品，不在税收保全措施、强制执行措施的范围之内 ④ 采取税收保全措施，强制执行措施的权力，不得由法定的税务机关以外的单位和个人行使	① 税收保全措施适用于从事生产经营纳税人，而强制执行措施不仅可以适用于从事生产经营纳税人，而且可以适用于扣缴义务人和纳税担保人 ② 税收保全措施只是对纳税义务人财产处分权的一种限制，并未剥夺财产的所有权，并且是以提供纳税担保为前置程序，即"责任限期缴纳在前，提供纳税担保居中，保全措施断后"。而税收强制执行措施在一定情况下，可直接导致当事人财产所有权发生变更 ③ 两者主要区别以纳税人的纳税期限是否届满为标志。在规定的纳税期限届满以前采取的，应当是税收保全措施；在规定的纳税期限届满以后采取的则是税收强制执行措施 ④ 税收强制执行措施的执行对象不仅包括税款，还包括滞纳金

4. 税款的退还与追征

（1）税款的退还

纳税人超过应纳税额缴纳的税款，税务机关发现后应当立即退还；纳税人自结算缴纳税款之日起 3 年内发现的，可以向税务机关要求退还多缴的税款并加算银行同期存款利息，税务机关及时查实后应当立即退还；涉及从国库中退库的，依照法律、行政法规中有关国库管理的规定退还。

1）纳税人发现的，可以自结算缴纳税款之日起 3 年内要求退还。

2）税务机关发现的多缴税款，《税收征收管理法》未规定退还期限。法律没有规定期限的，推定为无限期。因此，税务机关发现的多缴税款，无论多长时间，都应当退还给纳税人。

3）对纳税人超过应纳税额缴纳的税款，无论是税务机关发现的，还是纳税人发现后提出退还申请的，税务机关经核实后都应当立即办理退还手续，不应当拖延。

（2）税款的追征

因税务机关责任，致使纳税人、扣缴义务人未缴或者少缴税款的，税务机关在3年内可要求纳税人、扣缴义务人补缴税款，但是不得加收滞纳金。

因纳税人、扣缴义务人计算等失误，未缴或者少缴税款的，税务机关在3年内可以追征税款、滞纳金；有特殊情况的追征期可以延长到5年。

所称特殊情况，是指纳税人或者扣缴义务人因计算错误等失误，未缴或者少缴、未扣或者少扣、未收或者少收税款，累计数额在10万元以上的。

对偷税、抗税、骗税的，税务机关追征其未缴或者少缴的税款、滞纳金或者所骗取的税款，不受前款规定期限的限制。

三、税务代理

税务代理是指税务代理人在国家税法规定的代理范围内，接受纳税人、扣缴义务人的委托，代为办理各项税务行为的总称。

1. 税务代理的特点

（1）中介性

税务代理业是一个独立的社会中介服务行业，其业务的开展、经营管理都属于社会中介服务的一部分，税务代理机构与税务机关不存在任何隶属关系。

（2）法定性

税务代理机构的设立法定、业务范围法定、业务的开展法定。税务代理必须按国家有关法律的规定进行，并受到法律的保护。

（3）自愿性

委托税务代理人代为办理税务事宜是纳税人、扣缴义务人自愿采取的一种办税方式，无论是税务代理人还是任何国家机关都不能强制纳税人、扣缴义务人进行税务代理，是否委托税务代理是纳税人、扣缴义务人的权利。

（4）公正性

税务代理作为一种社会中介服务，必须站在公正、客观的立场上，按照国家的税收法律、行政法规的规定，以及税务机关依照税收法律、法规的规定作出的决定，为纳税人、扣缴义务人代理税务事宜，并要符合委托人的合法意愿，既不能损害纳税人、扣缴义务人的合法权益，也不能损害国家的利益。税务代理必须按照依法代理、自愿有偿、客观公正和严格管理的原则进行。

2. 税务代理的法定业务范围

税务代理的业务范围主要是纳税人、扣缴义务人所委托的各项涉税事宜。税务代理人可以接受纳税人、扣缴义务人的委托，从事下列范围内的业务代理：

1）税务登记、变更税务登记和注销税务登记。

2）办理纳税、退税和减税免税申报。

3）建账建制，办理账务。

4）办理除增值税专用发票外的发票领购手续。

5）办理纳税申报和扣缴税款报告。

6）制作涉税文书。

7）开展税务咨询（顾问）、税收筹划、涉税培训等涉税服务业务。

8）办理税务行政复议手续。

9）审查纳税情况。

10）办理增值税一般纳税人资格认定申请。

11）利用主机共享服务系统为增值税一般纳税人代开增值税专用发票。

12）国家税务总局规定的其他业务。

四、税务检查

税务检查是税务机关依照税收法律、行政法规的规定，对纳税人、扣缴义务人履行纳税义务或者扣缴义务及其他有关税务事项进行审查、核实、监督活动的总称。

1. 税务检查的形式

税务检查的形式包括重点检查、分类计划检查、集中性检查、临时性检查和专项检查。

2. 税务检查的方法

税务检查的方法包括全查法、抽查法、顺查法、逆查法、现场检查法、调账检查法、比较分析法、控制计算法、审阅法、核对法、观察法、外调法、盘存法和交叉稽核法。

3. 税务检查的内容

1）检查账簿、记账凭证、报表和有关资料。

2）到生产、经营场所和货物存放地检查纳税人应纳税的商品、货物或者其他财产及经营情况。

3）责成提供与税款有关的文件、证明材料和有关资料。

4）询问与税款有关的问题和情况。

5）到车站、码头、机场、邮政企业及其分支机构检查纳税人托运、邮寄应纳税商品、货物或者其他财产的有关单据、凭证和有关资料。

6）经县以上税务局（分局）局长批准，凭全国统一格式的检查存款账户许可证明，查询从事生产、经营的纳税人、扣缴义务人在银行或者其他金融机构的存款账户。

五、法律责任

1. 税收违法行政处罚

1）责令限期改正。

2）罚款。

3）没收违法所得和非法财物。

4）收缴未用发票和暂停供应发票。《税收征收管理法》规定，从事生产、经营的纳税人、扣缴义务人有本法规定的税收违法行为，拒不接受税务机关处理的，税务机关可以收缴其发票或者停止向其发售发票。

5）停止出口退税权。

2. 税务违法刑事处罚

根据《税收征收管理法》的规定，有下列行为并且情节严重，构成犯罪的，应当追究刑事责任。

1）纳税人伪造、变造、隐匿、擅自销毁账簿、记账凭证，或者在账簿上多列支出或者不列、少列收入，或者经税务机关通知申报而拒不申报或者进行虚假的纳税申报，不缴或者少缴应纳税款的。

2）纳税人欠缴应纳税款，采取转移或者隐匿财产的手段，妨碍税务机关追缴欠缴的税款的。

3）以假报出口或者其他欺骗手段，骗取国家出口退税税款的。

4）以暴力、威胁方法拒不缴纳税款的。

5）非法印制发票的。

6）未经税务机关依法委托征收税款，致使他人合法权益受到严重损失的。

7）税务人员徇私舞弊，对依法应当移交司法机关追究刑事责任的不移交的。

8）税务人员与纳税人、扣缴义务人勾结，唆使或者协助纳税人、扣缴义务人偷逃税款的。

3. 税务行政复议

纳税人及其他当事人认为税务机关的具体行政行为侵犯其合法权益时，可依法向税务行政复议机关申请行政复议。

复议机关受理申请人对下列具体行政行为不服提出的行政复议申请。

1）税务机关做出的征税行为。

2）税务机关做出的税收保全措施包括：①书面通知银行或者其他金融机构冻结存款；②扣押、查封商品、货物或者其他财产。

3）税务机关做出的行政处罚行为包括：①罚款；②没收财物和违法所得；③停止出口退税权。

练　习　题

一、单项选择题

1．流转税不包括（　　）。

A．增值税　　　　　B．消费税　　　　　C．所得税　　　　　D．烟叶税

2．行为税类不包括（　　）。

A．城市维护建设税　　B．个人所得税　　　C．印花税　　　　　D．证券交易税

3．税法的最基本要素是（　　）。

A．计税依据　　　　B．纳税义务人　　　C．征税对象　　　　D．税率

4．纳税人欠缴应纳税款，采取转移或者隐匿财产的手段，妨碍税务机关追缴欠缴的税款的，由税务机关追缴欠缴的税款、滞纳金，并处欠缴税款百分之五十以上（　　）倍以下的罚款。

A．两　　　　　　　B．三　　　　　　　C．四　　　　　　　D．五

5．以假报出口或者其他欺骗手段，骗取国家出口退税款的，由税务机关追缴其骗取的退税款，并处骗取税款（　　）以下的罚款。

A．一倍以上两倍　　　　　　　　　　B．一倍以上三倍

C．一倍以上五倍　　　　　　　　　　D．一倍以上十倍

6．税务登记不包括（　　）。

A．开业登记　　　　B．变更登记　　　　C．核定应纳税额　　D．注销登记

7．根据《税收征管法》的规定，从事生产、经营的纳税人向税务机关申报办理税务登记的时间是（　　）。

A．自领取营业执照之日起 15 日内　　　B．自领取营业执照之日起 30 日内

C．自领取营业执照之日起 45 日内　　　D．自领取营业执照之日起 60 日内

8．纳税人已在工商行政管理机关办理变更登记的，应当自工商行政管理机关变更登记之日起（　　）日内，申报办理变更税务登记。

A．30　　　　　　　B．15　　　　　　　C．45　　　　　　　D．60

9．从事生产、经营的纳税人外出经营，自其在同一县（市）实际经营或提供劳务之日起，在连续的 12 个月内累计超过（　　）天的，应当依法申报办理税务登记。

A．90　　　　　　　B．180　　　　　　　C．360　　　　　　　D．30

10．不符合发票开具要求的是（　　）。

A．开具发票时应按号顺序填开，填写项目齐全、内容真实、字迹清楚

B．填写发票应当使用中文

C．不得拆本使用发票

D．开具发票时限、地点应符合规定

11．纳税人停业期满不能及时恢复生产、经营的，应当在（　　）向税务机关提出延长停业登记。

    A．停业期满前   B．停业期满后

    C．停业期满前 5 日   D．停业期满后 5 日

12．税务登记中，下列有关外出经营报验登记的说法错误的是（　　）。

    A．从事生产、经营的纳税人到外县（市）进行生产经营的，应当向主管税务机关申请开具外出经营活动税收管理证明

    B．主管税务机关按照一地一证的原则核发"外出经营活动税收管理证明"

    C．纳税人可以在到达经营地进行生产、经营后向经营地税务机关申请报验登记

    D．外出经营活动结束，纳税人应当向经营地税务机关填报"外出经营活动情况申报表"，并按规定结清税款、缴销未使用的发票

13．下列说法正确的是（　　）。

    A．已开具的发票登记簿应当保存 3 年

    B．发票存根联保管期满后方可自行销毁

    C．发票丢失后应于 3 日内书面报告主管税务机关

    D．禁止邮寄空白发票出境

14．下列各项中，税务机关不能核定其应纳税额的有（　　）。

    A．擅自销毁账簿或者拒不提供纳税资料的

    B．发生纳税义务，未按照规定的期限办理纳税申报，经税务机关责令限期申报，逾期仍不申报的

    C．企业财务会计管理人员严重不足的

    D．纳税人申报的计税依据明显偏低，又无正当理由的

15．纳税人账簿、凭证、财务会计制度比较健全，能够如实反映生产经营成果，正确计算应纳税款的，税务机关应当对其采用的税款征收方式是（　　）。

    A．定期定额征收   B．查验征收   C．查账征收   D．查定征收

16．税务机关依照有关法律、法规的规定，按照一定的程序，核定纳税人在一定经营时期内的应纳税经营额及收益额，并以此为计税依据，确定其应纳税额。这种征收方式属于（　　）。

    A．查账征收   B．查验征收   C．定期定额征收   D．查定征收

17．税务机关针对纳税人的不同情况可以采取不同的税款征收方式。根据税收法律制度的规定，对生产、经营规模小，不能建账设账的单位，适用的税款征收方式是（　　）。

    A．查账征收   B．查定征收   C．查验征收   D．定期定额征收

18．按照规定不需要在工商管理机关办理注销登记的，应当自有关机关批准或者宣告终止之日起（　　）日内，持有关证件向原税务登记管理机关申报办理注销税务登记。

A．10　　　　　　　B．15　　　　　　　C．30　　　　　　　D．45

19．根据规定，纳税人、扣缴义务人委托税务代理人办理的业务不包括（　　）。

A．扣押纳税人财产　　　　　　　　B．税务行政复议

C．缴纳税款　　　　　　　　　　　D．纳税申报

20．根据《税收征收管理法》，税务机关有权对纳税人采取税收保全措施的情形是（　　）。

A．纳税人账目混乱难以查账的

B．纳税人未按规定期限办理纳税申报，经税务机关限期申报，逾期仍不申报的

C．纳税人有明显转移、隐匿其应纳税收入迹象的

D．纳税人有明显转移、隐匿其应纳税收入迹象且拒绝提供纳税担保的

二、多项选择题

1．税收的特征是（　　）。

A．强制性　　　　　B．无偿性　　　　　C．重要性　　　　　D．固定性

2．税法按功能和作用，分为（　　）。

A．税收实体法　　　B．税收程序法　　　C．国内税法　　　D．国际税法

3．我国现行的税率主要有（　　）。

A．从量税率　　　　B．比例税率　　　　C．定额税率　　　D．累进税率

4．计税依据包括（　　）。

A．从价计征　　　　B．定额计税　　　　C．从量计征　　　D．复合计征

5．纳税人有下列（　　）行为之一的，由税务机关责令限期改正，可以处两千元以下的罚款；情节严重的，处两千元以上一万元以下的罚款。

A．未按照规定的期限申报办理税务登记、变更或者注销登记的

B．未按照规定设置、保管账簿或者保管记账凭证和有关资料的

C．未按照规定将财务、会计制度或者财务、会计处理办法和会计核算软件报送税务机关备查的

D．扣缴义务人未按照规定设置、保管代扣代缴、代收代缴税款账簿

6．下列应当办理开业税务登记的有（　　）。

A．工商局　　　　　　　　　　　　B．个体工商户

C．某公司在上海的分公司　　　　　D．企业在外地设立的分支机构

7．根据税收征收管理法律制度的有关规定，下列各项中，属于股份有限公司在申报办理开业税务登记时，应出示的证件和资料有（　　）。

A．银行账号证明　　　　　　　　　B．合同、章程和协议书

C．营业执照　　　　　　　　　　　D．公司出资证明书

8．下列关于设立税务登记的说法中，正确的有（　　）。

A．从事生产、经营的纳税人未办理工商营业执照但经有关部门批准设立的，应当自有关部门批准设立之日起 30 日内申报办理税务登记，税务机关核发税务登记证及副本

B．从事生产、经营的纳税人未办理工商营业执照也未经有关部门批准设立的，应当自纳税义务发生之日起 30 日内申报办理税务登记，税务机关核发临时税务登记证及副本

C．境外企业在中国境内承包建筑、安装、装配、勘探工程和提供劳务的，应当自项目合同或协议签订之日起 30 日内，向项目所在地税务机关申报办理税务登记，税务机关核发临时税务登记证及副本

D．已办理税务登记的扣缴义务人应当自扣缴义务发生之日起 30 日内，向税务登记地税务机关申报办理扣缴税款登记，税务机关核发扣缴税款登记证件

9．根据税收征收管理法律制度的规定，纳税人发生的下列情形中，应办理税务注销登记的有（   ）。

A．纳税人破产　　　　　　　　　　B．纳税人变更法定代表人

C．纳税人被吊销营业执照　　　　　D．纳税人暂停经营活动

10．纳税人在办理注销税务登记之前，应当履行的义务包括（   ）。

A．向税务机关结清应纳税款　　　　B．缴销发票

C．向税务机关缴纳应缴纳的罚款　　D．缴销税务登记证件

11．经认证，有下列（   ）情形之一的，暂不得作为增值税进项税额的抵扣凭证，税务机关扣留原件，查明原因，分别情况进行处理。

A．重复认证　　　　　　　　　　　B．密文有误

C．认证不符　　　　　　　　　　　D．列为失控专用发票

12．经认证，有下列（   ）情形之一的，不得作为增值税进项税额的抵扣凭证，税务机关退还原件，购买方可要求销售方重新开具专用发票。

A．重复认证　　　　　　　　　　　B．纳税人识别号认证不符

C．无法认证　　　　　　　　　　　D．专用发票代码、号码认证不符

13．下列关于开具发票的说法，正确的有（   ）。

A．单位和个人在发生经营业务、确认营业收入时，才能开具发票

B．开具发票时应按号顺序填开，各联内容完全一致，并在各联加盖单位财务印章或者发票专用章

C．填写发票一律使用中文

D．任何单位和个人不得转借、转让、代开发票

14．以下属于发票的有（   ）。

A．增值税专用发票　　B．专业发票　　C．行业发票　　D．专用发票

15．下列各项中，属于纳税申报方式的有（   ）。

A．直接申报　　　　B．简易申报　　　C．邮寄申报　　　D．数据电文申报

16．下列各项中，属于我国税款征收方式的有（　　　）。

A．查账征收　　　　　　　　B．查定征收

C．查验征收　　　　　　　　D．定期定额征收

三、判断题

1．税收是国家（有时又称政府）为了实现其职能，满足社会公共需要，凭借其政治权利，运用法律手段，按照预定标准，向社会成员强制、无偿征收，而取得财政收入的一种形式。（　　　）

2．征税对象包括人、物或行为。（　　　）

3．除税法另有规定，一般减税、免税都属于不定期减免的性质，期满后要恢复征税。（　　　）

4．对纳税人偷税的，由税务机关追缴其不缴或者少缴的税款、滞纳金，并处不缴或者少缴的税款百分之五十以上三倍以下的罚款；构成犯罪的，依法追究刑事责任。（　　　）

5．纳税人不进行纳税申报，不缴或者少缴应纳税款的，由税务机关追缴其不缴或者少缴的税款、滞纳金，并处不缴或者少缴的税款百分之五十以上五倍以下的罚款。（　　　）

6．根据税收法律、行政法规的规定，可不办理税务登记的扣缴义务人，应当自扣缴义务发生之日起 30 日内，向机构所在地税务机关申报办理扣缴税款登记，税务机关依法核发扣缴税款登记证件。（　　　）

7．纳税人享受减税、免税待遇的，在减税、免税期间应当按照规定办理纳税申报。（　　　）

8．纳税人在停业期间发生纳税义务的，可以暂不办理纳税申报，待复业后一并办理纳税申报。（　　　）

9．纳税人停业期满未按期复业又不申请延长停业的，税务机关应当视为已恢复营业，实施正常的税收征收管理。（　　　）

10．纳税人停业期满不能及时恢复生产经营的，应当在停业期满后向税务机关提出延长停业登记申请。（　　　）

11．增值税专用发票只限于增值税一般纳税人领购使用，小规模纳税人不得领购使用增值税专用发票。（　　　）

12．从事生产经营的纳税人不得转借、转让发票，但根据需要可以代开。（　　　）

13．简并征期和简易申报方式都适用于采用定期定额征收方式的个体工商户或个人独资企业，是属于单独分离出来的、独立的纳税方式。（　　　）

14．简易申报方式节省了时间，降低了纳税成本，是纳税申报的一种变通的方法。（　　　）

15. 对于设置了账簿的企业，税务机关就应当采用查账征收的方式征收税款。

（　　）

16. 生产规模较小、账册不健全、财务管理和会计核算水平较低、产品零星、税源分散的纳税人适用查定征收方式。　　　　　　　　　　　　（　　）

17. 委托代征是指按照税法规定，负有扣缴税款的法定义务人，在向纳税人支付款项时，从所支付的款项中直接扣收税款的方式。其目的是对零星分期、不易控制的税源实行源泉控制。　　　　　　　　　　　　　　　　　　　　　　（　　）

18. 代扣代缴是指负有代收代缴义务的法定义务人，对纳税人应纳的税款进行代收代缴的方式。　　　　　　　　　　　　　　　　　　　　　　　　（　　）

参考答案

第二章　增值税及其会计核算

学习目标

　　通过学习本章，学生应了解增值税的概念及特点；了解增值税的纳税人、内容及税率、纳税环节，增值税纳税义务的发生时间、纳税地点，增值税的计算；掌握增值税的会计处理方法及增值税的申报与缴纳。

第一节　增值税概述

情景导入

　　大新百货有限公司属于一般纳税人（增值税税率 17%），月初购入一批服装，取得增值税专用发票，价款 200 万元，增值税税额 34 万元；该服装月末全部卖出，价款 500 万元，增值税 85 万元。那么本月应缴增值税是多少呢？

一、增值税的概念及特点

1. 增值税的含义

　　增值税是对销售货物、服务或者提供加工、修理修配劳务、应税服务，以及进口货物的单位和个人就其实现的增值额征收的一个税种。所谓"增值"，是指纳税人在一定时期内销售产品、服务或提供劳务所得的收入大于购进商品和取得劳务时所支付的金额的差额。2016 年 5 月 1 日起，我国已全面推开营业税改增值税（以下简称"营改增"）试点。

　　增值税属于流转税（又称流转课税、流通税），指以纳税人商品生产、流通环节的流转额或者数量以及非商品交易的营业额为征税对象的一类税收。

> **【知识拓展】**
>
> 　　2011 年 10 月，国务院决定开展"营改增"试点，逐步将征收营业税的行业改为征收增值税。
>
> 　　2012 年 1 月 1 日起，率先在上海实施了交通运输业和部分现代服务业"营改增"试点。

2012 年 9 月 1 日～12 月 1 日，交通运输业和部分现代服务业"营改增"试点由上海市分 4 批次扩大至北京市、江苏省、安徽省、福建省（含厦门市）、广东省（含深圳市）、天津市、浙江省（含宁波市）、湖北省 8 省（直辖市）。

2013 年 8 月 1 日起，交通运输业和部分现代服务业"营改增"试点推向全国，同时将广播影视服务纳入试点范围。

2014 年 1 月 1 日起，铁路运输业和邮政业在全国范围实施"营改增"试点。

2014 年 6 月 1 日起，电信业在全国范围实施"营改增"试点。

2016 年 5 月 1 日起，全面推开"营改增"试点，将建筑业、房地产业、金融业、生活服务业纳入试点范围。

关于全面推开营业税改征增值税试点的通知

营业税改征增值税试点实施办法

营业税改征增值税试点有关事项的规定

2. 增值税的特点

与其他税种相比，增值税具有以下特点：

（1）实行税款抵扣制度，不重复征税

通过税额抵扣仅就增值额部分征税，增值税的这一特点避免了重复征税的现象。

（2）税负公平

根据增值税的计税原理，流转额中的非增值因素已经在计税时扣除，所以对同一商品，无论流转环节的多与少，只要增值额相同税负就相同。

（3）普遍征收

增值税税基广阔，是对从事商品生产流通和提供劳务的所有单位和个人，在商品和劳务的各个流通环节向纳税人普遍征收。

（4）增值税为价外税，实行比例税率

计税依据的销售额是不含税的，有利于形成均衡的生产价格及税负转嫁。比例税率，简便易行。

二、纳税人和扣缴义务人

1. 纳税人

凡在我国境内销售货物、服务或者提供加工、修理修配劳务，销售服务、无形资产或不动产，以及进口货物的单位和个人，为增值税纳税人。

单位是指企业、行政单位、事业单位、军事单位、社会团体及其他单位。

个人是指个体工商户和其他个人。

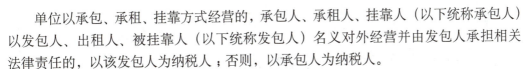

单位以承包、承租、挂靠方式经营的，承包人、承租人、挂靠人（以下统称承包人）以发包人、出租人、被挂靠人（以下统称发包人）名义对外经营并由发包人承担相关法律责任的，以该发包人为纳税人；否则，以承包人为纳税人。

对报关进口的货物，以进口货物的收货人或办理报关手续的单位和个人为进口货物的纳税人。对代理进口货物的，以海关开具的完税凭证上的纳税人为增值税纳税人。即开具给委托方的由委托方纳税，若是开具给代理方的由代理方纳税。

2. 扣缴义务人

境外单位或者个人在境内发生应税行为，在境内未设有经营机构的，以购买方为增值税扣缴义务人。财政部和国家税务总局另有规定的除外。

两个或者两个以上的纳税人，经财政部和国家税务总局批准可以视为一个纳税人合并纳税。具体办法由财政部和国家税务总局另行制定。

3. 增值税纳税义务人的分类

增值税的纳税义务人（以下简称"纳税人"）分为一般纳税人和小规模纳税人，划分的标准有以下两种：

（1）按规模的大小进行划分

划分标准如表 2-1 所示。

表 2-1 划分标准

纳税人	小规模纳税人	一般纳税人
从事货物生产或提供应税劳务的纳税人，以及从事货物生产或提供应税劳务为主，并兼营货物批发或零售的纳税人	年（连续 12 个月，下同）应税销售额在 50 万元以下（含 50 万元）	年应税销售额在 50 万元以上
批发或零售的纳税人	年应税销售额在 80 万以下（含 80 万元）	年应税销售额在 80 万以上
提供应税劳务的纳税人	年应税销售额标准为 500 万元（含 500 万元）	年应税销售额标准为 500 万元以上

从事货物生产或提供应税劳务为主，是指纳税人的年货物生产或提供应税劳务的销售额占年应税销售额的比例在 50% 以上。

"营改增"的应税行为的年应税销售额标准为 500 万元（含本数）。财政部和国家税务总局可以对年应税销售额标准进行调整。应税行为的年应征增值税销售额（以下称"年应税销售额"）超过财政部和国家税务总局规定标准的纳税人为一般纳税人，未超过规定标准的纳税人为小规模纳税人。

（2）按会计核算是否健全划分

会计核算健全，是指能够按照国家统一的会计制度规定设置账簿，根据合法、有效凭证核算。会计核算健全的为一般纳税人，反之则为小规模纳税人。

年应税销售额未超过规定标准的纳税人，会计核算健全，能够提供准确税务资料的，可以向主管税务机关办理一般纳税人资格登记，成为一般纳税人。

符合一般纳税人条件的纳税人应当向主管税务机关办理一般纳税人资格登记。具体登记办法由国家税务总局制定。

除国家税务总局另有规定外，一经登记为一般纳税人后，不得转为小规模纳税人。

增值税一般纳税人实行登记制，登记事项由增值税纳税人向其主管税务机关办理。

纳税人应当按照国家统一的会计制度进行增值税会计核算。

（3）特殊规定

年应税销售额超过规定标准的其他个人不属于一般纳税人，按小规模纳税人纳税。年应税销售额超过规定标准但不经常发生应税行为的单位和个体工商户可选择按照小规模纳税人纳税。

旅店业及饮食业纳税人销售非现场消费的食品，属于不经常发生增值税应税行为，自 2013 年 5 月 1 日起，可选择小规模纳税人纳税。

兼有销售货物、提供加工修理修配劳务及应税服务，且不经常发生应税行为的单位和个体工商户可选择小规模纳税人纳税。

小规模纳税人的标准由国家财政、税务主管部门规定。小规模纳税人实行简易办法征收增值税，一般不得使用增值税专用发票。

住宿业、鉴证咨询业小规模纳税人自行开具增值税专用发票。

住宿业增值税小规模纳税人自　　鉴证咨询业增值税小规模纳　　关于进一步明确营改增
行开具增值税专用发票试点　　税人自开增值税专用发票　　有关征管问题的公告

三、征税范围

增值税的征税范围包括货物的生产、批发、零售和进口四个环节。2016 年 5 月 1 日以后，伴随"营改增"试点的全面推开以及相关配套政策的实施，"营改增"试点行业扩大到销售服务、无形资产或者不动产（以下称应税行为），增值税的征税范围覆盖第一产业、第二产业和第三产业。

1. 销售或者进口的货物

销售或者进口的货物包括电力、热力、气体在内。销售货物是指有偿转让货物所有权。

2. 提供加工、修理修配劳务

加工是指受托加工货物，即委托方提供原材料及主要材料，受托方按照委托方的要求制造货物并收取加工费的业务；修理修配是指受托对损伤和丧失功能的货物进行修复，使其恢复原状和功能的业务。但单位或个体经营者聘用的员工为本单位或雇主提供加工、修理修配劳务，不包括在内。

3. 销售服务、无形资产或者不动产

《销售服务、无形资产、不动产注释》

（1）销售服务

销售服务具体内容如表 2-2 所示。

表 2-2　销售服务（七项）项目一览表

类别	明细项目	内容
交通运输服务	① 陆路运输服务	指通过陆路（地上或者地下）运送货物或者旅客的运输业务活动，包括铁路运输服务和其他陆路运输服务
	② 水路运输服务	指通过江、河、湖、川等天然、人工水道或者海洋航道运送货物或者旅客的运输业务活动
	③ 航空运输服务	指通过空中航线运送货物或者旅客的运输业务活动
	④ 管道运输服务	指通过管道设施输送气体、液体、固体物质的运输业务活动
邮政服务	① 邮政普遍服务	指函件、包裹等邮件寄递，以及邮票发行、报刊发行和邮政汇兑等业务活动
	② 邮政特殊服务	指义务兵平常信函、机要通信、盲人读物和革命烈士遗物的寄递等业务活动
	③ 其他邮政服务	指邮册等邮品销售、邮政代理等业务活动
电信服务	① 基础电信服务	指利用固网、移动网、卫星、互联网，提供语音通话服务的业务活动，以及出租或者出售带宽、波长等网络元素的业务活动
	② 增值电信服务	指利用固网、移动网、卫星、互联网、有线电视网络，提供短信和彩信服务、电子数据和信息的传输及应用服务、互联网接入服务等业务活动
建筑服务	① 工程服务	指新建、改建各种建筑物、构筑物的工程作业，包括与建筑物相连的各种设备或者支柱、操作平台的安装或者装设工程作业，以及各种窑炉和金属结构工程作业
	② 安装服务	指生产设备、动力设备、起重设备、运输设备、传动设备、医疗实验设备，以及其他各种设备、设施的装配、安置工程作业，包括与被安装设备相连的工作台、梯子、栏杆的装设工程作业，以及被安装设备的绝缘、防腐、保温、油漆等工程作业。固定电话、有线电视、宽带、水、电、燃气、暖气等经营者向用户收取的安装费、初装费、开户费、扩容费及类似收费，按照安装服务缴纳增值税
	③ 修缮服务	指对建筑物、构筑物进行修补、加固、养护、改善，使之恢复原来的使用价值或者延长其使用期限的工程作业
	④ 装饰服务	指对建筑物、构筑物进行修饰装修，使之美观或者具有特定用途的工程作业
	⑤ 其他建筑服务	指上列工程作业之外的各种工程作业服务，如钻井（打井）、拆除建筑物或者构筑物、平整土地、园林绿化、疏浚（不包括航道疏浚）、建筑物平移、搭脚手架、爆破、矿山穿孔、表面附着物（包括岩层、土层、沙层等）剥离和清理等工程作业
金融服务	① 贷款服务	指将资金贷与他人使用而取得利息收入的业务活动
	② 直接收费金融服务	指为货币资金融通及其他金融业务提供相关服务并且收取费用的业务活动
	③ 保险服务	指投保人根据合同约定，向保险人支付保险费，保险人对于合同约定的可能发生的事故因其发生所造成的财产损失承担赔偿保险金责任，或者当被保险人死亡、伤残、疾病或者达到合同约定的年龄、期限等条件时承担给付保险金责任的商业保险行为。包括人身保险服务和财产保险服务
	④ 金融商品转让	指转让外汇、有价证券、非货物期货和其他金融商品所有权的业务活动

类别	明细项目	内容
现代服务	① 研发和技术服务	包括研发服务、合同能源管理服务、工程勘察勘探服务、专业技术服务
	② 信息技术服务	指利用计算机、通信网络等技术对信息进行生产、收集、处理、加工、存储、运输、检索和利用，并提供信息服务的业务活动。包括软件服务、电路设计及测试服务、信息系统服务、业务流程管理服务和信息系统增值服务
	③ 文化创意服务	设计服务、知识产权服务、广告服务和会议展览服务
	④ 物流辅助服务	包括航空服务、港口码头服务、货运客运场站服务、打捞救助服务、装卸搬运服务、仓储服务和收派服务。 航空服务，包括航空地面服务和通用航空服务。 港口设施经营人收取的港口设施保安费按照港口码头服务缴纳增值税
	⑤ 租赁服务	包括融资租赁服务和经营租赁服务：①融资租赁服务，是指具有融资性质和所有权转移特点的租赁活动。②经营租赁服务，是指在约定时间内将有形动产或者不动产转让他人使用且租赁物所有权不变更的业务活动。 将建筑物、构筑物等不动产或者飞机、车辆等有形动产的广告位出租给其他单位或者个人用于发布广告，按照经营租赁服务缴纳增值税。 车辆停放服务、道路通行服务（包括过路费、过桥费、过闸费等）等按照不动产经营租赁服务缴纳增值税
	⑥ 鉴证咨询服务	包括认证服务、鉴证服务和咨询服务
	⑦ 广播影视服务	包括广播影视节目（作品）的制作服务、发行服务和播映（含放映）服务
	⑧ 商务辅助服务	包括企业管理服务、经纪代理服务、人力资源服务、安全保护服务
	⑨ 其他现代服务	指除研发和技术服务、信息技术服务、文化创意服务、物流辅助服务、租赁服务、鉴证咨询服务、广播影视服务和商务辅助服务以外的现代服务
生活服务	① 文化体育服务	包括文化服务和体育服务：①文化服务，是指为满足社会公众文化生活需求提供的各种服务。②体育服务，是指组织举办体育比赛、体育表演、体育活动，以及提供体育训练、体育指导、体育管理的业务活动
	② 教育医疗服务	包括教育服务和医疗服务：①教育服务，是指提供学历教育服务、非学历教育服务、教育辅助服务的业务活动。②医疗服务，是指提供医学检查、诊断、治疗、康复、预防、保健、接生、计划生育、防疫服务等方面的服务，以及与这些服务有关的提供药品、医用材料器具、救护车、病房住宿和伙食的业务
	③ 旅游娱乐服务	包括旅游服务和娱乐服务：①旅游服务，是指根据旅游者的要求，组织安排交通、游览、住宿、餐饮、购物、文娱、商务等服务的业务活动。②娱乐服务，是指为娱乐活动同时提供场所和服务的业务。具体包括歌厅、舞厅、夜总会、酒吧、台球、高尔夫球、保龄球、游艺（包括射击、狩猎、跑马、游戏机、蹦极、卡丁车、热气球、动力伞、射箭、飞镖）
	④ 餐饮住宿服务	包括餐饮服务和住宿服务：①餐饮服务，是指通过同时提供饮食和饮食场所的方式为消费者提供饮食消费服务的业务活动。②住宿服务，是指提供住宿场所及配套服务等的活动。包括宾馆、旅馆、旅社、度假村和其他经营性住宿场所提供的住宿服务
	⑤ 居民日常服务	指主要为满足居民个人及其家庭日常生活需求提供的服务，包括市容市政管理、家政、婚庆、养老、殡葬、照料和护理、救助救济、美容美发、按摩、桑拿、氧吧、足疗、沐浴、洗染、摄影扩印等服务
	⑥ 其他生活服务	指除文化体育服务、教育医疗服务、旅游娱乐服务、餐饮住宿服务和居民日常服务之外的生活服务

（2）销售无形资产

销售无形资产，是指转让无形资产所有权或者使用权的业务活动。无形资产，是指不具实物形态，但能带来经济利益的资产，包括技术、商标权、著作权、自然资源使用权和其他权益性无形资产。

无形资产的种类及内容如表 2-3 所示。

表 2-3　无形资产的种类及内容

种类	内容
技术	包括专利技术和非专利技术
商标权	文字、图形、字母、数字、三维标志和颜色组合，以及上述要素的组合，均可作为商标申请注册
著作权	包括署名权、修改权、保护作品完整权、复制权、发行权、出租权、展览权、表演权、放映权、广播权、信息网络传播权、摄制权、改编权、翻译权、汇编权等
自然资源使用权	包括土地使用权、海域使用权、探矿权、采矿权、取水权和其他自然资源使用权
其他权益性无形资产	基础设施资产经营权、公共事业特许权、配额、经营权（包括特许经营权、连锁经营权、其他经营权）、经销权、分销权、代理权、会员权、席位权、网络游戏虚拟道具、域名、名称权、肖像权、冠名权、转会费

（3）销售不动产

销售不动产，是指转让不动产所有权的业务活动。不动产，是指不能移动或者移动后会引起性质、形状改变的财产，包括建筑物、构筑物等。

4. 征税范围的特殊行为

（1）视同销售货物及提供应税服务行为

视同销售货物及提供应税服务行为的内容包括：①将货物交付他人代销。②销售代销货物。③设有两个以上机构并实行统一核算的纳税人，将货物从一个机构移送至其他机构用于销售，但相关机构设在同一县（市）的除外。④将自产、委托加工或购买的货物作为投资，提供给其他单位或个体工商户。⑤将自产或委托加工的货物用于非增值税应税项目。⑥将自产、委托加工或购买的货物无偿赠送其他单位或他人。⑦将自产、委托加工或购买的货物分配给股东或投资者。⑧将自产、委托加工的货物用于集体福利或个人消费。⑨单位或个体工商户向单位或个人无偿提供应税服务，但用于公益活动为目的或以社会公众为对象的除外。⑩单位或个人向其他单位无偿转让无形资产或不动产，用于公益活动为目的或以社会公众为对象的除外。⑪财政部和国家税务总局规定的其他情形。

（2）混合销售行为

混合销售行为指一项销售行为既涉及货物又涉及服务（两者有直接联系）。

混合销售行为纳税的处理：从事货物的生产、批发或零售的企业和个体工商户发生混合销售行为，按销售货物缴纳增值税。其他单位和个体工商户的混合销售行为，按销售服务缴纳增值税。

（3）兼营行为

兼营行为指增值税纳税人在从事应税货物销售或劳务的同时，又从事增值税服务业务，两者没有直接的联系，常见于跨行业经营。

纳税处理：试点纳税人销售货物、加工修理修配劳务、服务、无形资产或者不动产适用不同税率或者征收率的，应当分别核算适用不同税率或者征收率的销售额，未分别核算销售额的，按照以下方法适用税率或者征收率：①兼有不同税率的销售货物、加工修理修配劳务、服务、无形资产或者不动产，从高适用税率。②兼有不同征收率的销售货物、加工修理修配劳务、服务、无形资产或者不动产，从高适用征收率。③兼有不同税率和征收率的销售货物、加工修理修配劳务、服务、无形资产或者不动产，从高适用税率。

 想一想：混合销售行为与兼营行为有何区别？

5. 不征收增值税的项目

以下项目不征收增值税。

1）基本建设单位和从事建筑安装业务的企业附设工厂、车间在建筑现场制造的预制构件，凡直接用于本单位或本企业建筑工程的，不征收增值税。

2）供应或开采未经加工的天然水（如水库供应农业灌溉用水，工厂自采地下水用于生产），不征收增值税。

3）对国家管理部门行使其管理职能，发放的执照、牌照和有关证书等取得的工本费收入，不征收增值税。

4）对体育彩票的发行收入，不征收增值税。

5）对增值税纳税人收取的会员费收入，不征收增值税。

6）代购货物行为，凡具备以下条件的，不征收增值税：①受托方不垫付资金；②销货方将发票开具给委托方，并由受托方将该发票转给委托方；③受托方按销售方实际收到的销售额和销项税额（如系代理进口货物，则为海关代征增值税额）与委托方结算货款，并另外收取手续费。

7）计算机软件产品征收增值税问题。纳税人销售软件产品并随同销售一并收取软件安装费、维护费、培训费等收入，应按混合销售有关规定征收增值税，并可享受软件产品增值税即征即退政策。

8）纳税人资产重组有关问题。2016年5月1日起，在资产重组过程中，涉及的不动产、土地使用权转让行为，按《营业税改增值税试点实施办法》（财税〔2016〕36号）及有关规定执行。

9）纳税人取得的中央财政补贴有关增值税问题。2013年2月1日起，纳税人取得的中央财政补贴，不属于增值税应税收入，不征收增值税。燃油电厂从政府财政专户取得的发电补贴不属于增值税规定的价外费用，不计入应税销售额，不征收增值税。

10）试点纳税人根据国家指令无偿提供的铁路运输服务、航空运输服务，属于《营业税改增值税试点实施办法》第十四条规定的用于公益事业的服务，不征收增值税。

11）存款利息。

12）被保险人获得的保险赔付。

13）房地产主管部门或者其指定机构、公积金管理中心、开发企业，以及物业管理单位代收的住宅专项维修资金。

四、增值税的减税、免税

1. 法定免税项目

1）农业生产者销售的自产农产品。

2）避孕药品和用具。

3）古旧图书。

4）直接用于科学研究、科学试验和教学的进口仪器、设备。

5）外国政府、国际组织无偿援助的进口物资和设备。

6）由残疾人的组织直接进口供残疾人专用的物品。

7）销售的自己使用过的物品。自己使用过的物品，指其他个人使用过的物品。

除上述项目外，增值税的减税、免税项目由国务院规定，任何地区、部门均无权自行规定减税、免税项目。

纳税人兼营免税、减税项目的应当分别核算免税、减税项目的销售额；未分别核算销售额的不得免税、减税。

纳税人销售货物或应税劳务适用免税规定的，可以放弃免税，依照《中华人民共和国增值税暂行条例》的规定缴纳增值税。放弃免税后，36个月内不得再申请免税。

2. 粮食和食用植物油

1）对承担粮食收储任务的国有粮食购销企业销售的粮食免征增值税。

2）享受免税优惠的国有粮食购销企业可继续使用增值税专用发票。

3）享受免税优惠的国有粮食购销企业均按增值税一般纳税人认定，并进行纳税申报、日常检查及有关增值税专用发票的各项管理。

4）对粮食部门经营的退耕还林还草补足粮，符合国家规定标准的，比照"救灾救济粮"免征增值税。

3. 饲料

免征增值税饲料产品包括单一大宗饲料、混合饲料、配合饲料、复合预饲料、浓缩饲料。

宠物饲料不属于免征增值税的饲料。

营业税改征增值税试点过渡政策的规定

4.起征点

对个人销售额未达到规定起征点的，免征增值税。增值税起征点的适用范围限于个人，不包括认定为一般纳税人的个体工商户。

增值税起征点的幅度规定如下：

1）销售货物的，为月销售额5 000 ～ 20 000 元。

2）销售应税劳务的，为月销售额5 000 ～ 20 000 元。

3）按次纳税的，为每次（日）销售额300 ～ 500 元。

4)"营改增"规定的应税行为的起征点：①按期纳税的,为月销售额5 000 ～ 20 000 元(含本数)。②按次纳税的,为每次（日）销售额300 ～ 500 元（含本数)。

5."营改增"对小微企业的免征增值税规定

根据《营业税改增值税试点实施办法》(财税〔2016〕36 号)规定,自 2016 年 5 月 1 日,对增值税小规模纳税人中月销售额不超过2 万元的企业或非企业性单位,免征收增值税。2017 年 12 月 31 日前,对月销售额2 万元（含本数）至 3 万元的增值税小规模纳税人,免征收增值税。

自 2016 年 4 月 1 日起相关规定：

1）增值税小规模纳税人缴纳增值税、消费税、文化事业建设费，以及随增值税、消费税附征的城市维护建设税、教育费附加等税费，原则上实行按季申报。

纳税人要求不实行按季申报的，由主管税务机关根据其应纳税额大小核定纳税期限。

2）随增值税、消费税附征的城市维护建设税、教育费附加免于零申报。

3）对于采取简易申报方式的定期定额户，在规定期限内通过财税库银电子缴税系统批量扣税或委托银行扣缴核定税款的，当期可不办理申报手续，实行以缴代报。

纳税人兼营减税、免税项目的，应当分别核算减税、免税项目的销售额；未分别核算的，不得减税、免税。

五、税率和征收率

1.基本税率

基本税率按 17% 纳税的有：纳税人销售进口货物，提供加工、修理修配劳务，有形动产租赁等。

2.低税率 11%

1）销售或者进口下列货物按 11% 的税率缴纳增值税。

① 粮食、食用植物油、鲜奶。

② 自来水、暖气、冷气、热水、煤气、石油液化气、天然气、沼气、居民用煤炭制品、食用盐。

③ 图书、报纸、杂志。

④ 饲料、化肥、农药、农机、农膜。

⑤ 农产品（指各种动、植物初级产品，冷冻、冷藏、盐渍及干制的水产品，经加工的咸蛋、松花蛋、腌制的蛋也属于本范围；肉桂油、桉油、香茅油不属于农业产品范围，适用税率17%）、二甲醚。

⑥ 音像制品、电子出版物。

⑦ 国务院规定的其他货物。

2）销售下列服务适用 11% 税率

提供交通运输（包括陆路、水路、管道、航空运输），邮政（包括普通、特殊、其他邮政服务），基础电信，建筑（包括工程、安装、修缮、装饰），不动产租赁服务，销售不动产（建筑物、构筑物），转让土地使用权。

财政部国家税务总局关于简并
增值税税率有关政策的通知

3. 零税率

一般纳税人出口货物缴纳增值税税率为零，国务院另有规定的除外。境内单位和个人发生的跨境应税行为，缴纳增值税税率为零，具体范围由财政部和国家税务总局另行规定。

跨境应税行为适用增值税
零税率和免税政策的规定

4. 征收率

小规模纳税人及简易办法计税的增值税征收率为 3% 和 5%。小规模纳税人按销售额与征收率 3% 计算应纳增值税税额。销售、出租不动产，劳务派遣差额纳税，道路桥闸通信费，房地产，建筑业采用简易办法计税的按 5% 征收率计算应纳税额。

小规模纳税人（其他个人除外，下同）销售自己使用过的固定资产，减按 2% 的征收率征收增值税，并且只能开具普通发票。

小规模纳税人销售自己使用过的固定资产以外的物品，应按 3% 的征收率征收增值税。

纳税人销售旧货，按照简易计税方法依照 3% 征收率，减按 2% 的征收率征收增值税。

纳税人应税行为税率表如表 2-4 所示。

适用 5% 征收率的增值税项目

表 2-4   纳税人应税行为税率表

纳税人	应税行为	税率或征收率	备注
一般纳税人	销售、进口货物，提供加工、修理修配劳务，有形动产租赁	17%	可抵扣进项
	销售或进口粮食、食用植物油、鲜奶、自来水、暖气、冷气、热水、煤气、石油液化气、天然气、沼气、居民用煤炭制品、食用盐、图书、报纸、杂志、饲料、化肥、农药、农机、农膜、农产品、二甲醚、音像制品、电子出版物、其他	11%	
	提供交通运输、基础电信、邮政、建筑服务	11%	
	不动产租赁服务，销售不动产，转让土地使用权	11%	
	服务业，增值电信服务，销售无形资产（土地使用权除外），金融服务	6%	
	出口货物（国务院另有规定外）、跨境应税行为、航天运输	0	可办理退税
	采用简易计税方法（不动产、劳务派遣等）	5%	
小规模纳税人	销售、进口货物，提供加工、修理修配劳务	3%	不可抵扣
小规模纳税人	不动产的销售、租赁、劳务派遣差额纳税、道路桥闸通信费、房地产、建筑业	5%	

5. 其他规定

1）纳税人提供适用不同税率或征收率的货物、应税劳务和应税行为，应当分别核算适用不同税率或征收率的销售额；未分别核算的，从高适用税率。

2）试点纳税人销售电信服务时，附带赠送用户识别卡、电信终端等货物或者电信服务的，应将其取得的全部价款和价外费用进行分别核算，按各自适用的税率计算缴纳增值税。

3）根据（财税〔2016〕36号）规定，油气田企业发生应税行为，适用《营业税改增值税试点实施办法》规定的增值税税率，不再适用《财政部国家税务总局关于印发〈油气田企业增值税管理办法〉的通知》（财税〔2009〕8号）规定的增值税税率。

一般纳税人与小规模纳税人增值税税率及计税方法的区别如表2-5所示。

表 2-5   一般纳税人与小规模纳税人增值税税率及计税方法的区别

类别	税率（征收率）	管理要求	计税方法	备注
一般纳税人	17%、11%、6%、0	会计核算健全	一般计税方法	可进项抵扣
小规模纳税人	3%		简易计税方法	不可进项抵扣

第二节   增值税的计算

情景导入

某金融公司（一般纳税人，按月申报）2016 年 10 月发生如下业务：购买电脑 40 台，价款 40 万元，取得增值税专用发票，增值税税额为 6.8 万元；向其他用户贷款 2 000

万元，并向其支付相关咨询费 20 万元（不含税，对方开出普通发票）；为广州广野集团公司提供账户管理，收取管理费 150 万元（不含税，开具普通发票）；取得财产保险费收入 200 万元（不含税，开具专用发票）；租入货车一辆，租金 2 万元，取得增值税专用发票，增值税税额为 3.4 万元。

该公司 10 月份实际应缴增值税税额是多少？

一、增值税会计账户的设置

1. 一般纳税人应交增值税账户设置

增值税一般纳税人应当在"应交税费"账户下设置"应交增值税""未交增值税""预交增值税""待抵扣进项税额""待认证进项税额""待转销项税额""增值税留抵税额""简易计税""转让金融商品应交增值税""代扣代交增值税"等二级账户。

1)"应交税费——应交增值税"账户。

增值税一般纳税人应在"应交增值税"明细账内设置"进项税额""销项税额抵减""已交税金""转出未交增值税""减免税款""出口抵减内销产品应纳税额""销项税额""出口退税""进项税额转出""转出多交增值税"等专栏，如图 2-1 所示账户结构如下。

借方	应交税费——应交增值税	贷方
① 进项税额		① 销项税额
② 已交税金		② 出口退税
③ 出口抵减内销产品应纳税款		③ 进项税额转出
④ 减免税款		④ 转出多交增值税
⑤ 转出未交增值税		
⑥ 销项税额抵减		

图 2-1 "应交税费——应交增值税"账户

①"进项税额"专栏，记录一般纳税人购进货物、加工修理修配劳务、服务、无形资产或不动产而支付或负担的、准予从当期销项税额中抵扣的增值税税额。

企业购入货物或接受应税劳务的会计处理如下：

借：原材料、库存商品（等）

　　应交税费——应交增值税（进项税额）

　　　贷：银行存款（等）

②"已交税金"专栏，记录一般纳税人当月已交纳的应交增值税税额。

企业缴纳当月应交的增值税的会计处理如下：

借：应交税费——应交增值税（已交税金）

　　　贷：银行存款

③"销项税额"专栏，记录一般纳税人销售货物、加工修理修配劳务、服务、无形资产或不动产应收取的增值税额。

企业销售货物或提供应税劳务等：

借：银行存款（等）

　　贷：应交税费——应交增值税（销项税额）

　　　　主营业务收入（等）

④"销项税额抵减"专栏，记录一般纳税人按照现行增值税制度规定因扣减销售额而减少的销项税额；

借：应交税费——应交增值税（销项税额抵减）

　　贷：主营业务成本（等）

⑤"减免税款"专栏，记录一般纳税人按现行增值税制度规定准予减免的增值税税额。

⑥"出口抵减内销产品应纳税额"专栏，记录实行"免、抵、退"办法的一般纳税人按规定计算的出口货物的进项税抵减内销产品的应纳税额。

⑦"出口退税"专栏，记录一般纳税人出口货物、加工修理修配劳务、服务、无形资产按规定退回的增值税额。

⑧"进项税额转出"专栏，记录一般纳税人购进货物、加工修理修配劳务、服务、无形资产或不动产等发生非正常损失以及其他原因而不应从销项税额中抵扣、按规定转出的进项税额。

购进货物、在产品、产成品等发生非正常损失：

借：待处理财产损溢——待处理流动资产损溢

　　贷：应交税费——应交增值税（进项税额转出）

非正常损失，是指因管理不善造成货物被盗、丢失、霉烂变质，以及因违反法律法规造成货物或者不动产被依法没收、销毁、拆除的情形。

⑨"转出未交增值税"专栏，记录一般纳税人月度终了转出当月应交未交的增值税额。

月终转出当月应交未交增值税（如销项税额＞进项税额，结转该差额）：

借：应交税费——应交增值税（转出未交增值税）

　　贷：应交税费——未交增值税

⑩"转出多交增值税"专栏，记录一般纳税人月度终了转出当月多交的增值税额。

月终转出当月多交增值税（如销项税额＜进项税额，结转该差额）：

借：应交税费——未交增值税

　　贷：应交税费——应交增值税（转出多交增值税）

2）"未交增值税"账户，核算一般纳税人月度终了从"应交增值税"或"预交增值税"账户转入当月应交未交、多交或预缴的增值税税额，以及当月交纳以前期间未交的增值税税额。

3）"预交增值税"账户，核算一般纳税人转让不动产、提供不动产经营租赁服务、提供建筑服务、采用预收款方式销售自行开发的房地产项目等，以及其他按现行增值税制度规定应预缴的增值税额。

①预缴的增值税额的会计处理如下：

借：应交税费——预交增值税

　　贷：银行存款

②月终结转预缴增值税的会计处理如下：

借：应交税费——未交增值税

　　贷：应交税费——预交增值税

4）"待抵扣进项税额"账户，核算一般纳税人已取得增值税扣税凭证并经税务机关认证，按照现行增值税制度规定准予以后期间从销项税额中抵扣的进项税额。包括：一般纳税人自2016年5月1日后取得并按固定资产核算的不动产或者2016年5月1日后取得的不动产在建工程，按现行增值税制度规定准予以后期间从销项税额中抵扣的进项税额；实行纳税辅导期管理的一般纳税人取得的尚未交叉稽核比对的增值税扣税凭证上注明或计算的进项税额。

5）"待认证进项税额"账户，核算一般纳税人由于未经税务机关认证而不得从当期销项税额中抵扣的进项税额。包括：一般纳税人已取得增值税扣税凭证、按照现行增值税制度规定准予从销项税额中抵扣，但尚未经税务机关认证的进项税额；一般纳税人已申请稽核但尚未取得稽核相符结果的海关缴款书进项税额。

6）"待转销项税额"账户，核算一般纳税人销售货物、加工修理修配劳务、服务、无形资产或不动产，已确认相关收入（或利得）但尚未发生增值税纳税义务而须于以后期间确认为销项税额的增值税额。

7）"增值税留抵税额"账户，核算兼有销售服务、无形资产或者不动产的原增值税一般纳税人，截止到纳入营改增试点之日前的增值税期末留抵税额按照现行增值税制度规定不得从销售服务、无形资产或不动产的销项税额中抵扣的增值税留抵税额。

8）"简易计税"账户，核算一般纳税人采用简易计税方法发生的增值税计提、扣减、预缴、缴纳等业务。

9）"转让金融商品应交增值税"账户，核算增值税纳税人转让金融商品发生的增值税额。

10）"代扣代交增值税"账户，核算纳税人购进在境内未设经营机构的境外单位或个人在境内的应税行为代扣代缴的增值税。

2. 小规模纳税人应交增值税账户设置

小规模纳税人在"应交税费"账户下设置"应交增值税"二级账户即可，贷方发生额反映本月应交的增值税，借方发生额反映本月实际已上交的增值税税款；期末贷方余额反映应交未交的增值税税款，借方余额反映多交的增值税税款。

小规模纳税人销售货物、服务及提供服务时，会计处理如下：

借：银行存款（等）

  贷：主营业务收入（等）

    应交税费——应交增值税

二、增值税的计税方法

增值税的计税方法，包括一般计税方法、简易计税方法和扣缴计税方法。

1. 一般计税方法

一般纳税人销售货物，提供加工修理修配劳务，销售服务、无形资产或不动产适用一般计税方法计税。计算公式如下：

$$当期应纳税额 = 当期销项税额 - 当期进项税额$$

【例2-1】

  广州万嘉百货11月份销售产品500万元，销项税额为85万元；购进商品300万元，进项税额为51万元，11月份应交增值税为34万元（85 - 51）。若购货、销售均付款、收款，则会计处理如下。

  ① 购货：

借：库存商品   3 000 000

  应交税费——应交增值税（进项税额） 510 000

   贷：银行存款   3 510 000

  ② 销货：

借：银行存款   5 850 000

   贷：应交税费——应交增值税（销项税额） 850 000

    主营业务收入   5 000 000

  ③ 月末结转应交未交增值税：

借：应交税费——应交增值税（转出未交增值税） 340 000

   贷：应交税费——未交增值税   340 000

一般纳税人发生财政部和国家税务总局规定的特定应税行为，可以选择简易计税方法计税，但一经选择，36个月内不得变更。

2. 简易计税方法

小规模纳税人发生应税行为适用简易计税方法计税。计算公式如下：

$$当期应纳税额 = 当期销售额 \times 征收率$$

3. 扣缴计税方法

境外单位或者个人在境内发生应税行为，在境内未设有经营机构的，扣缴义务人按照下列公式计算应扣缴税额：

$$应扣缴税额 = 购买方支付的价款 \div （1 + 税率） \times 税率$$

【例 2-2】

润发超市（小规模纳税人）11 月份销售商品 30 900 元（含税价），当月应交增值税税额为多少？

当月应交增值税 =30 900÷(1 + 3%)×3%=900（元）

若销售均收款，则会计处理如下。

借：银行存款   30 900

    贷：主营业务收入   30 000

        应交税费——应交增值税   900

三、一般计税方法（增值税一般纳税人）

一般计税方法的应纳税额，是指当期销项税额抵扣当期进项税额后的余额。计算公式如下：

$$当期应纳税额 = 当期销项税额 - 当期进项税额$$

当期销项税额小于当期进项税额不足抵扣时，其不足部分可以结转下期继续抵扣。

1. 销项税额

销项税额，是指纳税人发生应税行为按照销售额和增值税税率计算并收取的增值税税额。销项税额的计算公式为

$$销项税额 = 销售额 × 税率$$

或

$$销项税额 = 组成计税价格 × 税率$$

（1）销售额的一般规定

销售额为纳税人销售货物或者应税劳务向购买方收取的全部价款和价外费用，但是不包括收取的销项税额。销售额以人民币计算。纳税人以人民币以外的货币结算销售额的，应当折合成人民币计算。具体包括：

1）销售货物或者应税劳务取自购买方的全部价款。

2）向购买方收取的各种价外费用。

价外费用是指价外向购买方收取的手续费、补贴、基金、集资费、退还利润、奖励费、违约金、延期期付款利息、包装费、包装物租金、储备费、优质费、运输装卸费、代收款项、代垫款项目及其他各种性质的价外收费。

（2）特殊方式下的销售额

1）折扣方式。

① 商业折扣，是指购货方在销售货物或提供应税劳务，销售服务、无形资产或不动产时，因购货方购货数量较大等原因，而给予购货方的价格优惠。一般是购买的数量越大，给予的商业折扣越多。注意：开出的增值税专用发票的销售额必须是扣除商业折扣后的销售额。

【例 2-3】

11 月份, 中吉食品集团销售大米 600 000 元, 增值税税额为 78 000 元; 销售鲁花花生调和油 400 000 元, 增值税税额为 52 000 元, 开出增值税专用发票 (税率 13%), 另外收取包装物押金 3 000 元, 收到存款。其会计处理为

借: 银行存款	1 132 000
贷: 主营业务收入	1 000 000
应交税费——应交增值税 (销项税额)	130 000
其他应付款——包装物押金	2 000

若包装物到期没有归还, 按规定没收押金 2 000 元:

借: 其他应付款——包装物押金	2 000
贷: 其他业务收入	1 709.40 [2 000 ÷ (1 + 17%)]
应交税费——应交增值税 (销项税额)	290.60

注意: 以上没收的包装物押金不是按照 13% 的税率计算, 而是按照 17% 的税率计算, 因为出借包装物属于单独核算。

【例 2-4】

11 月份, 广州天蓝时装有限公司销售服装一批, 价款为 800 000 元, 增值税税额为 136 000 元, 开出增值税专用发票, 同时, 以现金代垫运费 555 元 (其中运费 500 元, 增值税税额为 55 元), 货款均未收。其会计处理为

借: 应收账款	936 555
贷: 主营业务收入	800 000
应交税费——应交增值税 (销项税额)	136 000
库存现金	555

② 现金折扣: 现金折扣是在企业以赊销方式销售货物及提供劳务的业务中, 为了鼓励购货方早日还款而给予购货方的一种优惠折扣。如客户在 10 天之内付款可按售价给予 2% 的折扣 (2/10); 11 ~ 20 天付款折扣 1% (1/20); 21 ~ 30 天全价付款 (n/30)。

我国的会计实务中一般采取总价法, 即将减去现金折扣之前的金额作为实际销售额, 将给予客户的现金折扣看作是融资的财务费用, 不可以从销售额中扣除。

③ 销售折让: 销售折让是指企业出售的货物、服务或提供的劳务因质量不合格或不达标等原因而给客户在售价上予以的减让。销售折让可以通过开具增值税红字专用发票从销售额中扣除, 未按规定开具增值税红字专用发票的, 不得扣减销项税额或销售额。

纳税人发生应税行为, 将价款和折扣额在同一张发票上分别注明的, 以折扣后的价款为销售额; 未在同一张发票上分别注明的, 以价款为销售额, 不得扣减折扣额。

2) 以旧换新、以物易物: 采取以旧换新方式销售货物, 应按新货物的同时期销售价格确定销售额。采取以物易物方式销售货物, 双方均以各自发出的货物核算销售额

并计算销项税额，同时以各自收到的货物核算购货额并计算进项税额。

【例 2-5】

11 月 5 日，乐高高玩具有限公司向友谊百货公司销售玩具一批，原价 70 000 元，给予购货方商业折扣 10%，并在增值税专用发票上予以注明。该公司为了提前收回货款，许诺给购货方现金折扣（分别为 2/10、1/20 及 n/30），客户在 11 月 13 日付款。

$$应税销售额 = 70 000 \times (1 - 10\%) = 63 000（元）$$
$$增值税 = 63 000 \times 17\% = 10 710（元）$$

乐高高玩具有限公司的会计处理如下。

① 5 日销售产品：

借：应收账款	73 710	
贷：主营业务收入		63 000
应交税费——应交增值税（销项税额）		10 710

② 12 日收款，假设只有货款取得折扣如下：

借：银行存款	72 450	
财务费用	1 260（63 000×2%）	
贷：应收账款		73 710

友谊百货公司的会计处理如下。

① 5 日购买产品：

借：库存商品	63 000	
应交税费——应交增值税（进项税额）	10 710	
贷：应付账款		73 710

② 13 日付款，假设只有货款部分取得折扣：

借：应付账款	73 710	
贷：财务费用		1 260（63 000×2%）
银行存款		72 450

【例 2-6】

10 月 16 日，乐高高玩具有限公司上月售出的一批玩具存在一些小瑕疵（该批玩具货款 50 000 元，增值税 8 500 元，未收款），客户要求给予销售折让 20%，玩具公司经核实同意给予折让。乐高高开出增值税红字发票，冲减收入 10 000 元，增值税 1700 元。

会计处理如下：

借：应收账款	11 700	
贷：主营业务收入		10 000
应交税费——应交增值税（销项税额）		1 700

例如，万家家用电器公司为了促销其生产的热水器，采取以旧换新方式销售冰箱，每台热水器不含税价 2 800 元，同时回收一台旧热水器 100 元，即只收现金 2 700 元。计税时，须按每台 2 800 元确定销售额。

以物易物是指购销双方不以货币结算，而是以同等价款的货物相互结算，实现货物购销的一种方式。对此，税法规定以物易物双方都要作购销处理，以各自发出的货物核算销售额并计算销项税额；以各自收得的货物核算购货额计算进项税额。

【例 2-7】

万嘉家用电器公司用自产的电风扇（产品成本 120 000 元，价款 200 000 元，增值税 34 000 元，换取同等价值的原材料一批，各自开出增值税专用发票，发票价款 200 000 元，增值税 34 000 元。该换货的账务处理如下：

```
借：原材料                                      200 000
    应交税费——应交增值税（进项税额）           34 000
    贷：主营业务收入                            200 000
        应交税费——应交增值税（销项税额）        34 000
借：主营业务成本                                120 000
    贷：库存商品                                120 000
```

3）还本销售。还本销售是企业销售货物后，在一定期限内将全部或部分销货款一次或分次无条件退还给购货方的一种销售方式。

4）直销企业销售额的确定。直销企业，是指依照规定经批准采取直销方式销售产品的企业。

① 直销企业先将货物销售给直销员，直销员再将货物销售给消费者的，直销企业的销售额为其向直销员收取的全部价款和价外费用。直销员将货物销售给消费者时，应按照现行规定缴纳增值税。

② 直销企业通过直销员向消费者销售货物，直接向消费者收取货款，直销企业的销售额为其向消费者收取的全部价款和价外费用。

5）包装物押金的计税。对于包装物押金的处理，税法规定凡企业为销售货物而出租、出借包装物收取的押金，单独记账核算的，不并入销售额征税；逾期（12 个月为限）未收回包装物而不需退还的押金，按其所包装货物的适用税率计算销项税额，"逾期"是指按合同的定期逾期或以一年为期限，对收取一年以上的押金，无论是否退还均并入销售额。

【提示】没收押金属于含税收入，需要换算为不含税销售额。

（3）视同销售行为销售额的确定

视同销售行为是增值税税法规定的特殊销售行为，由于视同销售行为一般不以资金形式反映，因而会出现视同销售而没有销售额的情况。另外，有时会出现纳税人销售货物或提供应税劳务的价格明显偏低的销售行为。在上述情况下，主管税务机关有权按下列顺序核定期计税销售额：①按企业当月同类货物的平均销售价格确定；②按企业最近时期同类货物的平均销售价格确定；③按组成计税价格确定。

组成计税价格的计算公式为

$$组成计税价格 = 成本 \times (1 + 成本利润率)$$

【例 2-8】

广州利口食品公司（一般纳税人）没收逾期未还包装物的押金 4 000 元。

$$不含税收入 = 4\,000 \div (1 + 17\%) \approx 3\,418.80（元）$$
$$应交增值税 = 3\,418.80 \times 17\% \approx 581.20（元）$$

会计处理为

借：其他应付款——包装物押金   4 000
 贷：其他业务收入   3 418.80
  应交税费——应交增值税（销项税额） 581.20

【例 2-9】

乐高高玩具有限公司将一批新生产的玩具送给福利院小朋友，该批玩具共 50 个，每个成本 58 元，暂无市场价，成本利润率为 10%。

$$组成计税价格 = 50 \times 58 \times (1 + 10\%) \approx 2\,900（元）$$
$$应缴增值税 = 2\,900 \times 17\% \approx 493（元）$$

会计处理为

借：营业外支出   3 393
 贷：库存商品   2 900
  应交税费——应交增值税（销项税额） 493

如果属于应征消费税的货物，其组成计税价格中应加上消费税额。计算公式为

$$组成计税价格 = 成本 \times (1 + 成本利润率) \div (1 - 消费税税率)$$

国家税务总局规定成本利润率一般为 10%，但属于从价定率征收消费税的货物，其组成价格中的成本利润率，为《消费税若干具体问题的规定》中规定的成本利润率。

根据《营业税改征增值税试点实施办法》规定，纳税人发生应税行为价格明显偏低或者偏高且不具有合理商业目的的，或者发生应税行为而无销售额的，主管税务机关有权按照下列顺序确定销售额：①按照纳税人最近时期销售同类服务、无形资产或者不动产的平均价格确定；②按照其他纳税人最近时期销售同类服务、无形资产或者不动产的平均价格确定；③按照组成计税价格确定。组成计税价格的公式为

$$组成计税价格 = 成本 \times (1 + 成本利润率)$$

成本利润率由国家税务总局确定。

不具有合理商业目的,是指以谋取税收利益为主要目的,通过人为安排,减少、免除、推迟缴纳增值税税款,或者增加退还增值税税款。

【例2-10】

小宝化妆品公司在上海路商业步行街派发新研发的高档化妆品的样品。该化妆品成本 20 000 元,成本利润率 5%,消费税税率 15%。暂无同类货物的平均销售价格。

组成计税价格 =20 000×(1 + 5%)÷(1 − 15%)=24 705.88

应缴增值税 =24 705.88×17%≈4 200(元)

应缴消费税 =24 705.88×15%≈3 705.88(元)

会计处理为

借:销售费用   27 905.88

    贷:库存商品   20 000

        应交税费——应交增值税(销项税额)   4 200

        应交税费——应交消费税   3 705.88

【例2-11】

某建筑公司免费为市老人大学装修房屋,装修费用 150 000 元,同类服务市场价为 200 000 元。

应缴增值税 =200 000×11%=22 000(元)

会计处理为

借:营业外支出   172 000

    贷:劳务成本   150 000

        应交税费——应交增值税(销项税额)   22 000

(4)含税销售额的换算

一般纳税人销售货物或者应税劳务,采用销售额和销项税额合并定价方法的,按下列公式计算销售额:

销售额 = 含税销售额 ÷(1 + 税率)

【例2-12】

10 日,春之花商店(一般纳税人)销售商品给消费者,收到款项 351 000 元(含税收入),开出增值税普通发票。

销售额 =351 000÷(1 + 17%)≈300 000(元)

应缴增值税 =300 000×17%≈51 000(元)

会计处理为

借:银行存款   351 000

    贷:主营业务收入   300 000

        应交税费——应交增值税(销项税额)   51 000

（5）"营改增"试点行业的销售额

1）贷款服务，以提供贷款服务取得的全部利息及利息性质的收入为销售额。

2）直接收费金融服务，以提供直接收费金融服务收取的手续费、佣金、酬金、管理费、服务费、经手费、开户费、过户费、结算费、转托管费等各类费用为销售额。

3）金融商品转让，按照卖出价扣除买入价后的余额为销售额（差额计税）。

金融商品转让，是指转让外汇、有价证券、非货物期货和其他金融商品所有权的业务活动。其他金融商品转让包括基金、信托、理财产品等各类资产管理产品和各种金融衍生品的转让。

【例2-13】

某银行本月收入利息1 000 000元，另外还收到结算费200 000元，服务费1500 000元，均收款。

应缴增值税 =1 350 000×6%=81 000（元）

会计处理为

借：银行存款　　　　　　　　　　　　　　　　　　　　1 431 000

　　贷：利息收入　　　　　　　　　　　　　　　　　　　1 000 000

　　　　手续费及佣金收入　　　　　　　　　　　　　　　　350 000

　　　　应交税费——应交增值税（销项税额）　　　　　　　　81 000

金融商品的买入价，可以选择按照加权平均法或者移动加权平均法进行核算，选择后36个月内不得变更。

【提示】金融商品转让，不得开具增值税专用发票（可以开具普通发票）。

【例2-14】

某金融机构为一般纳税人(按月申报)，2016年6月买入国债，买入价100 000元，2016年12月卖出，卖出价200 000元，未开发票；2016年6月买入股票200 000元，2016年12月卖出，卖出价150 000元（差额计税）。

申报：

金融商品卖出价 =200 000 + 150 000=350 000（元）

金融商品买入价 =100 000 + 200 000=300 000（元）

金融商品转让销售额 =350 000 − 300 000=50 000（元）

不含税销售额 =50 000÷（1 + 6%）≈47 169.81（元）

应纳增值税 =47 169.81×6%≈2 830.19（元）

从以上的规定可以看到，只有买入金融商品再卖出才需征收增值税。

根据以上资料，填列《增值税纳税申报表附列资料（一）》，如表2-6所示。

第5列：350 000÷（1＋6%）≈330 188.67（元）

第6列：330 188.67×6%=19811.32（元）

第9列：330 188.67（元）

第10列：19 811.32（元）

第11列：350 000（元）

第12列：300 000（元）

第13列：50 000（元）

第14列：50 000÷（1＋6%）×6%=2 830.19（元）

以下差额计税的填报方法相同。

4）经纪代理服务，以取得的全部价款和价外费用，扣除向委托方收取并代为支付的政府性基金或者行政事业性收费后的余额为销售额。向委托方收取的政府性基金或者行政事业性收费，不得开具增值税专用发票（差额计税）。

5）航空运输企业的销售额，不包括代收的机场建设费和代售其他航空运输企业客票而代收转付的价款（差额计税）。

6）试点纳税人中的一般纳税人提供客运场站服务，以其取得的全部价款和价外费用，扣除支付给承运方运费后的余额为销售额（差额计税）。

【例 2-15】

2016 年 11 月份，舒达运输司（一般纳税人）提供客运场站服务，取得含税收入 31 800 元，当月支付承运方运费 10 600 元。

不含税销售额 =31 800÷（1＋6%）=30 000（元）

应交增值税 =30 000×6%=1 800（元）

支付承运方运费可扣税 =10 600÷（1＋6%）×6%=600（元）

实际应交增值税 =1 800－600=1 200（元）

会计处理如下。

①提供应税服务：

借：银行存款　　　　　　　　　　　　　　　　　　　31 800

　　贷：主营业务收入　　　　　　　　30 000[31 800÷（1＋6%）]

　　　　应交税费——应交增值税（销项税额）　1 800（30 000×6%）

②支付承运方运费：

借：主营业务成本　　　　　　　10 000[10 600÷（1＋6%）]

　　应交税费——应交增值税（销项税额抵减）　600（10 000×6%）

　　贷：银行存款　　　　　　　　　　　　　　　　　　10 600

7）试点纳税人提供旅游服务，可以选择以取得的全部价款和价外费用，扣除向旅游服务购买方收取并支付给其他单位或者个人的住宿费、餐饮费、交通费、签证费、门票费和支付给其他接团旅游企业的旅游费用后的余额为销售额（差额计税）。

选择上述办法计算销售额的试点纳税人，向旅游服务购买方收取并支付的上述费用，不得开具增值税专用发票，可以开具普通发票。

表2-6　增值税纳税申报表附列资料（一）

（本期销售情况明细）

税款所属时间：2016年12月1日至2016年12月31日

纳税人名称：（公章）

金额单位：元至角分

项目及栏次		开具税控增值税专用发票		开具其他发票		未开具发票		纳税检查调整		合计		价税合计	应税服务扣除项目本期实际扣除金额	扣除后	
		销售额	销项（应纳）税额	销售额	销项（应纳）税额	销售额	销项（应纳）税额	销售额	销项（应纳）税额	销售额	销项（应纳）税额			含税（免税）销售额	销项（应纳）税额
项目	栏次	1	2	3	4	5	6	7	8	9=1+3+5+7	10=2+4+6+8	11=9+10	12	13=11-12	14=13÷(100%+税率或征收率)×税率或征收率
一、一般计税方法计税　全部征税项目	17%税率的货物及加工修理修配劳务	1														
	17%税率的有形动产租赁服务	2														
	13%税率	3														
	11%税率	4														
	6%税率	5														
其中：即征即退项目	即征即退货物及加工修理修配劳务	6	—	—	—	—	—	—	—	—	—	—	—	—	—	—
	即征即退应税服务	7	—	—	—	—	—	—	—	—	—	—	—	—	—	—
二、简易计税方法计税　全部征税项目	6%征收率	8	—	—	—	—	330 188.67	19 811.32			330 188.7	19 811.32	350 000	300 000	50 000	2 830.19
	5%征收率	9											—	—		
	4%征收率	10											—	—		
	3%征收率的货物及加工修理修配劳务	11											—	—		
	3%征收率的应税服务	12											—	—		
其中：即征即退项目	即征即退货物及加工修理修配劳务	13a	—	—	—	—	—	—	—	—	—	—	—	—	—	—
	预征率　%	13b	—	—	—	—	—	—	—	—	—	—	—	—	—	—
	预征率　%	13c	—	—	—	—	—	—	—	—	—	—	—	—	—	—
	预征率　%															
	即征即退货物及加工修理修配劳务	14	—	—	—	—	—	—	—	—	—	—	—	—	—	—
	即征即退应税服务	15	—	—	—	—	—	—	—	—	—	—	—	—	—	—
三、免抵退税	货物及加工修理修配劳务	16	—	—	—	—							—	—		
	应税服务	17	—	—	—	—							—	—		
四、免税	货物及加工修理修配劳务	18	—	—	—	—							—	—		
	应税服务	19	—	—	—	—							—	—		

【例 2-16】

2016 年 12 月，清湖旅游公司收到旅游费用 2 000 000 元，其中国内游代旅客支付住宿费、餐饮费、交通费、门票费共 800 000 元，支付国内接团旅游公司的旅游费用为 200 000 元，支付国外接团旅游公司的旅游费用为 300 000 元。

不含税销售收入 =2 000 000÷（1 + 6%）=1 886 792.45（元）

销项税额 =1 886 792.45×6%=113 207.55

进项税额 =[1 300 000÷（1 + 6%）]×6%=73 584.91

差额扣除部分不得开具增值税专用发票，可以开普通发票。

会计处理如下。

① 收款时：

借：银行存款   2 000 000

   贷：预收账款   2 000 000

② 提供旅游服务后确认收入：

借：预收账款   2 000 000

   贷：主营业务收入   1 886 792.45[2 000 000÷（1 + 6%）]

      应交税费——应交增值税（销项税额）   113 207.55[1 886 792.45×6%]

③ 确认营业成本。

借：主营业务成本   1 226 415.09[1300 000÷（1 + 6%）]

   应交税费——应交增值税（销项税额抵扣）   73 584.91

   贷：银行存款   1 300 000

实际缴纳增值税 =113 207.55–73 584.91=39 622.64（元）

根据以上资料，填列《增值税纳税申报表附列资料（一）》（表 2-7）。

8）房地产开发企业中的一般纳税人销售其开发的房地产项目（选择简易计税方法的房地产老项目除外），以取得的全部价款和价外费用，扣除受让土地时向政府部门支付的土地价款后的余额为销售额（差额计税）。

房地产老项目，是指《建筑工程施工许可证》注明的合同开工日期在 2016 年 4 月 30 日前的房地产项目。

【例 2-17】

富丽房地产开发企业（一般纳税人）有甲、乙两个房地产项目甲为试点前开工（老项目），乙为试点后开工。2016 年 5 月发生下列预收款业务。

甲项目销售房屋 100 套，当月收到预收款 18 900 万元，其中 10 500 万元开出增值税专用发票，8 400 万元开具普通发票。乙项目销售房屋 20 套，当月预收款 2 220 万元，其中 444 万元开出增值税专用发票，1 776 万元开具普通发票，乙项目约定交付时间为 6 月份。

预收款阶段：

甲项目（简易计税方法）：

$$不含税销售额 =18\,900 \div （1 + 5\%） =18\,000 （万元）$$

$$应交增值税 =18\,000 \times 5\%=900 （万元）$$

$$预征税额 =18\,000 \times 3\%=540 （万元）$$

乙项目（一般计税方法）：

$$不含税销售额 =2\,220 \div （1 + 11\%） =2\,000 （万元）$$

$$应交增值税 =2\,000 \times 11\%=220 （万元）$$

$$预征税额 =2\,000 \times 3\%=60 （万元）$$

乙项目会计处理：

借：银行存款　　　　　　　　　　　　　　　　　　　　22 200 000

　　贷：主营业务收入　　　　　　　　　　　　　　　　　20 000 000

　　　　应交税费——应交增值税（销项税额）　　　　　　 2 200 000

按 3% 预缴增值税：

借：应交税费——预交增值税　　　　　　　　　　　　　　 600 000

　　贷：银行存款　　　　　　　　　　　　　　　　　　　　 600 000

【知识拓展】

　　房地产开发企业中的一般纳税人（以下简称一般纳税人）销售自行开发的房地产项目，适用一般计税方法计税，按照取得的全部价款和价外费用，扣除当期销售房地产项目对应的土地价款后的余额计算销售额。销售额的计算公式如下：

　　销售额 =（全部价款和价外费用－当期允许扣除的土地价款）÷（1 + 11%）

　　当期允许扣除的土地价款 =（当期销售房地产项目建筑面积 ÷ 房地产项目可供销售建筑面积）× 支付的土地价款。当期销售房地产项目建筑面积，是指当期进行纳税申报的增值税销售额对应的建筑面积。房地产项目可供销售建筑面积，是指房地产项目可以出售的总建筑面积，不包括销售房地产项目时未单独作价结算的配套公共设施的建筑面积。支付的土地价款，是指向政府、土地管理部门或受政府委托收取土地价款的单位直接支付的土地价款。

　　一般纳税人应建立台账登记土地价款的扣除情况，扣除的土地价款不得超过纳税人实际支付的土地价款。

　　假设例 2-17 中乙项目当期销售的房地产项目建筑面积为 2 000 平方米，可供销售建筑面积为 10 000 平方米，支付的土地价款为 888 万元。

　　当期允许扣除的土地价款按照以下公式计算：

　　当期允许扣除的土地价款 =（2 000÷10 000）×888 ≈ 177.6（万元）

　　应纳税额 =（2 220 － 177.6）÷（1 + 11%）×11%=202.40（万元）

　　扣减预征税额 60 万元，实际缴纳 202.40 － 60=142.4（万元）

表2-7　增值税纳税申报表附列资料（一）

（本期销售情况明细）

税款所属时间：2016年12月1日至2016年12月31日

纳税人名称：　　　　　　　（公章）

金额单位：元至角分

项目及栏次			开具税控增值税专用发票		开具其他发票		未开具发票		纳税检查调整		合计		价税合计	应税服务扣除项目本期实际扣除金额	含税（免税）销售额	扣除后
			销售额	销项（应纳）税额	销售额	销项（应纳）税额	销售额	销项（应纳）税额	销售额	销项（应纳）税额	销售额	销项（应纳）税额	价税合计			销项（应纳）税额
			1	2	3	4	5	6	7	8	9=1+3+5+7	10=2+4+6+8	11=9+10	12	13=11-12	14=13÷(100%+税率或征收率)×税率或征收率
一、一般计税方法计税	全部征税项目	17%税率的货物及加工修理修配劳务	1													
		17%税率的动产租赁服务	2													
		13%税率	3													
		11%税率	4													
		6%税率	5				1 886 792.5	113 207.6			1 886 792.5	113 207.6	2 000 000	1 300 000	700 000	39 622.64
	其中：即征即退项目	即征即退货物及加工修理修配劳务	6	—	—	—	—	—	—	—	—	—	—	—	—	—	—
		即征即退应税服务	7	—	—	—	—	—	—	—	—	—	—	—	—	—	—
二、简易计税方法计税	全部征税项目	6%征收率	8													
		5%征收率	9													
		4%征收率	10													
		3%征收率的货物及加工修理修配劳务	11													
		3%征收率的应税服务	12													
		预征率　　%	13a	—		—		—		—		—					—
		预征率　　%	13b	—		—		—		—		—					—
		预征率　　%	13c	—		—		—		—		—					—
	其中：即征即退项目	即征即退货物及加工修理修配劳务	14	—	—	—	—	—	—	—	—	—	—	—	—	—	—
		即征即退应税服务	15	—	—	—	—	—	—	—	—	—	—	—	—	—	—
三、免抵退税		货物及加工修理修配劳务	16	—		—		—		—		—					—
		应税服务	17	—		—		—		—		—					—
四、免税		货物及加工修理修配劳务	18	—		—		—		—		—					—
		应税服务		—		—		—		—		—					—

土地出让金（当月）抵减的销项税额 =177.6÷（1 + 11%）×11%=17.6（万元）

　借：应交税费——应交增值税（销项税额抵减）　　　　　　　　176 000

　　　贷：主营业务成本　　　　　　　　　　　　　　　　　　　　　　176 000

　借：应交税费——应交增值税（转出未交增值税）　　　　　　　2 024 000

　　　贷：应交税费——未交增值税　　　　　　　　　　　　　　　　2 024 000

　　　银行转账缴纳税款　　　　　　　　　　　　　　　　　　　　1 424 000

　借：应交税费——未交增值税　　　　　　　　　　　　　　　　　2 024 000

　　　贷：应交税费——预交增值税（已交税费）　　　　　　　　　　　600 000

　　　银行存款　　　　　　　　　　　　　　　　　　　　　　　　1 424 000

9）试点纳税人按照上述规定从全部价款和价外费用中扣除的价款，应当取得符合法律、行政法规和国家税务总局规定的有效凭证。否则，不得扣除。

10）一般纳税人跨县（市）提供建筑服务，适用一般计税方法计税的，应以取得的全部价款和价外费用为销售额计算应纳税额。纳税人应以取得的全部价款和价外费用扣除支付的分包款后的余额，按照2%的预征率在建筑服务发生地预缴税款。

【例 2-18】

　　2016 年 10 月，广州东辉建筑公司为深圳某公司建造办公楼，工程总价款为1 332 万元，其中 222 万元的安装工程分包给深圳红岭建筑安装公司。

　　　　　　不含税销售额 =1 332÷（1 + 11%）=1 200（万元）

　　　　　　应交增值税 =1 200×11%=132（万元）

　　　　　　预征税额 =1 200×2%=24（万元）

11）一般纳税人销售其 2016 年 5 月 1 日后取得（不含自建）的不动产，应适用一般计税方法，以取得的全部价款和价外费用为销售额计算应纳税额。纳税人应以取得的全部价款和价外费用减去该项不动产购置原价或者取得不动产时的作价后的余额，按照 5% 的预征率在不动产所在地预缴税款（差额计税）。

12）一般纳税人销售其 2016 年 5 月 1 日后自建的不动产，应适用一般计税方法，以取得的全部价款和价外费用为销售额计算应纳税额。纳税人应以取得的全部价款和价外费用，按照 5% 的预征率在不动产所在地预缴税款。

13）一般纳税人出租其 2016 年 5 月 1 日后取得的与机构所在地不在同一县（市）的不动产，应按照 3% 的预征率在不动产所在地预缴税款。向机构所在地主管税务机关进行纳税申报。

14）一般纳税人销售其 2016 年 4 月 30 日前取得的不动产（不含自建），适用一般计税方法计税的，以取得的全部价款和价外费用为销售额计算应纳税额。该纳税人应以取得的全部价款和价外费用减去该项不动产购置原价或者取得不动产时的作价后的余额，按照 5% 的预征率在不动产所在地预缴税款后，向机构所在地主管税务机关进行纳税申报。

【例2-19】

2016年11月30日，广州富丽集团出售办公室一套（该办公室为2016年6月2日购入，原价600万元，增值税66万元，购入时曾抵扣60%增值税39.6万元，剩余26.4万元未抵扣。现已提折旧12.5万元）。售价900万元，增值税99万元，开出增值税专用发票。

① 原购入时的会计处理：

借：固定资产		6 000 000
应交税费——应交增值税（进项税额）		396 000
应交税费——待抵扣进项税额		264 000
贷：银行存款		6 660 000

② 售出时的会计处理：

借：固定资产清理		5 875 000
累计折旧		125 000
贷：固定资产		6 000 000
借：银行存款		9 990 000
贷：固定资产清理		9 000 000
应交税费——应交增值税（销项税额）		990 000

本期可抵扣原剩余未抵扣的264 000元增值税，则

本期应纳税额 =990 000 − 264 000=726 000（元）

预缴税额 =（9 000 000 − 6 000 000）×5%=150 000（元）

借：应交税费——预交增值税		150 000
贷：银行存款		150 000

实际还需要补交增值税 =990 000 − 264 000 − 150 000=576 000（元）

【例2-20】

2016年11月1日，广州广业集团公司出租起在深圳的办公楼一栋（该办公楼为2016年5月5日购入）月租金为88.8万元（含税），收款。

不含税销售额 =88.8÷（1 + 11%）=80（万元）

应缴增值税 =80×11%=8.8（万元）

预征税额 =80×3%=2.4（万元）

会计处理如下：

借：银行存款		888 000
贷：其他业务收入		800 000
应交税费——应交增值税（销项税额）		88 000
借：应交税费——预交增值税		24 000
贷：银行存款		24 000

【例 2-21】

2016 年 10 月，中田科技有限责任公司（一般纳税人）销售房屋一套（该房屋为 2012 年购买，原购入价为 400 万元，现已提折旧 80 万元），现售价 700 万元，增值税税额为 77 万元。

若公司选择一般计税方法，则提供全额 11% 的增值税专用发票。

会计处理如下：

①借：固定资产清理 3 200 000
　　　累计折旧 800 000
　　贷：固定资产 4 000 000

②借：银行存款 7 770 000
　　贷：固定资产清理 7 000 000
　　　　应交税费——应交增值税（销项税额） 770 000

③预缴增值税 =（700 − 400）×5%=15（万元）

借：应交税费——预交增值税 150 000
　　贷：银行存款 150 000

申报时差额计税，扣除不动产购置原价 400 万元。400×11%=44（万元）。

实际缴纳增值税 =（700–400）×11%=33（万元）

补交增值税 =770 000–440 000–150 000=180 000（元）

15）房地产开发企业中的一般纳税人销售房地产老项目，以及一般纳税人出租其 2016 年 4 月 30 日前取得的不动产，适用一般计税方法计税的，应以取得的全部价款和价外费用，按照 3% 的预征率在不动产所在地预缴税款后，向机构所在地主管税务机关进行纳税申报。

【例 2-22】

广州恒达房地产公司（一般纳税人）自行开发房地产项目，施工许可证注明是 2015 年 12 月 18 日，2016 年 5 月取得预收款 10 500 万元，未开发票，2016 年 6 月开具增值税普通发票 10 500 万元，同时办理产权转移。6 月份公司还取得建筑服务增值税专用发票价税合计 2 220 元，其中增值税 220 万元。

假设公司放弃简易计税方法（简易计税方法不能抵扣增值税），采用一般计税方法计税，按照适用税率计算缴纳增值税。会计处理如下。

①5 月份预收房款：

借：银行存款 105 000 000
　　贷：预收账款 105 000 000

6 月份申报期申报预缴 5 月份取得的预收款为

应预缴税款 =105 000 000÷（1 + 11%）×3%=283.7838（万元）

② 预缴增值税：

借：应交税费——预交增值税　　　　　　　　　2 837 838

　　贷：银行存款　　　　　　　　　　　　　　　　　2 837 838

③ 确认收入：

借：预收账款　　　　　　　　　　　　　　　105 000 000

　　贷：主营业务收入　　　　　　　　　　　　　94 594 594.6

　　　　应交税费——应交增值税（销项税额）　　10 405 405.4

在 7 月份申报期应申报的增值税税款为

应缴税款 =105 000 000÷（1 + 11%）×11% － 2 200 000=82 054 054（元）

应补缴税款 =8 205 405.4 － 2 837 838=5 367 567.4（元）

16）一般纳税人销售其 2016 年 4 月 30 日前自建的不动产，适用一般计税方法计税的，应以取得的全部价款和价外费用为销售额计算应纳税额。纳税人应以取得的全部价款和价外费用，按照 5% 的预征率在不动产所在地预缴税款后，向机构所在地主管税务机关进行纳税申报。

【知识拓展】

《营业税改征增值税试点实施办法》第十四条规定下列情形视同销售服务、无形资产或者不动产：①单位或者个体工商户向其他单位或者个人无偿提供服务，但用于公益事业或者以社会公众为对象的除外；②单位或者个人向其他单位或者个人无偿转让无形资产或者不动产，但用于公益事业或者以社会公众为对象的除外；③财政部和国家税务总局规定的其他情形。

销售额以人民币计算，纳税人以外汇结算销售额的，应当按外汇市场价折合人民币计算。

纳税人按外汇结算销售额的，其销售额的人民币折合率可以选择销售额发生的当天或者当月 1 日的国家外汇牌价（原则上为中间价）。纳税人应在事先确定采用何种折合率，确定后一年不能随意变更。

表 2-8 为差额纳税情形的销售额及开票。

表 2-8　差额纳税情形的销售额及开票

差额纳税情形	销售额的确定	发票
物业管理服务	向服务接收方收取的自来水水费，以扣除其对外支付的自来水水费后的余额为销售额，按照简易计税办法依 3% 的征收率计算缴纳增值税	全额开具税率为 3% 的增值税专用发票，申报时凭支付的自来水发票扣除差额，也可开普通发票
安全保护服务（一般／小规模纳税人）	全部价款和价外费用，扣除代用工单位支付给外派员工的工资、福利和为其办理社会保险及住房公积金后的余额为销售额，按照简易计税方法依 5% 的征收率计算缴纳增值税	或一张税率为 5% 的增值税专用发票，一张普通发票。或一张普通发票。或一张全额增值税专用发票（6%、3%）

续表

差额纳税情形	销售额的确定	发票
劳务派遣服务	以取得的全部价款和价外费用，扣除代用工单位支付给劳务派遣员工的工资、福利和为其办理社会保险及住房公积金后的余额为销售额	扣除部分不得开具增值税专用发票（可开普通发票），其他部分可开增值税专用发票（6%、3%）
人力资源外包服务	以取得的全部价款和价外费用，扣除受客户单位委托代为向客户单位员工发放的工资和代理缴纳的社会保险、住房公积金	扣除部分不得开具增值税专用发票（可开普通发票），其他部分可开增值税专用发票，也可开全额普通发票
一般计税的建筑服务（跨县市）	一般纳税人以取得的全部价款和价外费用扣除支付的分包款后的余额，按照2%的预征率预缴	全额开具税率为11%的增值税专用发票
简易计税的建筑服务（跨县市及老项目选择）	（一般/小规模纳税人）以取得的全部价款和价外费用扣除支付的分包款后的余额为销售额，按3%征收率计税	全额开具增值税专用发票，申报时扣除差额
房地产开发企业（一般纳税人）销售其开发的房地产项目	（简易计税的老项目除外）以取得的全部价款和价外费用，扣除受让土地时向政府部门支付的土地价款后的余额为销售额	全额开具税率为11%的增值税专用发票，申报时差额扣除
一般纳税人销售2016年4月30日前取得的不动产（一般计税）	（不含自建）以全部收入减去该项不动产购置原价或者取得不动产时的作价后的余额，按照5%的预征率预征	一张发票，全额开具税率为11%的增值税专用发票
一般纳税人销售2016年4月30日前取得的不动产（简易计税）	（不含自建）以全部收入减去该项不动产购置原价或者取得不动产时的作价后的余额，按照5%的预征率预征	一张发票，通过差额开票功能来实现，可开税率为5%的增值税专用发票
一般纳税人销售2016.5.1后取得的不动产（一般计税）	（不含自建）以全部收入减去该项不动产购置原价或者取得不动产时的作价后的余额，按照5%的预征率预征	一张发票，全额开具税率为11%的增值税专用发票
小规模纳税人销售取得的不动产（不含个体及个人的）	以全部收入减去该项不动产购置原价或者取得不动产时的作价后的余额，按照5%的征收率计税	一张发票，通过差额开票功能来实现，可以是税率为5%的增值税专用发票
其他个人销售取得（不含自建）的不动产（不含其购买的住房）	以全部收入减去该项不动产购置原价或者取得不动产时的作价后的余额，按照5%的征收率计税	一张发票，通过差额开票功能来实现，可以是税率为5%的增值税专用发票
北上广深的个体及个人销售购买的住房	购买不足2年销售的，按5%的征收率全额计税。购买2年以上（含2年）销售的，以收入减购房款后的差额按5%的征收率计税。个人将购买2年以上（含2年）的普通住房（144平方以下）对外销售的，免增值税	①一张发票，全额开具税率为5%的专用发票。一张发票，通过差额开票功能来实现，可以是税率为5%的增值税专用发票
金融商品转让	按照卖出价扣除买入价后的余额为销售额	不得开具增值税专用发票，可开普通发票
中国证券登记结算公司	销售额不包括以下资金项目：按规定提取的证券结算风险基金；代收代付的证券公司资金交收违约垫付资金利息；结算过程中代收代付的资金交收违约罚息	全额开具税率为6%的增值税专用发票，申报时扣除差额。具体规定待明确
经纪代理服务	以取得的全部价款和价外费用，扣除向委托方收取并代为支付的政府性基金或者行政事业性收费后的余额为销售额	扣除部分不得开具增值税专用发票（可开普通发票），其他部分可开专用发票（纯代理费）
旅游服务（一般/小规模纳税人）	以取得的全部价款和价外费用，扣除向旅游服务购买方收取并支付给其他单位或者个人的住宿费、餐饮费、交通费、签证费、门票费和支付给其他旅游企业的旅游费用后的余额为销售额	扣除部分不得开具增值税专用发票（可开普通发票），其他部分可开增值税专用发票
融资性售后回租	取得的全部价款和价外费用（不含本金），扣除对外支付的借款利息、发行债券利息后的余额作为销售额（贷款服务6%）	可全额开具增值税专用发票，申报时填列扣除金额。本金可开普通发票
融资租赁	收取的全部价款和价外费用，扣除支付的借款利息、发行债券利息和车辆购置税后的余额为销售额（有形动产17%，不动产11%）	可全额开具增值税专用发票，申报时填列扣除金额

续表

差额纳税情形	销售额的确定	发票
有形动产融资性售后回租老合同且选择扣除本金	取得的全部价款和价外费用（不含本金），扣除对外支付的借款利息、发行债券利息后的余额作为销售额	向承租方收取的有形动产价款本金不得开具增值税专用发票（可开普通发票），其他部分可开增值税专用发票
有形动产融资性售后回租老合同且选择不扣除本金	取得的全部价款和价外费用，扣除对外支付的借款利息、发行债券利息后的余额作为销售额	全额开具增值税专用发票
航空运输企业	收取的价款和价外费用扣除代收的机场建设费和代售其他航空运输企业客票而代收转付的价款	不得开具增值税专用发票
客运场站服务	以取得的全部价款和价外费用，扣除支付给承运方运费后的余额为销售额	可开具普通发票
移动、电信所收公益性捐款	取得的全部价款和价外费用，扣除支付给公益性机构捐款后的余额为销售额	其接受的捐款不得开具增值税专用发票（可开普通发票），其他部分可开增值税专用发票
一般及小规模纳税人转让 2016.4.30 前取得的土地使用权（简易计税）	以全部价款和价外费用减去取得土地使用权的原价后余额作为销售额，按照 5% 的征收率计税	同不动产，简易计税，差额开票功能来实现，可以是税率为 5% 的增值税专用发票

2. 进项税额

进项税额，是指纳税人购进货物、加工修理修配劳务、服务、无形资产或者不动产，支付或者负担的增值税额。

（1）准予从销项税额中抵扣的进项税额

1）从销售方取得的增值税专用发票上注明的增值税额。

2）从海关取得的海关进口增值税专用缴款书上注明的增值税额。

3）购进农产品，除取得增值税专用发票或者海关进口增值税专用缴款书外，按照农产品收购发票或者销售发票上注明的农产品买价和 11% 的扣除率计算的进项税额。计算公式为

$$进项税额 = 买价 \times 扣除率$$

购进农产品，按照《农产品增值税进项税额核定扣除试点实施办法》抵扣进项税额的除外。

【例 2-23】

2016 年 10 月 4 日，嘉宝食品公司向果农收购苹果，收购价为 80 万元，开出收购发票，向各农户支付现金。会计处理为

借：原材料——原料及主要材料（苹果）　　　　712 000（800 000×89%）

　　应交税费——应交增值税（进项税额）　　　　88 000（800 000×11%）

　　贷：库存现金　　　　　　　　　　　　　　　　　　　800 000

【提示】企业向批发零售商购买农产品，不可以开具收购发票并扣税。只有向直接从事农业生产的单位或个人购买他们自产的农产品才能凭借收购发票按照买价的 13% 扣税。

4）不动产进项税额的抵扣。

① 适用一般计税方法的试点纳税人，2016 年 5 月 1 日后取得并在会计制度上按固定资产核算的不动产或者 2016 年 5 月 1 日后取得的不动产在建工程，其进项税额应自取得之日起分两年从销项税额中抵扣，第一年抵扣比例为 60%，第二年抵扣比例为 40%（第 13 个月）。

取得不动产，包括以直接购买、接受捐赠、接受投资入股、自建以及抵债等各种形式取得不动产，不包括房地产开发企业自行开发的房地产项目。

融资租入的不动产以及在施工现场修建的临时建筑物、构筑物，其进项税额不适用上述分两年抵扣的规定。

【例 2-24】

2016 年 7 月，广州燕岭公司（一般纳税人）购进办公楼一层，取得增值税专用发票，价款为 900 万元，增值税税额为 99 万元，已付款。会计处理如下。

借：固定资产　　　　　　　　　　　　　　　　　　　　9 000 000
　　应交税费——应交增值税（进项税额）　594 000（990 000×60%）
　　应交税费——待抵扣进项税额　　　396 000（990 000 − 594 000）
　　贷：银行存款　　　　　　　　　　　　　　　　　　　　9 990 000
第 13 个月时抵扣：
借：应交税费——应交增值税（进项税额）　　　　　　　　396 000
　　贷：应交税费——待抵扣进项税额　　　　　　　　　　　396 000

② 按照《中华人民共和国试点实施办法》第二十七条第（一）项规定不得抵扣且未抵扣进项税额的固定资产、无形资产、不动产，发生用途改变，用于允许抵扣进项税额的应税项目，可在用途改变的次月按照下列公式计算可以抵扣的进项税额：

可以抵扣的进项税额 = 固定资产、无形资产、不动产净值 ÷（1 + 适用税率）

× 适用税率

上述可以抵扣的进项税额应取得合法有效的增值税扣税凭证。

【例 2-25】

假设 2017 年 5 月，燕岭公司将 2016 年 7 月份购进办公楼转为员工宿舍，办公楼按 20 年（240 个月）计提折旧（已提折旧 10 个月）。

不动产净值率 =（240–10）÷240×100%=97.5%

不得抵扣的进项税额 =990 000×97.5%=965 250（元）

2016 年 7 月份购入时曾抵扣 594 000（990 000×60%）

应转出待抵扣进项税额 =965 250–594 000=371 250（元）

期末待抵扣进项税额 =371 250+396 000=767 250（元）

③ 纳税人接受贷款服务向贷款方支付的与该笔贷款直接相关的投融资顾问费、手续费、咨询费等费用，其进项税额不得从销项税额中抵扣。

5）从境外单位或者个人购进服务、无形资产或者不动产，自税务机关或者扣缴义务人取得的解缴税款的完税凭证上注明的增值税额。

增值税扣税凭证，是指增值税专用发票、海关进口增值税专用缴款书、农产品收购发票、农产品销售发票和完税凭证。

6）原增值税纳税人准予抵扣的进项税额。

原增值税纳税人（指按《中华人民共和国增值税暂行条例》缴纳增值税的纳税人）准予抵扣的进项税额按照以下规定执行。

① 原增值税一般纳税人购进服务、无形资产或者不动产，取得的增值税专用发票上注明的增值税额为进项税额，准予从销项税额中抵扣。

【例 2-26】

2016 年 11 月，某企业（增值税一般纳税人）在某五星级酒店开展产品推广活动，发生会议、餐饮、住宿等费用，支付给酒店服务费 150 000 元，增值税 9 000 元，收到增值税专用发票，开出支票付款。会计处理为

借：销售费用　　　　　　　　　　　　　　　　　　150 000
　　应交税费——应交增值税（进项税额）　9 000（150 000×6%）
　贷：银行存款　　　　　　　　　　　　　　　　　　159 000

② 原增值税一般纳税人自用的应征消费税的摩托车、汽车、游艇，其进项税额准予从销项税额中抵扣。

【例 2-27】

2016 年 11 月，燕岭公司购入自用的小汽车一辆，价款 300 000 元，增值税 51 000 元，收到增值税专用发票；其他税费 24 000 元，均通过银行付款。会计处理为

借：固定资产　　　　　　　　　　　　　　　　　　324 000
　　应交税费——应交增值税（进项税额）　　　　　 51 000
　贷：银行存款　　　　　　　　　　　　　　　　　　375 000

③ 原增值税一般纳税人从境外单位或者个人购进服务、无形资产或者不动产，按照规定应当扣缴增值税的，准予从销项税额中抵扣的进项税额为自税务机关或者扣缴义务人取得的解缴税款的完税凭证上注明的增值税额。

④ 原增值税一般纳税人购进货物或者接受加工修理修配劳务，用于《销售服务、无形资产或者不动产注释》所列项目的，不属于《增值税暂行条例》第十条所称的用于非增值税应税项目，其进项税额准予从销项税额中抵扣。

（2）不得从销项税额中抵扣的进项税额

下列项目的进项税额不得从销项税额中抵扣。

【例 2-28】

2016 年 11 月，广州旷达科技公司（增值税一般纳税人）从香港华林科技公司购进一项专利技术，海关进口增值税专用缴款书列明：价款 600 000 元，增值税 36 000 元，通过网上银行付款。会计处理为

借：无形资产 600 000
　　应交税费——应交增值税（进项税额） 36 000
　　　贷：银行存款 636 000

【例 2-29】

燕岭公司的复印机发生修理费 2 000 元，增值税税额为 340 元，取得增值税专用发票，用银行存款付款。会计处理为

借：管理费用 2 000
　　应交税费——应交增值税（进项税额） 340
　　　贷：银行存款 2 340

1）用于简易计税方法计税项目、免征增值税项目、集体福利或者个人消费的购进货物、加工修理修配劳务、服务、无形资产和不动产。其中涉及的固定资产、无形资产、不动产，仅指专用于上述项目的固定资产、无形资产（不包括其他权益性无形资产）、不动产。

纳税人的交际应酬消费属于个人消费。

【例 2-30】

10 月 8 日，嘉宝食品公司将向果农收购的苹果 17 400 元苹果（原扣税 2 600 元）转发给职工作为福利。会计处理为

借：应付职工薪酬——非货币向福利 20 000
　　贷：原材料 17 400
　　　应交税费——应交增值税（进项税额转出） 2 600

2）非正常损失的购进货物，以及相关的加工修理修配劳务和交通运输服务。

3）非正常损失的在产品、产成品所耗用的购进货物（不包括固定资产）、加工修理修配劳务和交通运输服务。

4）非正常损失的不动产，以及该不动产所耗用的购进货物、设计服务和建筑服务。

5）非正常损失的不动产在建工程所耗用的购进货物、设计服务和建筑服务。

纳税人新建、改建、扩建、修缮、装饰不动产，均属于不动产在建工程。

6）购进的旅客运输服务、贷款服务、餐饮服务、居民日常服务和娱乐服务。

7）财政部和国家税务总局规定的其他情形。

【例 2-31】

广州帮帮职业和婚姻中介服务公司（一般纳税人）适用一般计税方法其中婚介服务享受免征增值税优惠政策。2016 年 5 月，该公司购进一台复印机（预计使用期限为 5 年），价款 24 000 元，增值税税额为 4 080 元，取得增值税专用发票并在当月抵扣。12 月份，购得的复印机转入婚介部门专用。

纳税人购进固定资产专用于免税项目，应于次月按下列公式计算不得抵扣的进项税额：

$$固定资产净值 =24\ 000 - (24\ 000 \div 5 \div 12 \times 7) =21\ 200（元）$$
$$应转出的进项税额 =21\ 200 \times 17\% =3\ 604$$

会计处理为

借：固定资产　　　　　　　　　　　　　　　　　　　　　　3 604
　　贷：应交税费——应交增值税（进项税额转出）　　　　　　　　　3 604

【例 2-32】

广州天蓝时装有限公司 9 月份购进一批包装盒，原价款 20 000 元，增值税 3 400 元；运费 200 元，增值税 22 元；均取得增值税专用发票并在当月抵扣。10 月份发现包装纸盒因保管不善受潮发霉不能使用。会计处理为

借：待处理财产损溢——待处理流动资产损失　　　　　　　　　23 622
　　贷：应交税费——应交增值税（进项税额转出）　　　　　　　　　3 422
　　　　周转材料——包装物　　　　　　　　　　　　　　　　　　20 200

【例 2-33】

11 月份，广州天蓝时装有限公司正在生产的服装（在产品）因布料有质量问题，被依法没收。该批在产品成本 180 000 元，耗用的布料 100 000 元，该料已经扣税 17 000 元。会计处理为

借：待处理财产损溢——待处理流动资产损溢　　　　　　　　197 000
　　贷：生产成本　　　　　　　　　　　　　　　　　　　　　　180 000
　　　　应交税费——应交增值税（进项税额转出）　　　　　　　　17 000

8）适用一般计税方法的纳税人，兼营简易计税方法计税项目、免征增值税项目而无法划分不得抵扣的进项税额，按照下列公式计算不得抵扣的进项税额：

不得抵扣的进项税额 = 当期无法划分的全部进项税额 ×（当期简易计税方法计税项目销售额 + 免征增值税项目销售额）÷ 当期全部销售额

9）原增值税一般纳税人购进服务、无形资产或者不动产，下列项目的进项税额不得从销项税额中抵扣。

① 用于简易计税方法计税项目、免征增值税项目、集体福利或者个人消费。其中涉及

无形资产、不动产。仅指专用于上述项目的无形资产(不包括其他权益性无形资产)、不动产。

【例 2-34】

11 月份，广州天蓝时装有限公司的工人因操作失误，使中央空调严重损坏，该中央空调原价 200 000 元，经计算需转出已经扣税 17 000 元，已提折旧 100 000 元。会计处理为

借：待处理财产损溢——待处理固定资产损溢	117 000	
累计折旧	100 000	
贷：固定资产		200 000
应交税费——应交增值税（进项税额转出）		17 000

【例 2-35】

广州舒达运输公司提供运输及装卸服务，其中货物运输适用一般计税方法，装卸搬运选择适用简易计税方法。2016 年 11 月缴纳电费 50 000 元，增值税 8 500 元，取得增值税专用发票并在当月抵扣，电费难以在运输及装卸服务划分。该纳税人当月取得运输收入 800 000 元，装卸服务收入 200 000 元。

纳税人因兼营简易计税方法而无法划分取得的进项税额的，按照下列方法计算应转出的进项税额：

58 500 ÷（1 + 17%）×17%×200 000 ÷（200 000 + 800 000）=1 700（元）

会计处理如下：

借：管理费用	1 700	
贷：应交税费——应交增值税（进项税额转出）		1 700

② 非正常损失的购进货物，以及相关的加工修理修配劳务和交通运输服务。

③ 非正常损失的在产品、产成品所耗用的购进货物（不包括固定资产）、加工修理修配劳务和交通运输服务。

④ 非正常损失的不动产，以及该不动产所耗用的购进货物、设计服务和建筑服务。

⑤ 非正常损失的不动产在建工程所耗用的购进货物、设计服务和建筑服务。

纳税人新建、改建、扩建、修缮、装饰不动产，均属于不动产在建工程。

⑥ 购进的旅客运输服务、贷款服务、餐饮服务、居民日常服务和娱乐服务。

⑦ 财政部和国家税务总局规定的其他情形。

纳税人接受贷款服务向贷款方支付的与该笔贷款直接相关的投融资顾问费、手续费、咨询费等，其进项税额不得从销项税额中抵扣。

10）原增值税一般纳税人购进服务、无形资产或者不动产，已抵扣进项税额的购进货物发生上述第 5 点情形（简易计税方法计税项目、免征增值税项目除外）的，应当将该进项税额从当期进项税额中扣减；无法确定该进项税额的，按照当期实际成本计算应扣减的进项税额。

【例 2-36】

　　广州天蓝时装有限公司 2016 年 10 月购进一栋楼房，价款 800 万元，增值税 88 万元，取得增值税专用发票，第二个月楼房转做职工宿舍。

　　当月（所属期）抵扣的进项税额 =880 000×60%=528 000（元）

　　购入时的会计处理为

　　借：固定资产　　　　　　　　　　　　　　　　　　　　　8 000 000

　　　　应交税费——应交增值税（进项税额）　　　　　　　　　528 000

　　　　应交税费——待抵扣进项税额　　　　　　　　　　　　　352 000

　　　　贷：银行存款　　　　　　　　　　　　　　　　　　　8 880 000

　　第二个月楼房转做职工宿舍，按照规定，纳税人取得不动产用于集体福利的，不得抵扣进项税额。

　　应转出已抵扣的进项税额 528 000 元。

　　会计处理为

　　借：固定资产　　　　　　　　　　　　　　　　　　　　　　880 000

　　　　贷：应交税费——应交增值税（进项税额转出）　　　　　528 000

　　　　　　应交税费——待抵扣进项税额　　　　　　　　　　　352 000

　　11）原增值税一般纳税人购进服务、无形资产或者不动产，已抵扣进项税额的固定资产、无形资产或者不动产，发生上述第 5 点情形的，按照下列公式计算不得抵扣的进项税额：

　　　　不得抵扣的进项税额 = 固定资产、无形资产或者不动产净值 × 适用税率

　　12）按照《增值税暂行条例》第十条和上述第 5 点不得抵扣且尚未抵扣进项税额的固定资产、无形资产或者不动产，发生用途改变，用于允许抵扣进项税额的应税项目，可在用途改变的次月按照下列公式计算可以抵扣的进项税额：

　　　　可以抵扣的进项税额 = 固定资产、无形资产、不动产净值 ÷（1 + 适用税率）

　　　　　　　　　　　　× 适用税率

　　上述可以抵扣法人进项税额应取得合法有效的增值税扣税凭证。

　　13）有下列情形之一者，应当按照销售额和增值税税率计算应纳税额，不得抵扣进项税额，也不得使用增值税专用发票：①一般纳税人会计核算不健全，或者不能够提供准确税务资料的。②应当办理一般纳税人资格登记而未办理的。

　　3. 应纳税额的计算

　　确定了销项税额和进项税额后，就可以计算应纳税额，基本计算公式如下：

　　　　　　　　当期应纳税额 = 当期销项税额 − 当期进项税额

　　（1）应纳税额的时间界定

　　1）销项税额的时间界定。具体确定销项税额的时间按照纳税义务发生时间的有关规定执行。

【例 2-37】

广州天蓝时装有限公司 2016 年 5 月租入一层商铺，当月预付全年租金 252 万元（对方租金采取简易计税办法，其中租金 240 万元，增值税 12 万元），取得增值税专用发票并在当月抵扣。12 月份因房屋质量问题停止租赁，收到并退回租金 84 万元（含税价），并开具《开具红字增值税专用发票信息表》。

按照规定，纳税人因终止销售而收到的余款，应于开具红字增值税专用发票信息表的当月进行进项税额转出处理。

应转出进项税额 =840 000÷（1 + 5%）×5%=40 000（元）

会计处理为

借：银行存款　　　　　　　　　　　　　　　　　840 000
　　贷：预付账款　　　　　　　　　　　　　　　　800 000
　　　　应交税费——应交增值税（进项税额转出）　　40 000

2）进项税额抵扣的时限的界定。

① 防伪税控专用发票进项税额抵扣的时限为开具增值税专用发票之日起 180 天内认证抵扣。

② 海关完税凭证进项税额的抵扣。为开具海关缴款书之日起 180 天内向主管税务机关报送《海关完税凭证抵扣清单》（电子数据），申请稽核比对，预期未申请的其进项税额不予抵扣。

③ 取消纳税信用 A 级增值税一般纳税人增值税发票认证的规定。2016 年 3 月 1 日起，对纳税信用 A 级增值税一般纳税人取消增值税发票认证。纳税信用 A 级增值税一般纳税人取得销售方使用增值税发票系统升级版开具的增值税发票，可以不再进行扫描认证，通过增值税发票税控开票软件登录本省增值税发票查询平台，查询、选择用于申报抵扣或者出口退税的增值税发票信息。

纳税人取得增值税发票，通过增值税发票查询平台未查询到对应发票信息的，仍可进行扫描认证。

3）扣减当期销项税额的规定。纳税人销货时，因销售折让、中止或者退回而退还给购买方的增值税额，应当从当期的销项税额中扣减。

4）扣减当期进项税额的规定。

① 进货退出或折让的税务处理。纳税人购货时，因销售折让、中止或者退回而从销售方收回的增值税额，应当从当期的进项税额中扣减。若不扣减，则属于偷税行为，按偷税予以处罚。

② 已抵扣进项税额的购进货物发生用途改变的税务处理。已抵扣进项税额的购进货物改变用途，如用于集体福利或者个人消费，购进货物发生非正常损失，在产品、产成品发生非正常损失，根据税法规定，应将购进货物或应税劳务的进项税额从当期的进项税额中扣减。无法扣减进项税额的，按当期实际成本计算应扣减的进项税额。

③ 进项税额不足抵扣的处理。如果当期销项税额小于进项税额不足抵扣的部分，可以结转下期继续抵扣。原一般纳税人兼有应税服务的，到试点前的增值税期末留抵税额，不得从应税服务的销项税额中抵扣。

④ 关于增值税税控系统专用设备和技术维护费用抵减增值税税额有关政策。自2011 年 12 月 1 日起，增值税纳税人购买增值税税控系统专用设备支付的费用以及缴纳的技术维护费（以下称二项费用）可在增值税应纳税额中全额抵减。

增值税出口退税知识拓展

四、简易计税方法

1. 应纳税额计算公式

根据《中华人民共和国增值税暂行条例》和"营改增"的规定，小规模纳税人销售货物或提供应税劳务和服务按简易方法计税。简易计税方法的应纳税额，是指按照销售额和增值税征收率计算的增值税额，不得抵扣进项税额，也不得自行开具增值税专用发票（试点的住宿业增值税小规模纳税人除外）。应纳税额计算公式为

$$应纳税额 = 销售额 \times 征收率$$

【例 2-38】

燕光代理记账公司为小规模纳税人，10 月份业务款为 32 000 元，征收率为 3%，开出增值税普通发票。会计处理为

增值税应纳税额 $=32\ 000 \times 3\% = 960$（元）

借：银行存款	32 960
贷：主营业务收入	32 000
应交税费——应交增值税	960

2. 含税销售额的换算

简易计税方法的销售额不包括其应纳税额，纳税人采用销售额和应纳税额合并定价方法的，按照下列公式计算销售额：

$$不含税销售额 = 含税销售额 \div (1 + 征收率)$$

纳税人适用简易计税方法计税的，因销售折让、中止或者退回而退还给购买方的销售额，应当从当期销售额中扣减。扣减当期销售额后仍有余额造成多缴的税款，可以从以后的应纳税额中扣减。

【例2-39】

点都得茶楼为小规模纳税人，11月2日收到餐费15 450元，收款。餐费均开出普通发票。会计处理为

不含税销售额＝15 450÷（1＋3%）＝15 000

应缴增值税＝15 000×3%＝450（元）

借：银行存款　　　　　　　　　　　　　　　　　　　　　　　15 450

　　贷：主营业务收入　　　　　　　　　　　　　　　　　　　15 000

　　　　应交税费——应交增值税　　　　　　　　　　　　　　　 450

3. 主管税务机关为小规模纳税人代开发票应纳税额的计算

小规模纳税人销售货物及提供应税劳务，可申请主管税务机关代开发票。主管税务机关为小规模纳税人代开增值税专用发票，应在增值税专用发票"单价"栏和"金额"栏分别填写不含增值税税额的单价和销售额，其应纳税额按销售额依照征收率计算。

代开专用发票后发生退票的，税务机关应按照增值税一般纳税人作废或开具负数专用发票的有关规定进行处理。对需要重新开票的，应同时进行新开票税额与原开票税额的清算，多退少补；对无须重新开票的，按有关规定退还增值税纳税人已缴的税款或抵顶下期正常申报税款。

4. 小规模纳税人购进税控收款机的进项税额抵扣

小规模纳税人购置税控收款机，经主管税务机关审核批准后，可凭购进税控收款机取得的增值税专用发票，按照发票上注明的增值税税额，抵免当期应纳增值税，如果取得的普通发票上注明的价款，依下列公式计算可抵免税额：

可抵免税额＝价款÷（1＋17%）×17%

当期应纳税额不足抵免的，未抵免部分可在下期继续抵免。

5. 小规模纳税人销售使用过的固定资产

小规模纳税人（除其他个人外）销售使用过的固定资产，减按2%征收增值税。

销售额＝含税销售额÷（1＋3%）

应纳税额＝销售额×2%

【例2-40】

点都得茶楼为小规模纳税人，11月转让一台使用过的消毒柜，原价10 000元，已提折旧2 000元，转让价为6 180元，收到款项。

不含税销售额＝6 180÷（1＋3%）＝6 000（元）

应纳税额＝6 000×2%＝120（元）

会计处理为

① 借：累计折旧　　　　　　　　　　　　　　　　　　　　　　2 000

固定资产清理		8 000
贷：固定资产		10 000
② 借：银行存款		6 180
贷：固定资产清理		6 060
应交税费——应交增值税		120
③ 借：营业外支出		1 940
贷：固定资产清理		1 940

6. "营改增"试点小规模纳税人缴纳增值税相关政策

1）试点纳税人中的小规模纳税人跨县（市）提供建筑服务，应以取得的全部价款和价外费用扣除支付的分包款后的余额为销售额，按照3%的征收率计算应纳税额。纳税人应按照上述计税方法在建筑服务发生地预缴税款后，向机构所在地主管税务机关进行纳税申报。（差额计税）

【例 2-41】

广州华峰建筑公司（小规模纳税人）为湛江市美琳公司建造仓库，总价为700 000元，增值税税额为21 000元，分包给当地湛美建筑安装公司（小规模纳税人）为装修工程100 000元。

华峰建筑公司应纳增值税 = （700 000 − 100 000）× 3%=18 000（元）

全额开具3%的增值税专用发票（700 000×3%=21000元），申报时扣除差额（100 000× 3%=3 000元）。

收款时的会计处理为

借：银行存款   721 000

    贷：主营业务收入   700 000

       应交税费——应交增值税   21 000

支付承包费时的会计处理为

借：主营业务成本   100 000

    应交税费——应交增值税   3 000（100 000×3%）

    贷：银行存款   103 000

2）小规模纳税人销售其取得（不含自建）的不动产（不含个体工商户销售购买的住房和其他个人销售不动产），应以取得的全部价款和价外费用减去该项不动产购置原价或者取得不动产时的作价后的余额为销售额，按照5%的征收率计算应纳税额。纳税人应按照上述计税方法在不动产所在地预缴税款后，向机构所在地主管税务机关进行纳税申报（差额计税）。

3）小规模纳税人销售其自建的不动产，应以取得的全部价款和价外费用为销售额，按照5%的征收率计算应纳税额。纳税人应按照上述计税方法在不动产所在地预缴税款后，向机构所在地主管税务机关进行纳税申报。

【例 2-42】

广州丽邦涂料有限公司（小规模纳税人）出售办公室一套，原购入价 80 万元（已提折旧 10 万元），售价为 126 万元（含税价）。会计处理为

① 借：累计折旧 100 000
固定资产清理 700 000
贷：固定资产 800 000
② 借：银行存款 1 260 000
贷：固定资产清理 1 200 000
应交税费——应交增值税〔（1 260 000÷（1＋5%）×5%〕 60 000
申报时扣除该项不动产购置原价 800 000 元，再计算实际应缴增值税：
扣除增值税 =800 000×5%=40 000（元）
实际应缴增值税 =60 000－40 000=20 000（元）

【例 2-43】

恒康厨具公司（小规模纳税人）出售自建的仓库，价款 500 000 元。
应交增值税税额 =500 000×5%=25 000（元）

4）房地产开发企业中的小规模纳税人，销售自行开发的房地产项目，按照 5% 的征收率计税。

【例 2-44】

11 月，新天地房地产开发企业（小规模纳税人）出售自行开发的房屋，价款 2300 万元（不含税），收款。
应交增值税税额 =2 300×5%=115（万元）
借：银行存款 2 4 150 000
贷：主营业务收入 23 000 000
应交税费——应交增值税 1 150 000

5）其他个人销售其取得（不含自建）的不动产（不含其购买的住房），应以取得的全部价款和价外费用减去该项不动产购置原价或者取得不动产时的作价后的余额为销售额，按照 5% 的征收率计算应纳税额。

6）小规模纳税人出租其取得的不动产（不含个人出租住房），应按照 5% 的征收率计算应纳税额。纳税人出租与机构所在地不在同一县（市）的不动产，应按照上述计税方法在不动产所在地预缴税款后，向机构所在地主管税务机关进行纳税申报。

7）其他个人出租其取得的不动产（不含住房），应按照 5% 的征收率计算应纳税额。

8）个人出租住房，应按照 5% 的征收率减按 1.5% 计算应纳税额。

7. 符合简易计税方法计税的行为

"营改增"试点推开后一般纳税人发生下列应税行为可以选择简易计税方法计税。

(1) 应税服务

1) 公共交通运输服务。包括轮客渡、公交客运、地铁、城市轻轨、出租车、长途客运、班车。

2) 经认定的动漫企业为开发动漫产品提供的动漫脚本编撰、形象设计、背景设计、动画设计、分镜、动画制作、摄制、描线、上色、画面合成、配音、配乐、音效合成、剪辑、字幕制作、压缩转码服务,以及在境内转让动漫版权。

3) 电影放映服务、仓储服务、装卸搬运服务、收派服务和文化体育服务。

4) 以纳入"营改增"试点之日前取得的有形动产为标的物提供的经营租赁服务。

【例 2-45】

广州花园出租汽车公司采用简易计税方法核算增值税,2016 年 11 月收入为 247 200 元。会计处理为

不含税销售额 =247 200÷(1 + 3%)=240 000(元)

应交增值税税额 =240 000×3%=7 200(元)

借:银行存款　　　　　　　　　　　　　　　　　　　247 200
　　贷:主营业务收入　　　　　　　　　　　　　　　　　240 000
　　　　应交税费——简易计税　　　　　　　　　　　　　　7 200

【例 2-46】

广州景泰乒乓球毛球馆采用简易计税方法核算增值税,2016 年 11 月收入为 40 000 元。会计处理为

不含税销售额 =40 000÷(1 + 3%)=38 834.95(元)

应交增值税税额 =38 834.95×3%=1 165.05(元)

借:银行存款　　　　　　　　　　　　　　　　　　　　40 000
　　贷:主营业务收入　　　　　　　　　　　　　　　　38 834.95
　　　　应交税费——简易计税　　　　　　　　　　　　1 165.05

5) 在纳入"营改增"试点之日前签订的尚未执行完毕的有形动产租赁合同。

(2) 建筑服务

建筑业的一般纳税人发生下列应税行为的可选择简易计税方法计税。

1) 一般纳税人以清包工方式提供的建筑服务,可以选择适用简易计税方法计税。

以清包工方式提供建筑服务,是指施工方不采购建筑工程所需的材料或只采购辅助材料,并收取人工费、管理费或者其他费用的建筑服务。

2) 一般纳税人为甲供工程提供的建筑服务,可以选择适用简易计税方法计税。

甲供工程(甲供材),是指全部或部分设备、材料、动力由工程发包方自行采购的

建筑工程。

"甲供材"与"清包工"如何选择一般或简易计税方法？按以下标准确定：

建筑企业采购材料物资价税合计 =48.18%（税负临界点）

　　　　　　　　　　　　× "甲供材"合同中约定的工程计税合计 Y

3）一般纳税人为建筑工程老项目提供的建筑服务，可以选择适用简易计税方法计税。

4）一般纳税人跨县（市）提供建筑服务，选择适用简易计税方法计税的，应以取得的全部价款和价外费用扣除支付的分包款后的余额为销售额，按照 3% 的征收率计算应纳税额。纳税人应按照上述计税方法在建筑服务发生的预缴税款后，向机构所在地主管税务机关进行纳税申报。

【知识拓展】

税负临界点 48.18% 是如何计算出来的？

假设甲供材合同中约定的工程价税合计（不含甲方购买的材料和设备）为 Y，则"甲供材"中建筑企业选择一般计税方法和简易计税方法下的增值税计算如下：

① 一般计税方法下的应缴增值税为

应缴增值税 $=Y \times 11\% \div (1 + 11\%)$ － 建筑企业采购材料物资进项税额

　　　　　 $=9.91\% \times Y$ － 建筑企业采购材料物资进项税额

② 简易计税方法下的应缴增值税为

　　　　　 应缴增值税 $=Y \div (1 + 3\%) \times 3\% = 2.91\% \times Y$

③ 两种方法下税负相同的临界点：

　　　　　 $9.91\% \times Y$ － 建筑企业采购材料物资进项税额 $=2.91\% \times Y$

推导出：建筑企业采购材料物资进项税额 $=7\% \times Y$

④ 由于一般情况下，建筑企业采购材料物资的适用税率均是 17%，所以，推导出临界点：

建筑企业采购材料物资进项税额 = 建筑企业采购材料物资价税合计 $\times 17\%$

　　　　　　　　　　　　 $\div (1 + 17\%) = 7\% \times Y$

⑤ 由此计算出临界点：建筑企业采购材料物资价税合计 $=48.18\% \times Y$

则

A. 建筑企业采购材料物资价税合计 $>48.18\% \times$ "甲供材"合同中约定的工程计税合计 Y 选择一般计税方法有利。

B. 建筑企业采购材料物资价税合计 $<48.18\% \times$ "甲供材"合同中约定的工程计税合计 Y 选择简易计税方法有利。

【例 2-47】

广州第三建筑公司承建广州昌隆乐园项目，工程总承包合同造价为 2 000 万元，材料部分 1200 万元（其中含甲供材 1000 万元）；安装部分 800 万元，广州第三建筑公司将其中 200 万元的机电安装工程分包给广州新星建筑公司。（假设购买材料均取得 17% 增值税专用发票）

简易计税方法：

应缴增值税 =（20 000 000 − 10 000 000 − 2 000 000）÷（1 + 3%）×3%
           =233 009.71（元）

一般计税方法：

应缴增值税 =（20 000 000 − 10 000 000）÷（1 + 11%）×11%
            −［（12 000 000 − 10 000 000）÷（1 + 11%）×17%
            + 2 000 000÷（1 + 11%）×11%］
           = 990 990.99 −（306 306.31 + 198 198.20）
           =486 486.48（元）

上述情况下，根据两种方法计算比较的结果，应选择简易计税方法。

（3）销售不动产

1）一般纳税人销售其 2016 年 4 月 30 日前取得（不含自建）的不动产，可以选择适用简易计税方法，以取得的全部价款和价外费用减去该项不动产购置原价或者取得不动产时的作价后的余额为销售额，按照 5% 的征收率计算应纳税额。纳税人应按照上述计税方法在不动产所在地预缴税款后，向机构所在地主管税务机关进行纳税申报。

【例 2-48】

广州百灵公司（一般纳税人）转让一套办公室 600 万元（含税），该办公室为 2013 年以 350 万元（含税）购入，办公室现已提折旧 80 万元。（选择简易计税方法，自行开具差额普通发票。）

开票时：

票面税额 =（6 000 000 − 3 500 000）÷（1 + 5%）×5%=119 047.62（元）
     票面不含税金额 =6 000 000 − 119 047.62=5 880 952.38（元）

申报时：

     不含税销售额 =6 000 000÷（1 + 5%）=5 714 285.71（元）
     应纳税额 =6 000 000÷（1 + 5%）×5%=285 714.29（元）

差额扣除金额 3 500 000 元，扣除后销售额 =6 000 000（收入）− 3 500 000（扣除额）=2 500 000（元）

     扣除后应纳税额 =2 500 000÷（1 + 5%）×5%=119 047.62（元）

会计处理为

① 借：固定资产清理   2 700 000

	累计折旧	800 000
	贷：固定资产	3 500 000
②	借：银行存款	6 000 000
	贷：固定资产清理	5 880 952.38
	应交税费——简易计税	119 047.62

2）一般纳税人销售其 2016 年 4 月 30 日前自建的不动产，可以选择适用简易计税方法，以取得的全部价款和价外费用为销售额，按照 5% 的征收率计算应纳税额。纳税人应按照上述计税方法在不动产所在地预缴税款后，向机构所在地主管税务机关进行纳税申报。

3）房地产开发企业中的一般纳税人，销售自行开发的房地产老项目，可以选择适用简易计税方法按照 5% 的征收率计税。

4）房地产开发企业采取预收款方式销售所开发的房地产项目，在收到预收款时按照 3% 的预征率预缴增值税。

5）个体工商户销售购买的住房，应按照《营业税改征增值税试点过渡政策的规定》第五条的规定征免增值税。纳税人应按照上述计税方法在不动产所在地预缴税款后，向机构所在地主管税务机关进行纳税申报。

（4）不动产经营租赁服务

1）一般纳税人出租其 2016 年 4 月 30 日前取得的不动产，可以选择适用简易计税方法，按照 5% 的征收率计算应纳税额。纳税人出租其 2016 年 4 月 30 日前取得的与机构所在地不在同一县（市）的不动产，应按照上述计税方法在不动产所在地预缴税款后，向机构所在地主管税务机关进行纳税申报。

【例 2-49】

2016 年 11 月，广州广艺大厦出租写字楼（2016 年 4 月 30 日前取得），选择适用简易计税方法，收入 150 万元，增值税 7.5 万元，开出普通发票。会计处理为

借：银行存款　　　　　　　　　　　　　　　　1 575 000
　　贷：主营业务收入（或其他业务收入）　　　　　　1500 000
　　　　应交税费——简易计税　　　　　　　　　　　　75 000

2）公路经营企业中的一般纳税人收取试点前开工的高速公路的车辆通行费，可以选择适用简易计税方法，减按 3% 的征收率计算应纳税额。

试点前开工的高速公路，是指相关施工许可证明上注明的合同开工日期在 2016 年 4 月 30 日前的高速公路。

3）一般纳税人出租其 2016 年 5 月 1 日后取得的、与机构所在地不在同一县（市）的不动产，应按照 3% 的预征率在不动产所在地预缴税款后，向机构所在地主管税务机

关进行纳税申报。

【例 2-50】

2016 年 12 月，广州万可服装公司出租在深圳的办公楼（2016 年 6 月购入）月租金 120 000 元，增值税 13 200 元。其会计处理为

① 借：银行存款   133 200

    贷：其他业务收入   120 000

      应交税费——应交增值税（销项税额）   13 200

② 借：应交税费——预交增值税   3 600

    贷：银行存款   3 600

试点纳税人中的一般纳税人提供的铁路旅客运输服务，不得选用简易计税方法计算缴纳增值税。

（5）其他应税行为及规定

1）固定业户（指增值税一般纳税人）临时到外省、市销售货物的，必须向经营地税务机关出示"外出经营活动税收管理证明"回原地纳税，需要向购货方开具专用发票的，亦回原地补开。对未持"外出经营活动税收管理证明"的，经营地税务机关按 3% 的征收率征税。

2）一般纳税人销售自产下列货物，可选择按照简易计税依 3% 征收率计算缴纳增值税。

① 县级及县级以下小型水力发电单位（各类投资主体建设的装机容量为 5 万千瓦及以下的小型水力发电单位）生产的电力。

② 自产的建筑用和生产建筑材料所用的砂、土、石料。

③ 以自己采掘的砂、土、石料或其他矿物连续生产的砖、瓦、石灰（不含黏土实心砖、瓦）。

④ 用微生物、微生物代谢产物、动物毒素、人或动物的血液或组织（自产）制成的生物制品。

⑤ 自产的自来水。

⑥ 自产的以水泥为原料生产的商品混凝土。

3）一般纳税人销售货物属于下列情形的，可选择按照简易计税依 3% 征收率计算缴纳增值：

① 寄售商店代销寄售物品（含居民个人寄售的物品）。

② 典当业销售死当物品。

③ 经国务院或国务院授权机关批准的免税商店零售的免税品。

4）自对属于一般纳税人的自来水公司按照简易计税依 3% 征收率计算缴纳增值税，不得抵扣其购进自来水取得增值税扣税凭证上注明的增值税税额。

5）根据国家税务总局公告 2015 年第 90 号规定，2016 年 2 月 1 日起，纳税人销售自己使用过的固定资产，适用简易办法依照 3% 征收率减按 2% 征收增值税政策的，可以放弃减税，按照简易办法依照 3% 征收率缴纳增值税，并可以开具增值税专用发票。

【例 2-51】

12 月 1 日，广州天蓝时装有限公司转让一台使用过的生产设备，原价 48 000 元，已提折旧 28 000 元，公司放弃减税，按照 3% 征收率缴纳增值税，开出增值税专用发票。转让价为 10 000 元，增值税 300 元。收到款项。其会计处理为

① 借：累计折旧	28 000	
固定资产清理	20 000	
贷：固定资产		48 000
② 借：银行存款	10 300	
贷：固定资产清理		10 000
应交税费——应交增值税（销项税额）		300
③ 借：营业外支出	10 000	
贷：固定资产清理		10 000

（6）纳税人销售旧货适用征收率的规定

自 2014 年 7 月 1 日起，纳税人销售旧货，按简易计税办法依照 3% 的征收率减按 2% 计算缴纳增值税。

旧货，是指进入二次流通的具有部分使用价值的货物（含旧汽车、旧摩托车和旧游艇），但不包括自己使用过的物品。

$$销售额 = 含税销售额 \div (1 + 3\%)$$

$$应纳税额 = 销售额 \times 2\%$$

【例 2-52】

广州天蓝时装有限公司销售一辆旧汽车，收入 30 000 元，该汽车原价 300 000 元，已提折旧 250 000 元。其会计处理如下。

① 借：固定资产清理	50 000	
累计折旧	250 000	
贷：固定资产		300 000
② 借：银行存款	30 000	
贷：固定资产清理		29 417.48
应交税费——应交增值税	582.52 [30 000 ÷ (1 + 3%) × 2%]	
③ 借：营业外支出	20 582.52	
贷：固定资产清理		20 582.52

五、进口货物应纳税额的计算

企业进口货物时，应纳增值税的计算公式为

$$应纳增值税额 = 组成计税价格 \times 税率$$

组成计税价格按以下两种情况确定：

1）不属于应征消费税的进口货物。

$$组成计税价格 = 关税完税价格 + 关税税额$$

2）属于应征消费税的进口货物。

$$组成计税价格 = 关税完税价格 + 关税税额 + 消费税税额$$

即

$$组成计税价格 = \frac{关税完税价格 + 关税税额}{1 - 消费税税率}$$

【例 2-53】

广州友谊商场（一般纳税人）2016 年 10 月份进口高档手表一批，关税及关税完税价格为 780 000 元，消费税税率为 20%，消费税为 75 000 元，增值税税率为 17%，则某市加意外贸公司进口货物应纳的增值税计算如下：

组成计税价格 =780 000÷（1 − 20%）=975 000（元）

应纳增值税额 =975 000×17%=165 750（元）

应纳消费税额 =975 000×20%=195 000（元）

借：库存商品	975 000
应交税费——应交增值税（进项税额）	165 750
贷：银行存款	1 140 750

六、出口货物或者劳务和服务增值税的退（免）税

《中华人民共和国增值税暂行条例》第二条第三款规定：纳税人出口货物，税率为零。

第三节　增值税的会计处理

情景导入

花园酒店是一家五星级酒店（一般纳税人），2016 年 11 月取得含税收入（均收款）如下：

1）客房收入 400 万元。

2）洗衣部收入 60 万元。

3）餐厅收入 200 万元。

4）出租酒店巴士收入 46.8 万元。

根据以上资料计算应缴增值税并作出会计分录。

【解析知识导入】花园酒店应缴增值税的计算：

① 适用 6% 税率的应税服务应缴的增值税 =（4 000 000 + 2 000 000 + 600 000）

$$÷（1 + 6\%）×6\%$$

$$= 6 226 415.09 × 6\%$$

$$=373 584.91（元）$$

② 适用 17% 税率的应税服务应缴的增值税 =468 000 ÷（1 + 17%）× 17%

$$=400 000 × 17\%$$

$$=68 000（元）$$

应缴增值税 =373 584.91 + 68 000=441 584.91

借：银行存款　　　　　　　　　　　　　　　　　　　7 509 584.91

　　贷：主营业务收入 —— 客房收入　　　　　　　　　　4 000 000

　　　　　　　　　　—— 餐厅收入　　　　　　　　　　　600 000

　　　　　　　　　　—— 洗衣部收入　　　　　　　　　2 000 000

　　　其他业务收入 —— 出租巴士收入　　　　　　　　　　468 000

　　　应交税费——应交增值税（销项税额）　　　　　　　441 584.91

企业的经济业务虽然复杂多样，但有其规律性，在会计处理时只要按照不同类型企业采用相应的方法，就可以做到正确地进行增值税核算。

一、制造业及商品流通企业增值税的会计处理

1. 制造业及商品流通企业国内采购货物的处理

企业国内采购的货物，按照增值税专用发票上注明的增值税额和税法规定可计算抵扣的金额之和，借记"应交税费——应交增值税（进项税额）"账户；按照发票上记载的应计入采购成本的金额，借记"在途物资""材料采购""原材料""库存商品"（商业企业）"制造费用""管理费用""销售费用""其他业务成本"等账户；按照应付或实际支付的金额，贷记"应付账款""应付票据""银行存款"等账户。购入货物发生的退货，作相反的会计分录。

企业购进免税农业产品，按购入农业产品的买价和规定的扣除率计算的进项税额，借记"应交税费——应交增值税（进项税额）"账户；按买价扣除按规定计算的进项税额后的数额，借记"在途物资""原材料""库存商品"（商业企业）等账户；按应付或实际支付的价款，贷记"应付账款""银行存款"等账户。

【例 2-54】

广州乐童玩具有限公司（一般纳税人）以生产儿童玩具为主。2016 年 11 月发生如下经济业务。

【业务 1】3 日，向广州市自来水公司支付水费（委托银行付款），价款 3 000 元，增值税 330 元（按 11% 计征）。

会计处理如下：

借：应付账款——广州市自来水公司　　　　　　　　　　　　3 000
　　应交税费——应交增值税（进项税额）　　　　　　　　　　330
　　贷：银行存款　　　　　　　　　　　　　　　　　　　　　　　　3 330

【业务 2】4 日，向广州市电力局支付电费（委托银行付款），价款 5 000 元，增值税 850 元。

会计处理如下：

借：应付账款——广州市自来水公司　　　　　　　　　　　　5 000
　　应交税费——应交增值税（进项税额）　　　　　　　　　　850
　　贷：银行存款　　　　　　　　　　　　　　　　　　　　　　　　5 850

【业务 3】5 日，现金支付基本生产车间空调设备的修理费，价款 500 元，增值税额 85 元。

会计处理如下：

借：管理费用——修理费　　　　　　　　　　　　　　　　　　500
　　应交税费——应交增值税（进项税额）　　　　　　　　　　85
　　贷：库存现金　　　　　　　　　　　　　　　　　　　　　　　　585

【业务 4】6 日，购入玩具的包装盒一批，价款 20 000 元，增值税 3 400 元；同时发生运费 100 元，增值税 11 元，均取得增值税专用发票并通过网上银行付款。

会计处理如下：

借：周转材料——包装物　　　　　　　　　　　　　　　　　　20 100
　　应交税费——应交增值税（进项税额）　　　　　　　　　　3 411
　　贷：银行存款　　　　　　　　　　　　　　　　　　　　　　　　23 511

【业务 5】7 日，向深圳春生贸易有限公司购入原材料一批，价款 400 000 元，增值税 68 000 元，取得增值税专用发票。另外对方代垫材料运杂费 1 000 元，增值税 110 元，取得增值税专用发票，材料已验收入库，开出银行承兑汇票（期限 3 个月）。

会计处理如下：

借：原材料——原料及主要材料　　　　　　　　　　　　　　401 000
　　应交税费——应交增值税（进项税额）　　　　　　　　　　68 110
　　贷：应付票据——深圳春生贸易有限公司　　　　　　　　　469 110

【业务 6】7 日，发现上月向深圳春生贸易有限公司所购的一批材料有质量问题，决定退货，该材料价款 90 000 元，增值税 15 300 元。材料商同意退货并退款，公司在同时收到材料商开具的红字增值税专用发票的发票联和抵扣联，款未收。

会计处理如下：

```
借：应付账款——深圳春生贸易有限公司                   105 300
    贷：应交税费——应交增值税（进项税额）              15 300
        原材料——原料及主要材料                       90 000
```

2. 接受投资或捐赠货物的处理

企业接受投资转入的货物，按照增值税专用发票上注明的增值税额，借记"应交税费——应交增值税（进项税额）"账户；按照确认的投资货物价值（已扣除增值税，下同），借记"原材料""库存商品"等账户；按照增值税额与货物价值的合计数，贷记"实收资本""资本公积"等账户。

企业接受捐赠转入的货物，按照增值税专用发票上注明的增值税额，借记"应交税费——应交增值税（进项税额）"账户，按照确认的捐赠货物价值，借记"原材料""库存商品""固定资产"等账户，按照增值税额与货物价值的合计数，贷记"营业外收入"账户。

【例 2-55】

延用例 2-54 中的资料。

【业务 1】 11 月 7 日，广州乐童玩具有限公司收到投资人的一套生产设备作为追加投资，投资方开出增值税专用发票上的注明价款 50 000 元，增值税 8 500 元，货物已验收入库。假设该项投资享有本公司股份为 56 000 元。

会计处理如下：

```
借：固定资产                                          50 000
    应交税费——应交增值税（进项税额）                  8 500
    贷：实收资本                                      56 000
        资本公积                                      2 500
```

【业务 2】 11 月 8 日，接受深圳顶峰环保科技公司捐赠材料一批，对方开出增值税专用发票上，价款 100 000 元，增值税 17 000 元，货物已验收入库。

会计处理如下：

```
借：原材料                                           100 000
    应交税费——应交增值税（进项税额）                 17 000
    贷：营业外收入                                    117 000
```

 想一想： 接受捐赠货物没有取得增值税专用发票能否扣税？不可以。

3. 接受应税劳务及销售服务的处理

（1）加工应税劳务的处理

企业接受应税劳务，按照增值税专用发票上注明的增值税额，借记"应交税费——应交增值税（进项税额）"账户；按增值税专用发票上记载的应计入加工、修理修配等货物成本的金额，借记"其他业务成本""制造费用""委托加工物资""销售费用""管理费用"等账户；按应付或实际支付的金额，贷记"应付账款""银行存款"等账户。

【例 2-56】

延用例 2-54 中的资料。

11 月 9 日，广州乐童玩具有限公司委托深圳益智玩具公司加工玩具，发出材料 200 000 元，支付加工费 30 000 元及增值税款 5 100 元。另支付往返运输费共 300 元，增值税 33 元，加工费及运输费均取得增值税专用发票，付款。

会计处理如下：

① 发出材料时：

借：委托加工物资   200 000

  贷：原材料——原料及主要材料   200 000

② 支付加工费、运费时：

借：委托加工物资   30 300

  应交税费——应交增值税（进项税额）   5 133

  贷：银行存款   35 433

③ 收回加工玩具时：

借：库存商品   230 300

  贷：委托加工物资   230 300

（2）接受销售服务

企业接受销售服务后，按照取得的增值税专用发票上注明的增值税额，借记"应交税费——应交增值税（进项税额）"账户；借记"销售费用""管理费用"等账户；按应付或实际支付的金额，贷记"应付账款""银行存款"等账户。

1）接受电信服务。

【例 2-57】

延用例 2-54 中的资料。

12 日，广州乐童玩具有限公司支付本公司的电话费及网络费用（委托付款），取得增值税专用发票，基础电信费用为 1 000 元，增值税 110 元（税率 11%）；增值电信服务费用为 800 元，增值税为 48 元（税率 61%）。

会计处理如下：

借：管理费用——办公费   1 800

  应交税费——应交增值税（进项税额）   158

  贷：银行存款   1 958

2）接受广告服务。

【例 2-58】

延用例 2-54 中的资料。

13 日，广州乐童玩具有限公司委托广州尔新媒体有限公司制作广告，支付广告费 200 000 元，增值税 12 000 元（税率 6%），取得增值税专用发票，以银行本票付款。

会计处理如下：

借：销售费用——广告费 　　　　　　　　　　　　　　　200 000
　　应交税费——应交增值税（进项税额）　　　　　　　　 12 000
　　　贷：其他货币资金——银行本票存款 　　　　　　　　　　　212 000

3）接受鉴证服务。

【例 2-59】

延用例 2-54 中的资料。

14 日，广州乐童玩具有限公司委托安信会计师事务所（小规模纳税人）进行账务审计，支付审计费用 10 000 元，增值税 300 元（税率 3%），取得增值税专用发票，通过网上银行付款。

会计处理如下：

借：管理费用——审计费 　　　　　　　　　　　　　　　 10 000
　　应交税费——应交增值税（进项税额）　　　　　　　　　 300
　　　贷：银行存款 　　　　　　　　　　　　　　　　　　　 10 300

4）接受酒店餐饮等服务。

【例 2-60】

延用例 2-54 中的资料。

11 月 15 日，广州乐童玩具有限公司经理汪华东出差归来报销差旅费 6 000 元(含税，其中：住宿费 2 000 元，增值税 120 元；会议费 1 000 元，增值税 60 元，前两项取得增值税专用发票；其他飞机票等费用 2 820 元)，补给现金 1 000 元（原借款 5 000 元）。

会计处理如下：

借：管理费用——差旅费 　　　　　　　　　　　　　　　 5 820
　　应交税费——应交增值税（进项税额）　　　　　　　　　 180
　　　贷：其他应收款——汪华 　　　　　　　　　　　　　　 5 000
　　　　　库存现金 　　　　　　　　　　　　　　　　　　　 1 000

5）无形资产核算。

【例2-61】

延用例2-54中的资料。

【业务1】11月15日，广州乐童玩具有限公司向达蒂玩具有限公司出售一项专利技术M，该专利技术账面价值300 000元，累计摊销140 000元，售价400 000元，增值税24 000元（税率6%），开出增值税专用发票，收款424 000元。

会计处理如下：

借：银行存款	424 000
累计摊销	140 000
贷：无形资产	300 000
应交税费——应交增值税（销项税额）	24 000
营业外收入	240 000

【业务2】14日，向细羊羊玩具有限公司转让一项B专利的使用权，价款80 000元，增值税4 800元（税率6%），开出增值税专用发票，收款84 800元。

会计处理如下：

借：银行存款	84 800
贷：其他业务收入	80 000
应交税费——应交增值税（销项税额）	4 800

【业务3】11月16日，公司购入一项G非专利技术，价款120 000元，增值税7 200元，收到增值税专用发票，通过银行付款。账务处理如下：

会计处理如下：

借：无形资产	120 000
应交税费——应交增值税（进项税额）	7 200
贷：银行存款	127 200

6）接受快递公司的派送服务。

【例2-62】

延用例2-54中的资料。

11月17日，广州乐童玩具有限公司收到速通快递公司开来的增值税专用发票，派送服务费2 000元，增值税120元，已付款。账务处理如下：

会计处理如下：

借：管理费用——快递费	2 000
应交税费——应交增值税（进项税额）	120
贷：银行存款	2 120

4. 企业进口货物的处理

企业进口货物，按照海关提供的完税凭证上注明的增值税额，借记"应交税费——应交增值税（进项税额）"科目；按照进口货物应计入采购成本的金额，借记"材料采购""在途物资""原材料""库存商品"等科目；按应付或实际支付的价款，贷记"应付账款""银行存款"等科目。

【例2-63】

延用例2-54中的资料。

11月18日，广州乐童玩具有限公司从国外进口原材料一批，关税及关税完税价格为500 000元，增值税85 000元，材料已验收入库。账务处理如下：

会计处理如下：

借：原材料——原料及主要材料　　　　　　　　　　　500 000

　　应交税费——应交增值税（进项税额）　　　　　　 85 000

　　贷：银行存款　　　　　　　　　　　　　　　　　　 585 000

5. 固定资产增值税的处理

一般纳税人购进固定资产，取得增值税专用发票，其进项税额可以从销项税额中抵扣，其他支出均计入固定资产的价值。

【例2-64】

延用例2-54中的资料。

【业务1】11月19日，广州乐童玩具有限公司为销售部门购进房屋一套，取得增值税专用发票，价款200万元，增值税22万元，开出支票付款。账务处理如下：

会计处理如下：

借：固定资产　　　　　　　　　　　　　　　　　　 2 000 000

　　应交税费——应交增值税（进项税额）　132 000（220 000×60%）

　　应交税费——待抵扣进项税额　　　　　　　　　　 88 000

　　贷：银行存款　　　　　　　　　　　　　　　　　 2 220 000

【业务2】11月20日，公司购入一套不需安装生产设备，取得增值税发票，价款80 000元，增值税13 600元；另外销货方代垫运费600元，增值税66元，已取得增值税专用发票；设备直接交付使用，均付款。

会计处理如下：

借：固定资产　　　　　　　　　　　　　　　　　　　 80 600

　　应交税费——应交增值税（进项税额）　　　　　　 13 666

　　贷：银行存款　　　　　　　　　　　　　　　　　　 94 266

【业务3】11月21日，公司转让1台不需要的设备，该设备2015年12月购入，原价70 000元，增值税11 900元，现已提折旧10 000元，转让价为40 000元，增值税6 800元，开出增值税发票，收款。

会计处理如下：

①借：固定资产清理　　　　　　　　　　　　　　　　 60 000

　　　累计折旧　　　　　　　　　　　　　　　　　　　 10 000

　　　　　　　　　贷：固定资产　　　　　　　　　　　　　　　　　　　70 000
　　②借：银行存款　　　　　　　　　　　　　　　　　　　　　46 800
　　　　　贷：应交税费——应交增值税（销项税额）　　　　　　　6 800
　　　　　　　固定资产清理　　　　　　　　　　　　　　　　　40 000
　　③借：营业外支出　　　　　　　　　　　　　　　　　　　　20 000
　　　　　贷：固定资产清理　　　　　　　　　　　　　　　　　20 000

　　【业务4】 11月22日，公司出租其2016年4月30日前购入的仓库（公司采用适用简易计税方法），每月租金16 000元，增值税800元。开出增值税普通发票，收款。

　　应缴税款 =16 000×5%=800（元）

　　会计处理如下：
　　借：银行存款　　　　　　　　　　　　　　　　　　　　　　16 800
　　　　贷：其他业务收入　　　　　　　　　　　　　　　　　　16 000
　　　　　　应交税费——简易计税　　　　　　　　　　　　　　　800

　　【业务5】 11月23日，公司出租其2016年5月1日后购入的房屋（公司采用一般计税方法计税）给本市百彩科技有限公司，每月租金20 000元，增值税2 200元。开出增值税专用发票，收款。

　　　　　　　　应缴税款 =20 000×11%=2200（元）

　　会计处理如下：
　　借：银行存款　　　　　　　　　　　　　　　　　　　　　　22 200
　　　　贷：其他业务收入　　　　　　　　　　　　　　　　　　20 000
　　　　　　应交税费——应交增值税（销项税额）　　　　　　　2 200

6. 销售货物或提供应税劳务的处理

　　企业销售货物或提供应税劳务，按照实现的销售收入的按规定计算的增值税额之和，借记"应收账款""应收票据""银行存款"等账户；按规定收取的增值税额，贷记"应交税费——应交增值税（销项税额）"账户；按实现的销售收入，贷记"主营业务收入""其他业务收入"等账户。发生的销售退回，作相反的会计分录处理。

【例 2-65】

　　延用例2-54中的资料。

　　11月24日，广州乐童玩具有限公司向沃尔斯百货公司销售玩具一批，开出的增值税专用发票，价款1 000 000元，增值税170 000元；已发出货物，款未收。

　　会计处理如下：
　　借：应收账款　　　　　　　　　　　　　　　　　　　　　1 170 000
　　　　贷：主营业务收入　　　　　　　　　　　　　　　　　1 000 000
　　　　　　应交税费——应交增值税（销项税额）　　　　　　　170 000

7. 视同销售行为的处理

企业委托其他单位代销商品，应于收到受托人送交的代销清单的当天，即销售收入确认时开具增值税专用发票，借记"应收账款"或"银行存款"账户，贷记"应交税费——应交增值税（销项税额）""主营业务收入"账户。委托单位支付的代销手续费，在收到受托单位转来的手续费发票后，借记"销售费用"账户，贷记"银行存款""应收账款"等账户。

设有两个以上机构并实行统一核算的纳税人，将货物从一个机构移送到另一机构（相关机构不在同一县内）用于销售的，在货物移送时由发货方开具增值税专用发票计算销项税额，调入方计算进项税额。

【例 2-66】

延用例 2-54 中的资料。

【业务 1】 11 月 25 日，广州乐童玩具有限公司将一批材料对外投资，成本 600 000 元，增值税 102 000 元，双方协商投资价为 702 000 元。

会计处理如下：

借：长期股权投资　　　　　　　　　　　　　　　702 000
　　贷：原材料　　　　　　　　　　　　　　　　　600 000
　　　　应交税费——应交增值税（销项税额）　　　102 000

【业务 2】 26 日，公司将自产的新玩具 200 个（每个成本为 40 元）送给职工作为福利，该新玩具无同类产品市场价，成本利润率 10%。

会计处理如下：

① 借：应付职工薪酬——非货币性职工福利　　　　10 296
　　贷：应交税费——应交增值税（销项税额）　1496[200×40×(1+10%)×17%]
　　　　主营业务收入　　　　　　　　　　　　　　8 800
② 借：主营业务成本　　　　　　　　　　　　　　8 000
　　贷：库存商品　　　　　　　　　　　（200×40）8 000

【业务 3】 27 日，公司将一批玩具送给儿童福利院，该玩具成本为 1 000 元，市场价为 14 000 元。

会计处理如下：

借：营业外支出　　　　　　　　　　　　　　　　12 380
　　贷：应交税费——应交增值税（销项税额）　2 380（14 000×17%）
　　　　库存商品　　　　　　　　　　　　　　　10 000

 想一想： 若上例公司送出的不是产品，而是原材料，增值税的处理如何？

【例 2-67】

延用例 2-54 中的资料。

11 月 2 日，广州乐童玩具有限公司向梅西百货发出玩具一批，委托其代销，售价 200 000 元（成本 120 000 元）；30 日收到受托方梅西百货送来代销清单，开具增值税专用发票，销售额为 200 000 元，增值税 34 000 元，款项尚未收到。另受托方收取代销费用为 30 000 元，增值税 1 800 元（增值税税率为 6%），收到增值税专用发票。

会计处理如下：

① 2 日，发出委托代销商品：

借：委托代销商品   120 000

  贷：库存商品   120 000

② 30 日，收到代销清单时：

借：应收账款——梅西百货   234 000

  贷：主营业务收入   200 000

    应交税费——应交增值税（销项税额） 34 000

③ 结转代销商品成本：

借：主营业务成本   120 000

  贷：委托代销商品   120 000

④ 未付的手续费处理抵减应收账款：

借：销售费用——代销手续费   30 000

  应交税费——应交增值税（进项税额）   1 800

  贷：应收账款——梅西百货   31 800

8. 包装物业务的处理

随同产品出售但单独计价的包装物，按规定应缴纳的增值税，借记"应收账款"等账户，贷记"应交税费——应交增值税（销项税额）""其他业务收入"账户。月末结转该包装物成本，则借记"其他业务成本"账户，贷记"周转材料——包装物"账户。

随同产品出售不但单独计价的包装物，借记"销售费用"账户，贷记"周转材料——包装物"账户。

企业逾期未退还和不需退回的包装物押金，按规定应缴纳的增值税，借记"其他应付款——包装物押金"等账户，贷记"其他业务收入""应交税费——应交增值税（销项税额）"账户。

9. 进项税额转出的处理

企业购进的货物，在产品、库存商品发生非正常损失，以及购进货物改变用途等原因，其进项税额应相应转入有关科目，借记"待处理财产损溢""在建工程""应付职工薪酬"等科目，贷记"应交税费——应交增值税（进项税额转出）"科目。属于转作待处理财产损失的部分，应与遭受非正常损失的购进货物、在产品、库存商品的成本一并处理。

【例2-68】

延用例2-54中的资料。

11月30日，广州乐童玩具有限公司向信义嘉商店销售A玩具1 400套，每套300元，开出增值税专用发票，价款420 000元，增值税71 400元；另配套的精美包装袋单独计价，包装袋每个售价5元，共7 000元，增值税1 190元，均开出增值税专用发票，款未收。

会计处理如下：

借：应收账款——信义嘉商店　　　　　　　　　　　　　　　499 590
　　贷：主营业务收入　　　　　　　　　　　　　　　　　　420 000
　　　　其他业务收入——包装物收入　　　　　　　　　　　　7 000
　　　　应交税费——应交增值税（销项税额）　　　　　　　 72 590

【例2-69】

延用例2-54中的资料。

11月30日，广州乐童玩具有限公司因管理不善，发生火灾烧毁仓库，损失原材料一批，成本120 000元，其进项税额20 400元；损失A玩具1 000套（每套成本300元，每套含原材料成本220元，该批原材料原已扣税11 220元）。账务处理如下：

借：待处理财产损溢——待处理流动资产损溢　　　　　　　 451 620
　　贷：原材料——原料及主要材料（布料）　　　　　　　 120 000
　　　　库存商品　　　　　　　　　　　　　　　　　　　 300 000
　　　　应交税费——应交增值税（进项税额转出）　31 620（20 400+11 220）

 想一想：若公司的原材料、库存商品发生了非常损失，需要计算进项税额转出吗？

10. 一般纳税人缴纳增值税的处理

月份终了，如企业"应交税费——应交增值税"账户为借方余额，表示本月尚未抵扣完的进项税额，当月可不用交增值税，其借方余额可不转出；对于当月多交的增值税，要转出。则：

借：应交税费——未交增值税
　　贷：应交税费——应交增值税（转出多交增值税）

如企业"应交税费——应交增值税"为贷方余额，表示当月应交未交的增值税，则：

借：应交税费——应交增值税（转出未交增值税）
　　贷：应交税费——未交增值税

若企业当月交纳当月应交的增值税，则：

借：应交税费——应交增值税（已交税金）

    贷：银行存款

【例 2-70】

延用例 2-54 中的资料。

汇总公司 2016 年 11 月 1 日到 30 日有关经济业务涉及的增值税，计算出该公司应交增值税税额。

表 2-9 为应交增值税额计算表。

表 2-9　应交增值税额计算表

单位：元

业务号	业务摘要	借方		贷方			余额
		进项税额	已交税金	销项税额	进项税额转出	出口退税	
1	支付水费	330					
2	支付电费	850					
3	支付修理费	85					
4	购买包装物	3 411					
5	购买材料	68 110					
6	材料退货	15 300（红字）					
7	接收材料投资	8 500					
8	接受捐赠	17 000					
9	支付加工费等	5 133					
10	支付通信费	158					
11	广告费	12 000					
12	审计费	300					
13	出差服务费	180					
14	出售专利			24 000			
15	转让专利使用权			4 800			
16	购入专利	7 200					
17	快递派送服务	120					
18	进口材料	85 000					
19	购房屋	132 000					
20	购设备	13 666					
21	出售设备			6 800			
22	出租房屋			2 200			
23	销售产品给沃尔斯			170 000			
24	投资材料			102 000			

续表

业务号	业务摘要	借方		贷方			余额
		进项税额	已交税金	销项税额	进项税额转出	出口退税	
25	产品做福利			1 496			
26	产品送福利院			2 380			
27	委托代销商品			34 000			
	代销手续费	1 800					
28	销售产品			72 590			
29	烧毁存货				31 620		
	小计	371 143		420 266	31 620		
	合计	371 143		451 886			80 743

依据以上业务计算应缴增值税，月终进行结转时，账务处理为

借：应交税费——应交增值税（转出未交增值税） 80 743

    贷：应交税费——未交增值税 80 743

 想一想： 若公司 2016 年 11 月交纳 11 月份增值税时，应如何进行会计处理？

【提示】借：应交税费——未交增值税 80 743

           简易计税 31 400

        贷：银行存款 112 143

制造业及商品流通企业增值税纳税申报表（一般纳税人适用）及相关表格如表 2-10 ～表 2-18 所示。

二、制造业、商品流通企业小规模纳税人增值税的账务处理

小规模纳税人的账务处理相对于一般纳税人而言比较简单。在销售货物或提供应税劳务时，按实现的销售收入和按规定收取的增值税额，借记"应收账款""应收票据""银行存款"账户；按规定收取的增值税税额，贷记"应交税费——应交增值税"账户；按实现的销售收入，贷记"主营业务收入""其他业务收入"等账户。上缴增值税时，借记"应交税费——应交增值税"，贷记"银行存款账户"。

【例 2-71】

2016 年 11 月 5 日，海利家居用品公司（小规模纳税人）购进木材一批，货款 30 000 元，款项以银行汇票支付。其会计分录为

借：原材料——原料及主要材料 30 000

    贷：其他货币资金——银行汇票存款 30 000

表 2-10　增值税纳税申报表

（一般纳税人适用）

根据国家税收法律法规及增值税相关规定制定本表。纳税人不论有无销售额，均应按税务机关核定的纳税期限填写本表，并向当地税务机关申报。

税款所属时间：自　年　月　日至　年　月　日　填表日期：　年　月　日　　　　　金额单位：元至角分

纳税人识别号：□□□□□□□□□□□□□□□□□□□□　　　　　　所属行业：

纳税人名称	（公章）	法定代表人姓名		注册地址		生产经营地址	
开户银行及账号		登记注册类型				电话号码	

项目		栏次	一般项目		即征即退项目	
			本月数	本年累计	本月数	本年累计
销售额	（一）按适用税率计税销售额	1				
	其中：应税货物销售额	2				
	应税劳务销售额	3				
	纳税检查调整的销售额	4				
	（二）按简易办法计税销售额	5				
	其中：纳税检查调整的销售额	6				
	（三）免、抵、退办法出口销售额	7				
	（四）免税销售额	8				
	其中：免税货物销售额	9				
	免税劳务销售额	10				
税款计算	销项税额	11				
	进项税额	12				
	上期留抵税额	13				
	进项税额转出	14				
	免、抵、退应退税额	15				
	按适用税率计算的纳税检查应补缴税额	16				
	应抵扣税额合计	17=12+13−14−15+16				
	实际抵扣税额	18（如 17<11，则为 17，否则为 11）				
	应纳税额	19=11−18				
	期末留抵税额	20=17−18				
	简易计税办法计算的应纳税额	21				
	按简易计税办法计算的纳税检查应补缴税额	22				
	应纳税额减征额	23				
	应纳税额合计	24=19+21−23				
税款缴纳	期初未缴税额（多缴为负数）	25				
	实收出口开具专用缴款书退税额	26				
	本期已缴税额	27=28+29+30+31				
	①分次预缴税额	28				
	②出口开具专用缴款书预缴税额	29				
	③本期缴纳上期应纳税额	30				
	④本期缴纳欠缴税额	31				
	期末未缴税额（多缴为负数）	32=24+25+26−27				
	其中：欠缴税额（≥0）	33=25+26−27				
	本期应补（退）税额	34 = 24−28−29				
	即征即退实际退税额	35				
	期初未缴查补税额	36				
	本期入库查补税额	37				
	期末未缴查补税额	38=16+22+36−37				

授权声明	如果你已委托代理人申报，请填写下列资料： 为代理一切税务事宜，现授权　　　　　　（地址）　　　　　　为本纳税人的代理申报人，任何与本申报表有关的往来文件，都可寄予此人。 授权人签字：	申报人声明	本纳税申报表是根据国家税收法律法规及相关规定填报的，我确定它是真实的、可靠的、完整的。 声明人签字：

主管税务机关：　　　　　　　　　接收人：　　　　　　　　　　接收日期：

表2-11　增值税纳税申报表附列资料（一）

（本期销售情况明细）

纳税人名称：（公章）

税款所属时间：　年　月　日　至　年　月　日

金额单位：元至角分

项目及栏次		开具税控增值税专用发票		开具其他发票		未开具发票		纳税检查调整		合计			服务、不动产和无形资产扣除项目本期实际扣除金额	扣除后	
		销售额	销项（应纳）税额	销售额	销项（应纳）税额	销售额	销项（应纳）税额	销售额	销项（应纳）税额	销售额	销项（应纳）税额	价税合计		含税（免税）销售额	销项（应纳）税额
		1	2	3	4	5	6	7	8	$9{=}1{+}3{+}5{+}7$	$10{=}2{+}4{+}6{+}8$	$11{=}9{+}10$	12	$13{=}11{-}12$	$14{=}13\div(100\%+$税率或征收率$)\times$税率或征收率
一、一般计税方法计税　全部征税项目	17%税率的货物及加工修理修配劳务	1													
	17%税率的服务、不动产和无形资产	2													
	13%税率	3													
	11%税率	4													
	6%税率	5													
其中：即征即退项目	即征即退货物及加工修理修配劳务	6													
	即征即退服务、不动产和无形资产	7													
二、简易计税方法计税　全部征税项目	6%征收率	8													
	5%征收率的货物及加工修理修配劳务	9a													
	5%征收率的服务、不动产和无形资产	9b													
	4%征收率	10													
	3%征收率的货物及加工修理修配劳务	11													
	3%征收率的服务、不动产和无形资产	12													
	预征率　%	13a													
	预征率　%	13b													
	预征率　%	13c													
其中：即征即退项目	即征即退货物及加工修理修配劳务	14													
	即征即退服务、不动产和无形资产	15													
三、免抵退税	货物及加工修理修配劳务	16													
	服务、不动产和无形资产	17													
四、免税	货物及加工修理修配劳务	18													
	服务、不动产和无形资产	19													

表 2-12　增值税纳税申报表附列资料（二）

（本期进项税额明细）

税款所属时间：　　年　月　日至　　年　月　日

纳税人名称：（公章）　　　　　　　　　　　　　　　　　　金额单位：元至角分

一、申报抵扣的进项税额				
项目	栏次	份数	金额	税额
（一）认证相符的增值税专用发票	1=2+3			
其中：本期认证相符且本期申报抵扣	2			
前期认证相符且本期申报抵扣	3			
（二）其他扣税凭证	4=5+6+7+8			
其中：海关进口增值税专用缴款书	5			
农产品收购发票或者销售发票	6			
代扣代缴税收缴款凭证	7			
其他	8			
（三）本期用于购建不动产的扣税凭证	9			
（四）本期不动产允许抵扣进项税额	10			
（五）外贸企业进项税额抵扣证明	11			
当期申报抵扣进项税额合计	12=1+4-9+10+11			

二、进项税额转出额		
项目	栏次	税额
本期进项税额转出额	13=14 至 23 之和	
其中：免税项目用	14	
集体福利、个人消费	15	
非正常损失	16	
简易计税方法征税项目用	17	
免抵退税办法不得抵扣的进项税额	18	
纳税检查调减进项税额	19	
红字专用发票信息表注明的进项税额	20	
上期留抵税额抵减欠税	21	
上期留抵税额退税	22	
其他应作进项税额转出的情形	23	

三、待抵扣进项税额				
项目	栏次	份数	金额	税额
（一）认证相符的增值税专用发票	24			
期初已认证相符但未申报抵扣	25			
本期认证相符且本期未申报抵扣	26			
期末已认证相符但未申报抵扣	27			
其中：按照税法规定不允许抵扣	28			
（二）其他扣税凭证	29=30 至 33 之和			
其中：海关进口增值税专用缴款书	30			
农产品收购发票或者销售发票	31			
代扣代缴税收缴款凭证	32			
其他	33			
	34			

四、其他				
项目	栏次	份数	金额	税额
本期认证相符的增值税专用发票	35			
代扣代缴税额	36			

表 2-13 增值税纳税申报表附列资料（三）

（服务、不动产和无形资产扣除项目明细）

税款所属时间： 年 月 日至 年 月 日

纳税人名称：（公章） 金额单位：元至角分

项目及栏次		本期服务、不动产和无形资产价税合计额（免税销售额）	服务、不动产和无形资产扣除项目				
			期初余额	本期发生额	本期应扣除金额	本期实际扣除金额	期末余额
		1	2	3	4=2+3	5（5≤1且5≤4）	6=4-5
17%税率的项目	1						
11%税率的项目	2						
6%税率的项目（不含金融商品转让）	3						
6%税率的金融商品转让项目	4						
5%征收率的项目	5						
3%征收率的项目	6						
免抵退税的项目	7						
免税的项目	8						

表 2-14 增值税纳税申报表附列资料（四）

（税额抵减情况表）

税款所属时间： 年 月 日至 年 月 日

纳税人名称：（公章） 金额单位：元至角分

序号	抵减项目	期初余额	本期发生额	本期应抵减税额	本期实际抵减税额	期末余额
		1	2	3=1+2	4≤3	5=3-4
1	增值税税控系统专用设备费及技术维护费					
2	分支机构预征缴纳税款					
3	建筑服务预征缴纳税款					
4	销售不动产预征缴纳税款					
5	出租不动产预征缴纳税款					

表 2-15 增值税纳税申报表附列资料（五）

（不动产分期抵扣计算表）

税款所属时间： 年 月 日至 年 月 日

纳税人名称：（公章） 金额单位：元至角分

期初待抵扣不动产进项税额	本期不动产进项税额增加额	本期可抵扣不动产进项税额	本期转入的待抵扣不动产进项税额	本期转出的待抵扣不动产进项税额	期末待抵扣不动产进项税额
1	2	3≤1+2+4	4	5≤1+4	6=1+2-3+4-5

表 2-16 固定资产（不含不动产）进项税额抵扣情况表

纳税人名称（公章）： 填表日期： 年 月 日 金额单位：元至角分

项目	当期申报抵扣的固定资产进项税额	申报抵扣的固定资产进项税额累计
增值税专用发票		
海关进口增值税专用缴款书		
合计		

表 2-17　本期抵扣进项税额结构明细表

税款所属时间：　　年　月　日至　　年　月　日

纳税人名称：（公章）　　　　　　　　　　　　　　　　　　　　　　　金额单位：元至角分

项目	栏次	金额	税额
合计	1=2+4+5+10+13+15+17+18+19		
17% 税率的进项	2		
其中：有形动产租赁的进项	3		
13% 税率的进项	4		
11% 税率的进项	5		
其中：货物运输服务的进项	6		
建筑安装服务的进项	7		
不动产租赁服务的进项	8		
购入不动产的进项	9		
6% 税率的进项	10		
其中：直接收费金融服务的进项	11		
财产保险的进项	12		
5% 征收率的进项	13		
其中：购入不动产的进项	14		
3% 征收率的进项	15		
其中：建筑安装服务的进项	16		
1.5% 征收率的进项	17		
农产品核定扣除进项	18		
外贸企业进项税额抵扣证明注明的进项	19		
	20		
	21		

表 2-18　增值税减免税申报明细表

税款所属时间：自　　年　　月　　日至　　年　　月　　日

纳税人名称（公章）：　　　　　　　　　　　　　　　　　　　　　　　金额单位：元至角分

一、减税项目					
减税性质代码及名称	栏次	期初余额 1	本期发生额 2	本期应抵减税额 3=1+2	本期实际抵减税额 4≤3	期末余额 5=3-4
合计	1					
	2					
	3					
	4					
	5					
	6					
二、免税项目					
免税性质代码及名称	栏次	免征增值税项目销售额 1	免税销售额扣除项目本期实际扣除金额 2	扣除后免税销售额 3=1-2	免税销售额对应的进项税额 4	免税额 5
合计	7					
出口免税	8					
其中：跨境服务	9					
	10					
	11					
	12					

续表

13				
14				
15				
16				

【例 2-72】

11 月 15 日，海利家居用品公司与百嘉超市结算本月销售家居用品货款共计 41 200 元，收到百嘉超市通过网上银行支付的货款。其会计分录为

应交增值税销售税额 =41 200÷（1 + 3%）=40 000（元）

应交增值税税额 =40 000×3%=1200（元）

借：银行存款   41 200

    贷：主营业务收入   40 000

      应交税费——应交增值税   1 200

【例 2-73】

2016 年 11 月份，创美超市（小规模纳税人）购进商品共 25 000 元，增值税 4 250 元，取得增值税普通发票；当月销售商品 35 000 元，开出普通发票。

会计处理如下：

① 购进商品。

借：库存商品   29 250

    贷：银行存款   29 250

② 销售商品

借：银行存款   35 000

    贷：主营业务收入   33 980.58[35000÷（1 + 3%）]

      应交税费——应交增值税   1 019.42（33980.58×3%）

三、服务业增值税的核算

1. 现代服务业

现代服务业包括研发和技术、信息技术、文化创意、物流辅助、租赁、鉴证咨询、广播影视、商务辅助、其他等产业。

【例 2-74】

信达律师事务所（一般纳税人）2016 年 5 月份律师服务费收入为 400 000 元，开出增值税专用发票，增值税为 24 000 元（税率 6%）。均收到业务款。

会计处理如下：

借：银行存款   424 000

    贷：主营业务收入   400 000

      应交税费——应交增值税（销项税额）   24 000

【例 2-75】

2016 年 10 月，广州电信局华乐营业厅（一般纳税人）增值电信服务收入为 100 000 元，增值税为 6 000 元（税率 6%），基础电信服务收入 300 000 元，增值税 33 000 元（税率 11%）。均收到业务款。

会计处理如下：

借：银行存款　　　　　　　　　　　　　　　　　　439 000
　　贷：主营业务收入　　　　　　　　　　　　　　　　400 000
　　　　应交税费——应交增值税（销项税额）　　　　　 39 000

【知识拓展】

差额征税的会计处理如下：

① 一般纳税人。

企业接受应税服务时，按规定允许扣减销售额而减少的销项税额，借记"应交税费——应交增值税（"营改增"抵减的销项税额）"账户，按实际支付或应付的金额与上述增值税额的差额，借记"主营业务成本"等账户，按实际支付或应付的金额，贷记"银行存款""应付账款"等账户。

对于期末一次性进行账务处理的企业期末按规定当期允许扣减销售额而减少的销项税额，借记"应交税费——应交增值税（"营改增"抵减的销项税额）"账户，贷记"主营业务成本"等账户差额征税的会计处理。

② 小规模纳税人。

企业接受应税服务时，按规定允许扣减销售额而减少的应交增值税，借记"应交税费——应交增值税"账户，按实际支付或应付的金额与上述增值税额的差额，借记"主营业务成本"等账户，按实际支付或应付的金额，贷记"银行存款""应付账款"等账户。

对于期末一次性进行账务处理的企业，期末按规定当期允许扣减销售额而减少的应交增值税，借记"应交税费—应交增值税"账户，贷记"主营业务成本"等账户。

【例 2-76】

2016 年 10 月，广州天天运输公司（一般纳税人）提供客运场站服务，取得含税收入 530 000 元，当月支付承运方运费 106 000 万元（含税），取得发票。

【提示】一般纳税人提供客运场站服务，以其取得的全部价款和价外费用，扣除支付给承运方运费后的余额为销售额。

会计处理如下：

① 提供应税服务：

借：银行存款　　　　　　　　　　　　　　　　　　530 000

贷：主营业务收入 500 000[530 000÷（1＋6%）]

应交税费——应交增值税（销项税额） 30 000[500 000×6%]

② 支付承运方运费：

借：主营业务成本 100 000[106 000÷（1＋6%）]

应交税费——应交增值税（销项税额抵减） 6 000[100 000×6%]

贷：银行存款 106 000

③ 月末结转应交未交增值税：

应交未交增值税 30 000－6 000=24 000

借：应交税费——应交增值税（转出未交增值税） 24 000

贷：应交税费——未交增值税 24 000

【例 2-77】

2016 年 10 月份，广州飞达运输有限公司（小规模纳税人），提供客运场站服务，取得含税收入 20 600 元，当月支付承运方运费 12 360 元。其会计处理如下。

① 飞达运输公司提供应税服务：

借：银行存款 20 600

贷：主营业务收入 20 000[20 600÷（1＋3%）]

应交税费——应交增值税 600[20 000×3%]

② 飞达运输公司支付承运方运费：

借：主营业务成本 12 000[12 360÷（1＋3%）]

应交税费——应交增值税 360[12 000×3%]

贷：银行存款 12 360

③ 按季申报缴纳增值税时：

借：应交税费——应交增值税

贷：银行存款

根据以上资料填制增值税纳税申报表（小规模纳税人适用）及附列资料（表 2-19 和表 2-20）。

2. 生活服务业

生活服务业包括文化体育、教育医疗、旅游娱乐、餐饮住宿、居民日常服务货物等。

【例 2-78】

2016 年 11 月份，东湖旅游公司（一般纳税人）发生如下业务。

1）收到客户的旅游费用 1 500 000 元，支付交通、住宿、门票、餐饮及当地旅游公司接团的费用旅游费用共 800 000 元。其会计处理如下。

① 收款时：

借：银行存款 1 500 000

贷：预收账款 1 500 000

② 确认收入：

借：预收账款 1 500 000

　　贷：主营业务收入 1 415 094.34[1 500 000÷（1 + 6%）]

　　　　应交税费——应交增值税（销项税额）84 905.66（1 415 094.34×6%）

③ 确认营业成本：

借：主营业务成本 754 716.98[800 000÷（1 + 6%）]

　　应交税费——应交增值税（销项税额抵减）45 283.02[754 716.98×6%]

　　贷：银行存款 800 000

2）11 月份，东湖旅游公司向雅居大厦支付办公室租金，取得增值税普通发票，租金 50 000 元，增值税 2 500 元（该大厦房产为 2016 年 4 月 30 日前取得，公司采用简易计税方法核算）。

会计处理如下。

借：管理费用——租赁费 52 500

　　贷：银行存款 52 500

3）月末，某市南湖旅游公司结转应交未交增值税。

应交未交增值税 84 905.66 − 45 283.02 − 2 500=37 122.64

会计处理如下。

借：应交税费——应交增值税（转出未交增值税） 39 622.64

　　贷：应交税费——未交增值税 39 622.64

【例 2-79】

2016 年 11 月 2 日，广州君越酒家（一般纳税人）餐饮收入为 180 000 元，增值税为 10 800 元，收款。

会计处理如下。

借：银行存款 190 800

　　贷：主营业务收入 180 000

　　　　应交税费——应交增值税（销项税额） 10 800

【例 2-80】

11 月 5 日，广州君越酒家转让餐饮配方（非专利技术），收入为 200 000 元，增值税为 12 000 元，已收款。

会计处理如下。

借：银行存款 212 000

　　贷：其他业务收入 200 000

　　　　应交税费——应交增值税（销项税额） 12 000

【例 2-81】

11 月 8 日，广州君越酒家向太粮米业有限公司购入大米、面粉、食用油等一批，价款 600 000 元，增值税 78 000 元。已付款。

会计处理如下。

借：原材料　　　　　　　　　　　　　　　　　　　　　　　　600 000
　　应交税费——应交增值税（进项税额）　　　　　　　　　　 78 000
　　贷：银行存款　　　　　　　　　　　　　　　　　　　　　　　　678 000

【例 2-82】

漓江成玉旅馆（住宿业小规模纳税人）2016 年 11 月旅馆收入 61 800 元（含税，其中 40 000 元开出增值税专用发票，增值税为 1 200 元；20 000 元开出增值税普通发票，增值税为 600 元。已收款。

会计处理如下。

借：银行存款　　　　　　　　　　　　　　　　　　　　　　　 61 800
　　贷：主营业务收入　　　　　　　　　　　　　　　　　　　　　　 60 000
　　　　应交税费——应交增值税　　　　　　　　　　　　　　　　　　 1 800

表 2-19　增值税纳税申报表

（小规模纳税人适用）

纳税人识别号：□□□□□□□□□□□□□□□□□□□□

纳税人名称（公章）：　　　　　　　　　　　　　　　　　　金额单位：元至角分

税款所属期：　年　月　日至　年　月　日　　　　　　　填表日期：　年　月　日

	项目	栏次	本期数		本年累计	
			货物及劳务	服务、不动产和无形资产	货物及劳务	服务、不动产和无形资产
一、计税依据	（一）应征增值税不含税销售额（3% 征收率）	1				
	税务机关代开的增值税专用发票不含税销售额	2				
	税控器具开具的普通发票不含税销售额	3				
	（二）应征增值税不含税销售额（5% 征收率）	4	—		—	
	税务机关代开的增值税专用发票不含税销售额	5	—		—	
	税控器具开具的普通发票不含税销售额	6	—		—	
	（三）销售使用过的固定资产不含税销售额	7 (7 ≥ 8)		—		—
	其中：税控器具开具的普通发票不含税销售额	8		—		—
	（四）免税销售额	9=10+11+12				

续表

	其中：小微企业免税销售额	10			
	未达起征点销售额	11			
	其他免税销售额	12			
	（五）出口免税销售额	13（13≥14）			
	其中：税控器具开具的普通发票销售额	14			
二、税款计算	本期应纳税额	15			
	本期应纳税额减征额	16			
	本期免税额	17			
	其中：小微企业免税额	18			
	未达起征点免税额	19			
	应纳税额合计	20=15-16			
	本期预缴税额	21		—	—
	本期应补（退）税额	22=20-21		—	—

纳税人或代理人声明：	如纳税人填报，由纳税人填写以下各栏：
本纳税申报表是根据国家税收法律法规及相关规定填报的，我确定它是真实的、可靠的、完整的	办税人员：　　　　　　　　　　财务负责人： 法定代表人：　　　　　　　　　　联系电话：
	如委托代理人填报，由代理人填写以下各栏：
	代理人名称（公章）：　　　　经办人： 　　　　　　　　　　　　　　　联系电话：

主管税务机关：　　　　　　　　　接收人：　　　　　　　　接收日期：

表 2-20　增值税纳税申报表（小规模纳税人适用）附列资料

税款所属期：　　年　月　日至　年　月　日　　　　　　　填表日期：　　年　　月　　日
纳税人名称（公章）：　　　　　　　　　　　　　　　　　　金额单位：元至角分

应税行为（3%征收率）扣除额计算			
期初余额	本期发生额	本期扣除额	期末余额
1	2	3（3≤1+2之和，且3≤5）	4=1+2-3
应税行为（3%征收率）计税销售额计算			
全部含税收入（适用3%征收率）	本期扣除额	含税销售额	不含税销售额
5	6=3	7=5-6	8=7÷1.03
应税行为（5%征收率）扣除额计算			
期初余额	本期发生额	本期扣除额	期末余额
9	10	11（11≤9+10之和，且11≤13）	12=9+10-11

续表

应税行为（5%征收率）计税销售额计算			
全部含税收入（适用5%征收率）	本期扣除额	含税销售额	不含税销售额
13	14=11	15 = 13 − 14	16 = 15÷1.05

四、增值税税控系统专用设备和技术维护费用抵减增值税额的会计处理

关于增值税税控系统专用设备和技术维护费用抵减增值税税额有关政策的通知

1. 一般纳税人

企业购入增值税税控系统专用设备，按实际支付或应付的金额，借记"固定资产"账户，贷记"银行存款""应付账款"等账户。按规定抵减的增值税应纳税额，借记"应交税费——应交增值税（减免税款）"账户，贷记"递延收益"账户。按期计提折旧，借记"管理费用"等账户，贷记"累计折旧"账户；同时，借记"递延收益"账户，贷记"管理费用"等账户。

企业发生技术维护费，按实际支付或应付的金额，借记"管理费用"等账户，贷记"银行存款"等账户。按规定抵减的增值税应纳税额，借记"应交税费——应交增值税（减免税款）"账户，贷记"管理费用"等账户。

【例 2-83】

2016年11月，广州中天科技公司首次购入增值税税控系统设备，支付价款490元，同时支付当年增值税税控系统专用设备技术维护费330元。当月两项合计抵减当月增值税应纳税额820元。简化处理方法如下：

1）首次购入增值税税控系统专用设备、发生防伪税控系统专用设备技术维护费。

借：管理费用　　　　　　　　　　　　　　　　　　　　820

　　贷：银行存款　　　　　　　　　　　　　　　　　　820

2）抵减当月增值税应纳税额（若当月不足抵扣，可以下期继续抵扣）。

借：应交税费——应交增值税（减免税款）　　　　　　820

　　贷：管理费用　　　　　　　　　　　　　　　　　　820

2. 小规模纳税人

直接冲减"应交税费——应交增值税"账户。

企业购入增值税税控系统专用设备，按实际支付或应付的金额，借记"固定资产"账户，贷记"银行存款""应付账款"等账户。按规定抵减的增值税应纳税额，借记"应

交税费——应交增值税"账户，贷记"递延收益"账户。按期计提折旧，借记"管理费用"等账户，贷记"累计折旧"账户；同时，借记"递延收益"账户，贷记"管理费用"等账户。

企业发生技术维护费，按实际支付或应付的金额，借记"管理费用"等账户，贷记"银行存款"等账户。按规定抵减的增值税应纳税额，借记"应交税费——应交增值税"账户，贷记"管理费用"等账户。

第四节　增值税的申报及缴纳

情景导入

陈小英是一位刚从职业院校会计专业毕业的学生，就职于广州海马空间科技有限公司。月末做完公司的所有账务后，她想着该什么时间抄报税？不同的税种是在国税局还是地税局申报呢？

一、增值税纳税义务、扣缴义务发生时间

1. 基本规定

《中华人民共和国增值税暂行条例》明确了增值税纳税义务发生时间：销售货物或者应税劳务，为收讫销售款项或者取得索取销售款项凭据的当天；先开具发票的，为开具发票的当天。进口货物，为报关进口的当天。增值税扣缴义务发生时间为纳税人增值税纳税义务发生的当天。

2. 具体规定

销售货物、服务或提供应税劳务的纳税义务发生的时间，按销售结算方式的不同，具体见表2-21。

表2-21　增值税纳税义务发生时间

服务类型	纳税义务发生时间	扣缴义务时间
销售货物或提供应税劳务	① 采取直接收款方式销售货物，不论货物是否发出，均为收到销售款或者取得索取销售款凭据的当天	纳税人增值税纳税义务发生的当天
	② 采取托收承付和委托银行收款方式销售货物，为发出货物并办妥托收手续的当天	
	③ 采取赊销和分期收款方式销售货物，为书面合同约定的收款日期的当天，无书面合同的或者书面合同没有约定收款日期的，为货物发出的当天	
	④ 采取预收货款方式销售货物，为货物发出的当天，但生产销售生产工期超过12个月的大型机械设备、船舶、飞机等货物，为收到预收款或者书面合同约定的收款日期的当天	
	⑤ 委托其他纳税人代销货物，为收到代销单位的代销清单或者收到全部或者部分货款的当天。未收到代销清单及货款的，为发出代销货物满180天的当天	

续表

服务类型	纳税义务发生时间	扣缴义务时间
	⑥ 销售应税劳务，为提供劳务同时收讫销售款或者取得索取销售款的凭据的当天	
	⑦ 纳税人发生视同销售货物行为，为货物移送的当天	
进口货物	为报关进口的当天	
应税服务、无形资产或不动产行为	① 纳税人发生应税行为并收讫销售款项或者取得索取销售款项凭据的当天；先开具发票的，为开具发票的当天。收讫销售款项，是指纳税人销售服务、无形资产、不动产过程中或者完成后收到款项。取得索取销售款项凭据的当天，是指书面合同确定的付款日期；未签订书面合同或者书面合同未确定付款日期的，为服务、无形资产转让完成的当天或者不动产权属变更的当天	纳税人增值税纳税义务发生的当天
应税服务、无形资产或不动产行为	② 纳税人提供建筑服务、租赁服务采取预收款方式的，其纳税义务发生时间为收到预收款的当天	纳税人增值税纳税义务发生的当天
	③ 纳税人从事金融商品转让的，为金融商品所有权转移的当天	
	④ 纳税人发生视同销售情形的，其纳税义务发生时间为服务、无形资产转让完成的当天或者不动产权属变更的当天	

二、增值税纳税地点

1. 固定业户纳税地点

1) 固定业户应当向其机构所在地的主管税务机关申报纳税。总机构和分支机构不在同一县（市）的，应当分别向各自所在地的主管税务机关申报纳税；经国务院财政、税务主管部门或者其授权的财政、税务机关批准，可以由总机构汇总向总机构所在地的主管税务机关申报纳税。

2) 固定业户到外县（市）销售货物或者应税劳务，应当向其机构所在地的主管税务机关申请开具外出经营活动税收管理证明，并向其机构所在地的主管税务机关申报纳税；未开具证明的，应当向销售地或者劳务发生地的主管税务机关申报纳税；未向销售地或者劳务发生地的主管税务机关申报纳税的，由其机构所在地的主管税务机关补征税款。

3) 固定业户（指一般纳税人）临时到外省、市销售的，必须向经营地税务机关出示"外出经营活动税收管理证明"回原地纳税，需要向购货方开具专用发票的，亦回原地补开。

2. 非固定业户增值税纳税地点

非固定业户销售货物或者应税劳务和应税行为，应当向销售地或者劳务和应税行为发生地的主管税务机关申报纳税；未向销售地或者劳务和应税行为发生地的主管税务机关申报纳税的，由其机构所在地或者居住地的主管税务机关补征税款。

1) 其他个人提供建筑服务，销售或者租赁不动产，转让自然资源使用权，应向建筑服务发生地、不动产所在地、自然资源所在地主管税务机关申报纳税。

2) 纳税人跨县（市）提供建筑服务，在建筑服务发生地预缴税款后，向机构所在地主管税务机关进行纳税申报。

3) 纳税人销售不动产，在不动产所在地预缴税款后，向机构所在地主管税务机关进行纳税申报。

4）纳税人租赁不动产，在不动产所在地预缴税款后，向机构所在地主管税务机关进行纳税申报。

一般纳税人跨省（自治区、直辖市或者计划单列市）提供建筑服务或者销售、出租取得的与机构所在地不在同一省（自治区、直辖市或者计划单列市）的不动产，在机构所在地申报纳税时，计算的应纳税额小于已预缴税额，且差额较大的，由国家税务总局通知建筑服务发生地或者不动产所在地省级税务机关，在一定时期内暂停预缴增值税。

3. 进口货物增值税纳税地点

进口货物，应当有进口人或其代理人向报关地海关申报纳税。

扣缴义务人应当向其机构所在地或者居住地的主管税务机关申报缴纳其扣缴的税款。

建筑业、销售不动产、不动产经营租赁服务的纳税申报

三、增值税的纳税期限

1. 增值税的纳税期限的规定

增值税的纳税期限为 1 日、3 日、5 日、10 日、15 日、1 个月或者 1 个季度。纳税人的具体纳税期限，由主管税务机关根据纳税人应纳税额的大小分别核定。以 1 个季度为纳税期限的规定适用于小规模纳税人、银行、财务公司、信托投资公司、信用社，以及财政部和国家税务总局规定的其他纳税人。不能按照固定期限纳税的，可以按次纳税。

按照（财税〔2016〕36 号）规定，以一个季度为纳税期限的规定适用于小规模纳税人、银行、财务公司、信托投资公司、信用社，以及财政部和国家税务总局规定的其他纳税人。

2. 增值税报缴税款期限的规定

1）纳税人以 1 个月或者 1 个季度为 1 个纳税期的，自期满之日起 15 日内申报纳税；以 1 日、3 日、5 日、10 日或者 15 日为 1 个纳税期的，自期满之日起 5 日内预缴税款，于次月 1 日起 15 日内申报纳税并结清上月应纳税款。

扣缴义务人解缴税款的期限，按照前两款规定执行。

2）纳税人进口货物，应当自海关填发海关进口增值税专用缴款书之日起 15 日内缴纳税款。

四、"营改增"试点全面推开后增值税的纳税申报

根据《关于全面推开营业税改征增值税试点后增值税纳税申报有关事项的公告》自 2016 年 6 月 1 日起，增值税的纳税申报有关事项规定如下。

1. 适用范围

中华人民共和国境内增值税纳税人均应按照规定进行增值税纳税申报。

2. 纳税申报资料

纳税申报资料包括纳税申报表及其附列资料和纳税申报其他资料。

（1）纳税申报表及其附列资料

1）增值税一般纳税人（以下简称一般纳税人）纳税申报表及其附列资料包括：

①《增值税纳税申报表（一般纳税人适用）》。

②《增值税纳税申报表附列资料（一）》（本期销售情况明细）。

③《增值税纳税申报表附列资料（二）》（本期进项税额明细）。

④《增值税纳税申报表附列资料（三）》（服务、不动产和无形资产扣除项目明细）。

一般纳税人销售服务、不动产和无形资产，在确定服务、不动产和无形资产销售额时，按照有关规定可以从取得的全部价款和价外费用中扣除价款的，需填报《增值税纳税申报表附列资料（三）》。其他情况不填写该附列资料。

⑤《增值税纳税申报表附列资料（四）》（税额抵减情况表）。

⑥《增值税纳税申报表附列资料（五）》（不动产分期抵扣计算表）。

⑦《固定资产（不含不动产）进项税额抵扣情况表》。

⑧《本期抵扣进项税额结构明细表》。

⑨《增值税减免税申报明细表》。

2）增值税小规模纳税人（以下简称小规模纳税人）纳税申报表及其附列资料包括：

①《增值税纳税申报表（小规模纳税人适用）》。

②《增值税纳税申报表（小规模纳税人适用）附列资料》。

小规模纳税人销售服务，在确定服务销售额时，按照有关规定可以从取得的全部价款和价外费用中扣除价款的，需填报《增值税纳税申报表（小规模纳税人适用）附列资料》。其他情况不填写该附列资料。

③《增值税减免税申报明细表》。

3）上述纳税申报表及其附列资料表样和填写说明详见前文表 2-10 ～表 2-18。

（2）纳税申报其他资料

1）已开具的税控机动车销售统一发票和普通发票的存根联。

2）符合抵扣条件且在本期申报抵扣的增值税专用发票（含税控机动车销售统一发票）的抵扣联。

3）符合抵扣条件且在本期申报抵扣的海关进口增值税专用缴款书、购进农产品取

得的普通发票的复印件。

4）符合抵扣条件且在本期申报抵扣的税收完税凭证及其清单，书面合同、付款证明和境外单位的对账单或者发票。

5）已开具的农产品收购凭证的存根联或报查联。

6）纳税人销售服务、不动产和无形资产，在确定服务、不动产和无形资产销售额时，按照有关规定从取得的全部价款和价外费用中扣除价款的合法凭证及其清单。

7）主管税务机关规定的其他资料。

（3）相关要求

纳税申报表及其附列资料为必报资料。纳税申报其他资料的报备要求由各省、自治区、直辖市和计划单列市国家税务局确定。

【提示】纳税人跨县（市）提供建筑服务、房地产开发企业预售自行开发的房地产项目、纳税人出租与机构所在地不在同一县（市）的不动产，按规定需要在项目所在地或不动产所在地主管国税机关预缴税款的，需填写《增值税预缴税款表》。

五、征收管理机关

国内增值税由国家税务局负责征收。营业税改征的增值税，由国家税务局负责征收。纳税人销售取得的不动产和其他个人出租不动产的增值税，国家税务局暂委托地方税务局代为征收。进口环节增值税由海关代征。

练 习 题

一、单项选择题

1.（   ）是对销售货物、服务或者提供加工、修理修配劳务、应税服务以及进口货物的单位和个人就其实现的增值额征收的一个税种。

A．消费税　　　　　B．营业税　　　　　C．关税　　　　　D．增值税

2.（   ）起，全面推开"营改增"试点，将建筑业、房地产业、金融业、生活服务业纳入试点范围。

A．2012 年 1 月 1 日　　　　　　　　B．2013 年 8 月 1 日

C．2014 年 6 月 1 日　　　　　　　　D．2016 年 5 月 1 日

3."营改增"的应税行为的年应税销售额标准为（   ）万元（含本数）。

A．500　　　　　B．300　　　　　C．80　　　　　D．50

4.建筑服务不包括（   ）。

A．工程服务　　　　B．安装服务　　　　C．修理服务　　　　D．装饰服务

5.现代服务是指围绕制造业、文化产业、现代物流产业等提供技术性、知识性服

务的业务活动。不包括（　　）。

A．研发和技术服务　　B．信息技术服务　　C．文化创意服务　　D．文化体育服务

6．生活服务，是指为满足城乡居民日常生活需求提供的各类服务活动。不包括（　　）。

A．信息技术服务　　B．教育医疗服务　　C．旅游娱乐服务　　D．餐饮住宿服务

7．下列不属于免税的项目是（　　）。

A．外国政府、国际组织无偿援助的进口物资和设备

B．由残疾人的组织直接进口供残疾人专用的物品

C．销售的自己使用过的物品

D．出口的商品

8．按照《营业税改征增值税试点过渡政策的规定》，免征增值税不包括（　　）项目。

A．个人转让著作权　　　　　　　　B．金融利息收入

C．个人销售自建自用住房　　　　　D．福利彩票、体育彩票的发行收入

9．纳税人以下不适用基本税率17%的是（　　）。

A．销售、进口货物　　　　　　　　B．提供加工

C．修理修配劳务　　　　　　　　　D．不动产租赁

10．（　　）是在企业以赊销方式销售货物及提供劳务的业务中，为了鼓励购货方早日还款而给予购货方的一种优惠折扣。

A．现金折扣　　　B．商业折扣　　　C．销售折让　　　D．销售折扣

11．金融商品的买入价，可以选择按照加权平均法或者移动加权平均法进行核算，选择后（　　）个月内不得变更。

A．36　　　　　B．24　　　　　C．12　　　　　D．6

12．一般纳税人跨县（市）提供建筑服务，适用一般计税方法计税的，应以取得的全部价款和价外费用为销售额计算应纳税额。纳税人应以取得的全部价款和价外费用扣除支付的分包款后的余额，按照（　　）的预征率在建筑服务发生地预缴税款。

A．6%　　　　　B．5%　　　　　C．3%　　　　　D．2%

13．一般纳税人销售其2016年5月1日后取得（不含自建）的不动产，应适用一般计税方法，以取得的全部价款和价外费用为销售额计算应纳税额。纳税人应以取得的全部价款和价外费用减去该项不动产购置原价或者取得不动产时的作价后的余额，按照（　　）的预征率在不动产所在地预缴税款。

A．6%　　　　　B．5%　　　　　C．3%　　　　　D．2%

14．一般纳税人出租其2016年5月1日后取得的、与机构所在地不在同一县（市）的不动产，应按照（　　）的预征率在不动产所在地预缴税款。

A．6%　　　　　B．5%　　　　　C．3%　　　　　D．2%

15. 一般纳税人销售其 2016 年 4 月 30 日前自建的不动产，适用一般计税方法计税的，应以取得的全部价款和价外费用为销售额计算应纳税额。纳税人应以取得的全部价款和价外费用，按照（　　）的预征率在不动产所在地预缴税款。

A．6%　　　　　B．5%　　　　　C．3%　　　　　D．2%

16. 购进农产品，除取得增值税专用发票或者海关进口增值税专用缴款书外，按照农产品收购发票或者销售发票上注明的农产品买价和（　　）的扣除率计算的进项税额。

A．11%　　　　B．10%　　　　C．13%　　　　D．6%

17. 适用一般计税方法的试点纳税人，2016 年 5 月 1 日后取得并在会计制度上按固定资产核算的不动产或者 2016 年 5 月 1 日后取得的不动产在建工程，其进项税额应自取得之日起分（　　）年从销项税额中抵扣。

A．5　　　　　B．3　　　　　C．2　　　　　D．1

18. 防伪税控专用发票进项税额抵扣的时限为开具增值税专用发票之日起（　　）天内认证抵扣。

A．240　　　　B．180　　　　C．90　　　　D．60

19. （　　）起，增值税纳税人购买增值税税控系统专用设备支付的费用以及缴纳的技术维护费（以下称二项费用）可在增值税应纳税额中全额抵减。

A．自 2011 年 12 月 1 日　　　　　B．自 2012 年 12 月 1 日

C．自 2013 年 12 月 1 日　　　　　D．自 2015 年 12 月 1 日

二、多项选择题

1. 与其他税种相比，增值税具有以下特点（　　）。

A．实行税款抵扣制度，不重复征税　　　B．税负公平

C．增值税为价外税，实行比例税率　　　D．普遍征收

2. 销售服务，是指提供（　　）。

A．修理服务　　　B．金融服务　　　C．现代服务　　　D．生活服务

3. 销售服务、无形资产或者不动产，是指有偿提供服务、有偿转让无形资产或者不动产，但属于下列（　　）非经营活动的情形除外。

A．行政单位收取的同时满足以下条件的政府性基金或者行政事业性收费

B．单位或者个体工商户聘用的员工为本单位或者雇主提供取得工资的服务

C．单位或者个体工商户为聘用的员工提供服务

D．财政部和国家税务总局规定的其他情形

4. 下列情形不属于在境内销售服务或者无形资产（　　）。

A．境外单位或者个人向境内单位或者个人销售完全在境外发生的服务

B．境外单位或者个人向境内单位或者个人销售完全在境外使用的无形资产

C．境外单位或者个人向境内单位或者个人出租完全在境外使用的有形动产

D．财政部和国家税务总局规定的其他情形

5．金融服务，包括（   ）。

A．贷款服务　　　　　　　　　　　　B．间接收费金融服务

C．保险服务　　　　　　　　　　　　D．金融商品转让

6．现代服务包括（   ）。

A．物流辅助服务　　　　　　　　　　B．租赁服务

C．旅游服务　　　　　　　　　　　　D．广播影视服务

7．生活服务包括（   ）。

A．广播影视服务　　　　　　　　　　B．旅游娱乐服务

C．餐饮住宿服务　　　　　　　　　　D．居民日常服务

8．免税项目包括（   ）。

A．农业生产者销售的自产农产品　　　B．超市销售的农产品

C．古旧图书　　　　　　　　　　　　D．避孕药品和用具

9．按照《营业税改征增值税试点过渡政策的规定》，免征增值税的有（   ）。

A．托儿所、幼儿园提供的保育和教育服务

B．养老机构提供的养老服务

C．残疾人福利机构提供的育养服务

D．职业介绍服务

10．按照《营业税改征增值税试点过渡政策的规定》，免征增值税的有（   ）。

A．婚姻介绍服务　　　　　　　　　　B．殡葬服务

C．残疾人员本人为社会提供的服务　　D．医疗机构提供的医疗服务

11．适用 6% 税率的是（   ）。

A．服务业　　　　　　　　　　　　　B．基础电信服务

C．销售无形资产（土地使用权除外）　D．金融服务

12．视同销售而没有销售额的，主管税务机关有权按下列顺序核定期计税销售额（   ）。

A．按企业当月同类货物的平均销售价格确定

B．按企业最近时期同类货物的平均销售价格确定

C．按组成计税价格确定

D．按成本价确定

13．试点纳税人提供旅游服务，可以选择以取得的全部价款和价外费用，扣除向旅游服务购买方收取并支付给其他单位或者个人的（   ）和支付给其他接团旅游企业的旅游费用后的余额为销售额。

A．住宿费　　　　　　　　　　　　　B．餐饮费

C．交通费　　　　　　　　　　　　D．签证费、门票费

14．下列项目的进项税额不得从销项税额中抵扣（　　　）。

A．非正常损失的购进货物　　　　　B．非正常损失的不动产

C．购进的旅客运输服务　　　　　　D．购进的贷款服务

15．"营改增"后一般纳税人发生下列（　　　）应税行为可以选择简易计税方法计税。

A．公共交通运输服务　　　　　　　B．建筑服务

C．销售不动产　　　　　　　　　　D．不动产经营租赁服务

16．纳税人按规定从取得的全部价款和价外费用中扣除不动产购置原价或者取得不动产时的作价的，应当取得符合法律、行政法规和国家税务总局规定的合法有效凭证。该凭证是指（　　　）。

A．税务部门监制的发票　　　　　　B．法院判决书、裁定书、调解书

C．仲裁裁决书、公证债权文书　　　D．国家税务总局规定的其他凭证

三、判断题

1．增值税是以单位和个人在生产经营过程中取得的销售额为课税对象的一种税。
（　　　）

2．流转税是商品生产和商品交换的产物，是政府财政收入的重要来源。（　　　）

3．2012 年 9 月 1 日起，率先在上海实施了交通运输业和部分现代服务业"营改增"试点。（　　　）

4．单位以承包、承租、挂靠方式经营的，承包人、承租人、挂靠人以发包人、出租人、被挂靠人名义对外经营并由发包人承担相关法律责任的，以该发包人为纳税人。（　　　）

5．境外单位或者个人在境内发生应税行为，在境内未设有经营机构的，以销售方为增值税扣缴义务人。财政部和国家税务总局另有规定的除外。　　　　　（　　　）

6．境外单位或者个人在境内发生应税行为，在境内未设有经营机构的，以购买方为增值税扣缴义务人。财政部和国家税务总局另有规定的除外。　　　　　（　　　）

7．年应税销售额未超过规定标准的纳税人，会计核算健全，能够提供准确税务资料的，可以向主管税务机关办理一般纳税人资格登记，成为一般纳税人。　（　　　）

8．兼营行为是指一项销售行为既涉及货物又涉及服务（两者有直接联系）。（　　　）

9．增值税的减税、免税项目由国家税务总局规定，任何地区、部门均无权自行规定减税、免税项目。　　　　　　　　　　　　　　　　　　　　　　　　（　　　）

10．纪念馆、博物馆、文化馆、文物保护单位管理机构、美术馆、展览馆、书画院、图书馆在自己的场所提供文化体育服务取得的门票收入免征增值税。　　（　　　）

11．政府举办的从事学历教育的高等、中等和初等学校（不含下属单位），举办进修班、培训班取得的全部归该学校所有的收入免征增值税。　　　　　　（　　　）

12．对个人销售额未达到规定起征点的，免征增值税。增值税起征点的适用范围

限于个人，不包括认定为一般纳税人的个体工商户。　　　　　　　　（　　）

13．随增值税、消费税附征的城市维护建设税、教育费附加免于零申报。（　　）

14．增值税小规模纳税人缴纳增值税、消费税、文化事业建设费，以及随增值税、消费税附征的城市维护建设税、教育费附加等税费，原则上实行按月申报。　　（　　）

15．纳税人兼营减税、免税项目的，应当分别核算减税、免税项目的销售额；未分别核算的，不得减税、免税。　　　　　　　　　　　　　　　　　　（　　）

16．零税率，一般纳税人出口货物税率为零，国务院另有规定的除外。境内单位和个人发生的跨境应税行为，税率为零，具体范围由财政部另行规定。　　（　　）

17．"进项税额转出"专栏，记录税法规定的企业因购进货物，在产品、产成品等发生正常损失以及其他原因不应从销项税额中抵扣，按规定转出的进项税额。（　　）

18．境外单位或者个人在境内发生应税行为，在境内未设有经营机构的，扣缴义务人按照下列公式计算应扣缴税额：应扣缴税额＝购买方支付的价款÷（1＋税率）×税率　　　　　　　　　　　　　　　　　　　　　　　　　　　　（　　）

19．价外费用是指价外向购买方收取的手续费、补贴、基金、集资费、返还利润、奖励费、违约金、延期付款利息、包装费、包装物租金、储备费、优质费、运输装卸费、代收款项、代垫款项目及其他各种性质的价外收费。　　　　　　　（　　）

20．采取以物易物方式销售货物，双方均以各自发出的货物核算销售额并计算销项税额，同时以各自收到的货物核算购货额并计算进项税额。　　　　（　　）

21．消费税属于价外税，计征增值税时，其应税销售额应包括消费税税金。（　　）

22．还本销售是企业销售货物后，在一定期限内将全部或部分销货款一次或分次无条件退还给销货方的一种销售方式。　　　　　　　　　　　　　（　　）

23．成本利润率由国务院和国家税务总局确定。　　　　　　　　（　　）

24．转让金融商品出现的正负差，按盈亏相抵后的余额为销售额。若相抵后出现负差，可结转下一纳税期与下期转让金融商品销售额相抵，年末时仍出现负差的，也同样转入下一个会计年度。　　　　　　　　　　　　　　　　　（　　）

25．金融商品转让，可以开具增值税专用发票。　　　　　　　　（　　）

26．航空运输企业的销售额，包括代收的机场建设费和代售其他航空运输企业客票而代收转付的价款。　　　　　　　　　　　　　　　　　　　（　　）

27．取得不动产，包括以直接购买、接受捐赠、接受投资入股、自建以及抵债等各种形式取得不动产，不包括房地产开发企业自行开发的房地产项目。　（　　）

28．纳税人接受贷款服务向贷款方支付的与该笔贷款直接相关的投融资顾问费、手续费、咨询费等费用，其进项税额不得从销项税额中抵扣。　　　　（　　）

29．对海关代征进口环节增值税开具的增值税专用缴款书上标明有两个单位名称，既有代理进口单位名称，又有委托进口单位名称的，只准予其中取得专用缴款书原件的一个单位抵扣税款。　　　　　　　　　　　　　　　　　　（　　）

30．自 2014 年 7 月 1 日起，纳税人销售旧货，按简易计税办法依照 3% 的征收率减按 1.5% 计算缴纳增值税。   （   ）

四、业务题

根据以下经济业务作出相应会计分录。

1．广州大新百货 12 月份销售产品 300 万元，销项税额 51 万元；购进商品 200 万元，进项税额为 34 万元，9 月份应缴增值税 17 万元（51 万 − 34 万）。做出购货、销售及月末结转应交未交增值税的分录。

2．天天超市（小规模纳税人）12 月份销售商品 20 600 元（含税价），收款。

3．11 月份，中良食品集团销售大米 400 000 元，增值税 52 000 元，开出增值税专用发票（税率 13%），另外收取包装物押金 1 000 元，收到存款。

4．上题若包装物到期没有归还，按规定没收押金 1 000 元。

5．12 月 5 日，贝蒂玩具有限公司向万嘉百货公司销售玩具一批，原价 60 000 元，给予购货方商业折扣 10%，并在增值税专用发票予以注明。该公司为了提前收回货款，许诺给购货方现金折扣（分别为 2/10、1/20 及 n/30），客户在 12 月 13 日付款（假设只有货款取得折扣）。作出购销双方的分录。分别作出两家公司的相应会计分录。

6．15 日，贝蒂玩具有限公司上月售出的一批玩具存在一些小瑕疵（该批玩具货款 40 000 元，增值税 6 800 元，未收款），客户要求给予销售折让 20%，玩具公司经核实同意给予折让。

7．贝蒂玩具有限公司将一批新生产的玩具送给福利院小朋友，该批玩具共 30 个，每个成本 80 元，暂无市场价，成本利润率为 10%。

8．10 日，华润商店（一般纳税人）销售商品给消费者，收到款项 234 000 元（含税收入），开出普通发票。

9．2016 年 12 月，顺达运输司（一般纳税人）提供客运场站服务，取得含税收入 21 200 元，当月支付承运方运费 9 540 元。做出提供应税服务及支付承运方运费分录。

10．2016 年 12 月，康惠旅游公司收到旅游费用 2 500 000 元，其中国内游代旅客支付住宿费、餐饮费、交通费、门票费共 900 000 元，支付国内接团旅游公司的旅游费用为 140 000 元，支付国外接团旅游公司的旅游费用为 160 000 元。做出预收款、收入及营业成本确认分录。

11．富力房地产开发企业（一般纳税人）有乙房地产项目（试点后开工）。2016 年 5 月发生下列预收款业务：乙项目销售房屋 50 套，当月预收款 5 550 万元，其中 3 330 万元开出增值税专用发票，2 220 万元开具普通发票。6 月份乙项目销售房屋共 50 套商品房已交付。交付的 50 套房屋建筑面积为 5 000 平方米，可供出售的建筑面积为 20 000 平方米，支付土地总价为 999 万元。做出预收款阶段及交付阶段相关会计分录。

12．2016 年 11 月 30 日，广州金立集团出售办公室一套（该办公室为 2016 年 6 月

2日购入，原价800万元，增值税88万元，购入时曾抵扣60%增值税52.8万元，剩余35.2万元未抵扣。现已提折旧15万元）。售价1 200万元，增值税132万元，开出增值税专用发票。做购入、售出、预缴税款分录并计算需要补交的增值税。

13. 2016年11月1日，广州广业集团公司出租起在深圳的办公楼一栋（该办公楼为2016年5月5日购入）月租金为33.3万元（含税），收款。做出租及预缴税款的分录。

14. 点点亮茶楼为小规模纳税人，12月转让一台使用过的冰柜，原价15 000元，已提折旧8 000元，转让价为4 120元，收到款项。做注销固定资产原价及已提折旧分录、收款、结转清理损益分录。

15. 广州恒远建筑公司（小规模纳税人）为中山市威力公司建造仓库，总价为1 000 000元，增值税为30 000元，分包给当地湛美建筑安装公司（小规模纳税人）为装修工程200 000元。

16. 广州多邦涂料有限公司(小规模纳税人)出售办公室一套,原购入价100万元(已提折旧20万元)，售价为190万元（含税价）。

17. 11月，新合房地产开发企业（小规模纳税人）出售自行开发的房屋，价款3 000万元（不含税），收款。

18. 广州天合羽毛球毛球馆采用简易计税方法核算增值税，2016年11月收入为51 500元（含税）。

19. 2016年12月，广州大厦出租写字楼（2016年4月30日前取得），选择适用简易计税方法，收入200万元，增值税10万元，开出增值税普通发票。

20. 12月10日，广州颖儿时装有限公司转让一台使用过的生产设备，原价80 000元，已提折旧50 000元，公司放弃减税，按照3%征收率缴纳增值税，开出增值税专用发票。转让价为20000元，增值税600元。收到款项。（做三个分录）

21. 广州天兰服饰有限公司（一般纳税人，以下简称公司），以生产女性时装为主。2016年11月公司部分经济业务如下，根据以下业务做出相应会计分录：

【业务1】5日，现金支付基本生产车间空调设备的修理费，价款600元，增值税额102元。

【业务2】7日，向深圳宏发贸易有限公司购入布料一批，取得的增值税专用发票，价款300 000元，增值税51 000元。取得增值税专用发票，另外对方代垫材料运杂费1 000元,增值税110元,取得增值税专用发票,材料已验收入库,开出商业承兑汇票(期限4个月)。

【业务3】7日，公司发现上月向深圳宏发贸易有限公司所购的一批材料有质量问题，该材料价款100 000元，增值税17 000元。决定退货，材料商同意退货并退款，公司在同时收到材料商开具的红字增值税专用发票的发票联和抵扣联，款未收。

【业务4】7日，公司收到投资人的一套生产设备作为投资，投资方开出增值税专用发票上的注明价款200 000元，增值税34 000元，货物已验收入库。假设该项投资享有本公司股份为 220 000 元。

【业务 5】9 日，公司委托深圳颖儿服装公司加工服装，发出材料 100 000 元，支付加工费 40 000 元及增值税款 6 800 元。另支付往返运输费共 200 元，增值税 22 元，加工费及运输费均取得增值税专用发票，付款。

【业务 6】12 日，公司支付本公司的电话费及网络费用（委托付款），取得增值税专用发票，基础电信费用为 2 000 元，增值税 220 元（税率 11%）。

【业务 7】13 日，公司委托广州风行媒体有限公司制作广告，支付广告费 150 000 元，增值税 9 000 元（税率 6%），取得增值税专用发票，付款。

【业务 8】15 日，公司向艾尔服装有限公司出售一项专利技术，该专利技术账面价值 200 000 元，累计摊销 60 000 元，售价 300 000 元，增值税 18 000 元（税率 6%），开出增值税专用发票，收款 318 000 元。

【业务 9】14 日，向桂花服饰有限公司转让一项专利的使用权，价款 100 000 元，增值税 6 000 元（税率 6%），开出增值税专用发票，收款 106 000 元。

【业务 10】19 日，公司为销售部门购进房屋一套，取得增值税专用发票，价款 300 万元，增值税 33 万元，开出支票付款。

【业务 11】20 日，公司购入一套不需安装生产设备，取得增值税发票，价款 80 000 元，增值税 13 600 元；另外销货方代垫运费 600 元，增值税 66 元，已取得增值税专用发票；设备直接交付使用，均付款。

【业务 12】22 日，公司出租其 2016 年 4 月 30 日前购入的仓库（公司采用适用简易计税方法），每月租金 12 000 元，增值税 600 元。开出增值税普通发票，收款。

【业务 13】24 日，公司向大新百货公司销售服装一批，开出的增值税专用发票，价款 9 000 000 元，增值税 153 000 元，已发出货物，款未收。

【业务 14】25 日，公司将一批材料对外投资，成本 500 000 元，增值税率 85 000 元，双方协商投资价为 585 000 元。

【业务 15】27 日，公司将一批服装送给福利院，该服装成本为 20 000 元，市场价为 30 000 元。

【业务 16】2 日，公司向春之花百货发出服装一批，委托其代销，售价 300 000 元（成本 150 000 元）；30 日收到受托方春之花百货送来代销清单，开具增值税专用发票，销售额为 300 000 元，增值税 51 000 元，款项尚未收到。另受托方收取代销费用为 40 000 元，增值税 2 400 元（增值税税率为 6%），收到增值税专用发票。

【业务 17】30 日，公司因管理不善，发生火灾烧毁仓库，损失原材料一批，成本 100 000 元，其进项税额 17 000 元；损失服装 500 套（每套成本 1 000 元，每套含原材料成本 600 元，该批原材料原已扣税 51 000 元）。

参考答案

【业务 18】30 日，结转应交未交增值税。

第三章 消费税及其会计核算

学习目标

通过学习本章，学生应了解消费税的概念及特点，了解消费税的纳税人、税目及税率、纳税环节、消费税纳税义务的发生时间、消费税应税额的计算，掌握消费税的会计处理方法及消费税的申报与缴纳。

第一节 消费税概述

情景导入

某酒厂2016年5月发生如下业务：以外购粮食白酒和自产白酒勾兑的散装白酒1吨并销售，取得不含税收入3.8万元，货款已快到。计算应纳消费税（比例税率20%，定额税率0.5/斤）。

一、消费税的概念

消费税是指对消费品和特定的消费行为按消费流转额征收的一种商品税。一般可分为一般消费税和特别消费税。前者是对所有消费品普遍征税；后者主要对特定消费品征税。我国现行消费税是对我国境内从事生产、委托加工和进口应税消费品的单位和个人，就其应税消费品征收的一种税，属于特别消费税。

《中华人民共和国消费税
暂行条例》

《中华人民共和国消费税暂行
条例实施细则》

消费税的立法宗旨是调节我国消费结构，正确引导消费方向，抑制超前消费，确保国家的财政收入。因此，消费税的立法集中体现了国家的产业政策和消费政策，以及消费税作为国家经济结构宏观调控手段的特性。

知识拓展

从 20 世纪 70 年代开始，消费税是日本最受关注的议题。1978 年时任日本首相的大平正芳首次提出"消费税"的构想。不过由于自民党选举失利，所以不得不取消。1986 年，中曾根康弘首相改称消费税为"卖上税"，再次提出这个构想，但是不成功。1988 年，竹下登首相实现消费税构想，并于翌年施行。

日本在导入消费税同时，废止"物品税"。物品税的税率依据物品种类而定，并不是所有的物品都被课税。但是征收消费税，除了土地交易和房地出租以外，对所有的物品和服务课税统一税率。

二、消费税的特点

消费税是以应税消费品为课税对象的一种税，在应税产品的选择、税率的设计等方面，与其他流转税相比具有以下特点。

1. 消费税的课税对象具有一定的选择性

消费税的课税对象具有一定的选择性，其调节范围主要包括：特殊消费品、奢侈品、高能耗产品、不可再生的稀缺资源消费品；一些税基宽广、消费普遍、征收消费税不会影响人民生活水平，具有一定财政意义的普通消费品。

2. 消费税在生产环节实行单环节征收

我国消费税的纳税环节确定在生产环节（金银首饰除外），具有较大的隐蔽性，容易被消费者所接受，可减少消费税对社会的影响。同时，为了避免重复征税，在应税消费品脱离生产环节进入流通领域后，就不再征收，具有征收环节单一性的特点。

3. 消费税采用产品差别税率，实行价内征收

消费税按照产品不同来设置税目，分别制定高低不同的税率或税额，以具体规定消费税调节的范围。消费税实行价内征收，即消费税是产品价格的组成部分，税与价格互相补充，共同发挥调节经济的杠杆作用。

4. 消费税没有减免税

消费税选择征收的消费品一般为需求弹性较大的非生活必需品，是由有相应消费能力的消费者负担的一种税，不需要通过减免税来满足不合理的消费需求。为了公平税负，确保国家财政收入，充分发挥消费税调节社会特殊消费的作用，除出口的应税消费品外，其余应税消费品一律不得减税免税。

三、消费税的纳税人

在中国境内从事生产、委托加工及进口应税消费品的单位和个人，为消费税纳税人。
具体来说，消费税的纳税人包括以下 3 种情况。

1）生产销售（包括自用）的应税消费品，以生产销售单位和个人为纳税人，由生

产者直接缴纳。

　　2）委托加工的应税消费品，以委托的单位和个人为纳税人，由受托方代扣代缴消费税款。所谓委托加工的应税消费品，是指由委托方提供原料和主要材料，受托方只收取加工费和代垫部分辅助材料加工的应税消费品。委托加工的应税消费品直接出售的，不再缴纳消费税。

《关于跨境电子商务零售
进口税收政策的通知》

　　3）进口的应税消费品，以进口的单位和个人为纳税人，由海关代为征收。

四、消费税的税目及税率

1. 税目

　　根据《中华人民共和国消费税暂行条例》规定，我国消费税税目共有 15 个，即烟，酒及酒精，化妆品，贵重首饰及珠宝玉石，鞭炮焰火，成品油，小汽车，摩托车，高尔夫球及球具，高档手表，游艇，木制一次性筷子，实木地板，电池，涂料。

2. 税率

　　消费税采用比例税率、定额税率和复合税率三种形式，以适应不同应税消费品的实际情况。消费税根据不同的税目或子目确定相应的税率或单位税额。其中，黄酒、啤酒、成品油适用定额税率。卷烟、粮食白酒、薯类白酒适用复合税率。现行消费税税目税率（税额）如表 3-1 所示。

表 3-1　现行消费税税目和税率表

税目	子目		税率
一、烟	1. 卷烟	（1）每标准条（200 支）调拨价 70 元以上的（含 70 元，不含增值税）	比率税率：56% 定额税率：150 元 / 标准箱（50 000 支）0.003 元 / 支
		（2）每标准条（200 支）调拨价 70 元以下的（不含增值税）	比率税率：36% 定额税率：150 元 / 标准箱（50 000 支）0.003 元 / 支
		批发	比率税率：11%， 定额税率：0.005 元 / 支加征从量税
	2. 雪茄烟		36%
	3. 烟丝		30%

续表

税目	子目		税率
二、酒	1. 啤酒	(1) 每吨出厂价格（含包装物及包装物押金，不含增值税）3 000 元（含）以上的	250 元 / 吨
		(2) 每吨出厂价格（含包装物及包装物押金，不含增值税）3 000 元以下的	220 元 / 吨
		(3) 娱乐业和饮食业自制的	250 元 / 吨
	2. 粮食白酒、薯类白酒		比率税率：20%；定额税率：0.5 元 / 斤（500 克）或 0.5 元 /500 毫升
	3. 黄酒		240 元 / 吨
	4. 其他酒		10%
三、成品油	1. 汽油		1.52 元 / 升
	2. 柴油		1.2 元 / 升
	3. 石脑油		1.52 元 / 升
	4. 溶剂油		1.52 元 / 升
	5. 润滑油		1.52 元 / 升
	6. 燃料油		1.2 元 / 升
	7. 航空煤油		1.2 元 / 升（暂缓征收）
四、鞭炮、焰火	—		15%
五、贵重首饰及珠宝玉石	1. 除镀金（银）、包金（银）首饰以及镀金（银）、包金（银）的镶嵌首饰以外的金银首饰；铂金首饰；钻石及钻石饰品		5% 零售环节征收
	2. 其他金银珠宝首饰；珠宝玉石		10% 生产环节征收
六、高尔夫球及球具	—		10%
七、高档手表销售价格（不含增值税）每只在 10 000（含）元以上的各类手表	—		20%
八、游艇	—		10%
九、木制一次性筷子	—		5%
十、实木地板	—		5%
十一、小汽车	1. 乘用车		
	(1) 汽缸容量（排气量，下同）在 1.0 升（含）以下		1%
	(2) 汽缸容量（排气量，下同）在 1.5 升（含）以下		3%
	(3) 汽缸容量在 1.5 升至 2.0 升（含）		5%
	(4) 汽缸容量在 2.0 升至 2.5 升（含）		9%
	(5) 汽缸容量在 2.5 升至 3.0 升（含）		12%
	(6) 汽缸容量在 3.0 升至 4.0 升（含）		25%
	(7) 汽缸容量在 4.0 升以上		40%
	2. 中轻型商用客车		5%
十二、摩托车	1. 汽缸容量 250 毫升		3%
	2. 汽缸容量 250 毫升以上		10%
	3. 超豪华小汽车（每辆不含税价 130 万元以上）		零售环节 10% 征收
十三、高档化妆品	—		15%
十四、电池	铅蓄电池		4%
十五、涂料	—		4%

《电池 涂料消费税征收
管理有关事项》

《关于调整化妆品消费
税政策的通知》

《超豪华小汽车加征消
费税有关事项通知》

【提示】消费税的 15 个税目怎么记忆？根据消费税所体现的"富人"形象，可以编一个小故事：脸上浓【妆】艳抹，手戴【高档手表】，脖子上挂着【贵重首饰及珠宝玉石】；餐馆吃饭用【木制一次性筷子】，抽着【烟】，喝着【酒】；豪宅要铺【实木地板】、用许多【涂料】，出则以车代步——小路骑【摩托车】，公路开【小汽车】，海上开【游艇】，不怕爆【胎（汽车轮胎）】，只忧【汽油】和【电池】不够；闲时玩玩【高尔夫球及球具】，乐时放放【鞭炮焰火】。

五、纳税环节

纳税人生产的应税消费品，于纳税人销售时纳税。纳税人自产自用的应税消费品、用于连续生产应税消费品的，不纳税；用于其他方面的，于移送使用时纳税。

委托加工的应税消费品，除受托方为个人外，由受托方在向委托方交货时代收代缴税款。委托加工的应税消费品，委托方用于连续生产应税消费品的，所纳税款准予按规定抵扣。所称委托加工的应税消费品，是指由委托方提供原料和主要材料，受托方只收取加工费和代垫部分辅助材料加工的应税消费品。

委托个人加工的应税消费品，由委托方收回后缴纳消费税。

进口的应税消费品，于报关进口时纳税。金银首饰在零售环节征税。

 想一想： 在商店卖的纯金摆件，要交消费税吗？

六、消费税纳税义务的发生时间

1）纳税人销售应税消费品的，按不同的销售结算方式分别为：

① 采取赊销和分期收款结算方式的，为书面合同约定的收款日期的当天，书面合同没有约定收款日期或者无书面合同的，为发出应税消费品的当天。

② 采取预收货款结算方式的，为发出应税消费品的当天。

③ 采取托收承付和委托银行收款方式的，为发出应税消费品并办妥托收手续的当天。

④ 采取其他结算方式的，为收讫销售款或者取得索取销售款凭据的当天。

2）纳税人自产自用应税消费品的，为移送使用的当天。

3）纳税人委托加工应税消费品的，为纳税人提货的当天。

4）纳税人进口应税消费品的，为报关进口的当天。

第二节　消费税的计算

情景导入

在学习消费税的概念和纳税范围时，细心的李强发现消费税的税率不仅出现了像增值税一样的以价格为基础计算的比例税率，如高档手表是 20%，也出现了以数量为计税依据的消费税商品，如每吨黄酒的消费税是 240 元，可卷烟和白酒的税率却不知道该怎样计算，到底卷烟和白酒怎样计算应纳消费税呢？

一、消费税的计算方法

按照现行消费税法的基本规定，消费税应纳税额的计算分为从价定率、从量定额和复合计税 3 种计算方法。

1. 从价定率计算方法

对实行从价定率计算方法计算的应税消费品，以其销售额为计税依据。销售额是指纳税人有偿转让应税消费品所取得的全部收入，即纳税人销售应税消费品向购买方收取的全部价款和价外费用，全部价款中包含消费税税额，但不包括增值税税额。

含增值税销售额的换算：

应税消费品的销售额 ＝ 含增值税的销售额 ÷（1 ＋增值税税率或征收率）

"价外费用"指纳税人在价款之外收取的基金、集资费、返还利润、补贴、违约金（延期付款利息）、手续费、包装费、储备费、优质费、运输装卸费、代收款项、代垫款项以及其他各种性质的价外收费。但下列款项不包括在内：①承运部门的运费发票开具给购货方的；②纳税人将该项发票交给购货方的。

除此之外的其他价外费用，无论是否属于纳税人的收入，均应并入销售额计算纳税。

2. 从量定额计算方法

对实行从量定额计算方法的应税消费品，以其销售数量为计税依据。销售数量是指应纳税消费品的数量，由于纳税人的生产经营方式不同，其含义也有所不同，具体含义是：

1）销售应税消费品的，为应税消费品的销售数量。

2）自产自用应税消费品的，为应税消费品的移送使用数量。

3）委托加工应税消费品的，为纳税人收回的应税消费品的数量。

4）进口的应税消费品，为海关核定的应税消费品的进口征税数量。

在实行从量定额计算方法的应税消费品中，黄酒和啤酒是以吨为计税单位，规定单位税额；成品油是以升为计税单位，规定单位税额。在实际生产经营过程中，纳税人所采用的计算单位可能会与规定的计税单位不一致，这就需要在计算应纳税额时将其先换算成规定的计税单位。税法规定的换算标准如下：

① 啤酒 1 吨 = 988 升 ；　　　② 黄酒 1 吨 = 962 升 ；

③ 汽油 1 吨 = 1388 升 ；　　　④ 柴油 1 吨 = 1176 升 ；

⑤ 石脑油 1 吨 = 1385 升 ；　　⑥ 溶剂油 1 吨 = 1282 升 ；

⑦ 润滑油 1 吨 = 1126 升 ；　　⑧ 燃料油 1 吨 = 1015 升 ；

⑨ 航空煤油 1 吨 = 1246 升 。

【例 3-1】

2016 年 9 月 2 日，某市中石化股份有限公司销售汽油 20 吨给白云加油站，每吨 3 200 元（汽油 1 吨 = 1 388 升），增值税税率为 17%，消费税每升 1.52 元。试计算应交消费税和增值税税额。

应交消费税 = 20 吨 × 1 388 升 / 吨 × 1.52 元 / 升 = 42 195.2（元）

应交增值税 = 20 × 3 200 × 17% = 10 880（元）

3. 从价定率和从量定额混合计算方法（即复合计税）

根据消费税法的规定，卷烟和白酒实行从价定率和从量定额相结合的复合计征方法征收消费税。

【提示】现行消费税中，只有卷烟和白酒的消费税实行复合计征。

销售额为纳税人生产销售卷烟、白酒向购买方收取的全部价款和价外费用。销售数量为纳税人生产销售、进口、委托加工、自产自用卷烟、白酒的销售数量、海关核定数量、委托方收回数量和移送使用数量。

二、消费税应纳税额的计算

消费税实行从价定率、从量定额，或者从价定率和从量定额复合计税（以下简称复合计税）的办法计算应纳税额。纳税人销售的应税消费品，以人民币计算销售额。纳税人以人民币以外的货币结算销售额的，应当折合成人民币计算。

1. 实行从价定率办法计算

实行从价定率办法计算，即按销售额计算应纳消费税。计算公式为

应纳税额 = 销售额 × 比例税率

2. 实行从量定额办法计算

实行从量定额办法计算，即按销售数量计算应纳税额。计算公式为

应纳税额 = 销售数量 × 定额税率

3. 实行复合计税办法计算

实行复合计税办法计算，既按销售额计算应纳消费税，又按销售数量计算应纳税额。计算公式为

应纳税额 = 销售额 × 比例税率 + 销售数量 × 定额税率

《关于白酒消费税最低计税价格核定问题的公告》

【例 3-2】

　　双龙汽车股份有限公司 2016 年 8 月 1 日销售气缸容量为 3.0 升的乘用车共 10 辆，出厂价格为 25 万元 / 辆（不含增值税），开出增值税专用发票，价款 250 万元。计算双龙汽车股份有限公司应缴纳的消费税（假设每辆汽车的计税价格为 23 万元）及增值税。

　　双龙汽车股份有限公司应交消费税 ＝ 10 × 230 000 × 12% ＝ 276 000（元）

　　　　应交增值税（销项税额）＝ 10 × 2 500 000 × 17% ＝ 425 000（元）

　　借：银行存款　　　　　　　　　　　　　　　　　2 925 000

　　　　贷：主营业务收入　　　　　　　　　　　　　　　2 500 000

　　　　　　应交税费——应交增值税（销项税额）　　　　425 000

　　借：税金及附加　　　　　　　　　　　　　　　　276 000

　　　　贷：应交税费——应交消费税　　　　　　　　　　276 000

【例 3-3】

　　10 月，三花酒业集团售米酒(白酒)20 吨，取得销售收入 500 000 元(不含增值税，假设国家规定的消费税计税价格为 600 000 元)。计算当月应交消费税税额。

　　1 吨 ＝ 1000 公斤；1 公斤 ＝ 1000 克；白酒适用的消费税税率为 20% 加 0.5 元 /500 克。

　　借：银行存款　　　　　　　　　　　　　　　　　585 000

　　　　贷：主营业务收入　　　　　　　　　　　　　　　500 000

　　　　　　应交税费——应交增值税（销项税额）　　　　85 000

　　　　应交消费税 ＝ 20 × 1 000 × 1 ＋ 600 000 × 20% ＝ 140 000（元）

　　借：税金及附加　　　　　　　　　　　　　　　　140 000

　　　　贷：应交税费——应交消费税　　　　　　　　　　140 000

三、应税消费品消费税的具体计算方法

1. 纳税人销售自产应税消费品的销售额及消费税的计算

　　1）纳税人销售自己生产的应税消费品，其销售额的确定与计征增值税的销售额相同，即销售额包括应向购买方收取的全部价款和价外费用，但不包括应向购买方收取的增值税额。

【例3-4】

3月，九江卷烟生产企业（增值税一般纳税人），销售乙类卷烟1500标准条，取得不含增值税销售额75 000元。已知向乙类卷烟征收消费税，适用的比例税率为36%，定额税率为0.003元/支，1标准条有200支；增值税税率为17%。计算该企业当月应交消费税税额。

根据消费税法律制度的规定，卷烟实行从价定率和从量定额复合方法计征消费税。

应交消费税 = 75 000×36% + 1 500×200×0.003 = 27 000 + 900 = 27 900（元）

会计处理如下。

借：银行存款		87 750
贷：主营业务收入		75 000
应交税费——应交增值税（销项税额）		12 750
借：税金及附加		27 900
贷：应交税费——应交消费税		27 900

【提示】消费税的3种计税方法，简而言之，就是从价定率的只管价格，不管数量或重量，从量定额的只管数量或重量，不管价格，到复合计征的价格、数量、重量都要管。

如果纳税人应税消费品的销售额中未扣除增值税税款或者因不得开具增值税专用发票而发生价款和增值税税款合并收取的，在计算消费税时，应当换算为不含增值税税款的销售额。

其换算公式为

应税消费品的销售额 = 含增值税的销售额 ÷（1 +增值税税率或者征收率）

2）销售额中包含的价外费用。

【例3-5】

某市怡安木材加工厂是小规模纳税人，12月份销售木制一次性筷子取得价款41 200元（含增值税），请计算当月应交的增值税、消费税额（鞭炮消费税税率为15%）。

应交增值税 = [41 200÷（1 + 3%）]×3% = 1 200（元）

应交消费税 = [41 200÷（1 + 3%）]×5% = 2 000（元）

会计处理如下。

借：银行存款		41 200
贷：主营业务收入		40 000
应交税费——应交增值税		1 200
借：税金及附加		2 000
贷：应交税费——应交消费税		2 000

3）为了避免重复征税，纳税人用以下外购和委托加工的已税消费品生产应税消费品的，规定可从其应纳消费税额中扣除当期生产领用的外购已税消费品的已纳消费税税款：

① 已税烟丝为原料生产的卷烟。

② 已税化妆品为原料生产的化妆品。

③ 已税珠宝玉石为原料生产的贵重首饰及珠宝玉石（不含在零售环节征税的金银镶嵌首饰）。

④ 已税鞭炮焰火为原料生产的鞭炮焰火。

⑤ 已税摩托车为原料生产的摩托车。

⑥ 已税杆头、杆身和握把为原料生产的高尔夫球杆。

⑦ 已税木制一次性筷子为原料生产的木制一次性筷子。

⑧ 已税实木地板为原料生产的实木地板。

⑨ 已税汽油、柴油、燃料油、石脑油、润滑油为原料生产的应税成品油。

【提示】用外购和委托加工的酒、汽油、柴油、小汽车用于连续生产的不能扣税。

扣除外购已税消费品的已纳税款的计算公式为

应税消费品应纳税额＝销售额 × 消费税率－当期生产领用的消费品已纳消费税

当期生产领用的外购消费品已纳消费税＝当期生产领用的外购应税消费品的买价

× 消费税率

＝［期初库存＋本期购入－期末库存］

× 消费税率

【例 3-6】

某市雄鹰实木有限公司（一般纳税人）用加工成 A 类实木地板，B 类实木地板全部为外购，2016 年 11 月初库存 B 类实木地板 200 000 元，当月购进 B 类实木地板取得的增值税专用发票注明价款 1 000 000 元，增值税 170 000 元；期末库存 B 类实木地板 180 000 元，当月销售 A 类实木地板不含税销售额 1 500 000 元(不含税)，消费税率为 5%，计算当月可以抵扣的消费税及应交消费税。

当月生产领用 B 类实木地板买价 ＝ 200 000 ＋ 1 000 000 － 180 000 ＝ 1 020 000（元）

准予扣除的消费税 ＝ 1 020 000 × 5% ＝ 51 000（元）

应交消费税 ＝ 1 500 000 × 5% － 51 000 ＝ 24 000（元）

会计处理如下。

借：原材料——B 类实木地板   1 000 000

 应交税费——应交增值税（进项税额）   170 000

  贷：银行存款   1 170 000

借：银行存款   1 755 000

 贷：主营业务收入   1 500 000

  应交税费——应交增值税（销项税额）   255 000

借：税金及附加   24 000

 贷：应交税费——应交消费税   24 000

4）纳税人销售的应税消费品，以外汇结算销售额的，其销售额的人民币折合率可以选择结算的当天或者当月 1 日的国家外汇牌价（原则上为中间价）。纳税人应在事先确定采取何种折合率，确定后一年内不得变更。

2. 纳税人自产应税消费品消费税的计算

1）纳税人用于换取生产资料和消费资料，投资入股和抵偿债务等方面的应税消费品，应当按纳税人同类应税消费品的最高销售价格作为计税依据计算消费税。

【例 3-7】

某市赛格木业有限公司以自产的实木地板换取等值的木材一批，该实木地板的最高销售价格为 500 000 元（适用消费税税率为 5%）。实木地板成本 300 000 元，计算该批实木地板的应税销售额及消费税（上述价格均不含增值税）。

$$应交消费税 = 500\ 000 \times 5\% = 25\ 000（元）$$
$$应交增值税 = 500\ 000 \times 17\% = 85\ 000（元）$$

会计处理如下。

借：原材料——木材	500 000
应交税费——应交增值税（进项税额）	85 000
贷：主营业务收入	500 000
应交税费——应交增值税（销项税额）	85 000
借：主营业务成本	300 000
贷：库存商品	300 000
借：税金及附加	25 000
贷：应交税费——应交消费税	25 000

2）纳税人自产自用视同销售的应税消费品，用于连续生产的不纳消费税；用于生产非应税消费品、在建工程等其他方面视同销售的，其销售额按以下顺序确定。

纳税人自产自用的应税消费品，按照纳税人生产的同类消费品的销售价格计算纳税；没有同类消费品销售价格的，按照组成计税价格计算纳税。

同类消费品的销售价格，是指纳税人或者代收代缴义务人当月销售的同类消费品的销售价格，如果当月同类消费品各期销售价格高低不同，应按销售数量加权平均计算。但销售的应税消费品有下列情况之一的，不得列入加权平均计算：①销售价格明显偏低并无正当理由的；②无销售价格的。

如果当月无销售或者当月未完结，应按照同类消费品上月或者最近月份的销售价格计算纳税。

实行从价定率办法计算纳税的组成计税价格计算公式为

$$组成计税价格 = （成本 + 利润）\div（1 - 比例税率）$$

实行复合计税办法计算纳税的组成计税价格计算公式：

$$组成计税价格 = （成本 + 利润 + 自产自用数量 \times 定额税率）\div（1 - 比例税率）$$

涉税会计实务

公式中的成本，是指应税消费品的产品生产成本；公式中的利润，是指根据应税消费品的全国平均成本利润率计算的利润。应税消费品的全国平均成本利润率表是由国家税务总局确定的。

【知识拓展】

根据《中华人民共和国消费税暂行条例实施细则》第十七条的规定，应税消费品全国平均成本利润率规定如表 3-2 所示。

表 3-2　全国平均成本利润率规定

应税项目	成本利润率	应税项目	成本利润率
甲类卷烟	10%	贵重首饰及珠宝玉石	6%
乙类卷烟	5%	摩托车	6%
雪茄烟	5%	乘用车	8%
烟丝	5%	中轻型商用客车	5%
粮食白酒	10%	高档手表	20%
薯类白酒	5%	高尔夫球及球具	10%
其他酒	5%	游艇	10%
化妆品	5%	木制一次性筷子	5%
鞭炮、焰火	5%	实木地板	5%
电池	4%	涂料	7%

【例 3-8】

某市雅黛化妆品公司将一批自产的高档化妆品发放给职工作为福利，该批化妆品的成本为 50 000 元，暂无同类消费品销售价格，成本利润率为 5%，消费税适用税率为 15%，则其组成计税价格及应纳消费税的计算为

组成计税价格 = [50 000 ＋ （50 000×5%）] ÷ （1 － 15%） = 61 764.71 （元）

应交消费税 = 61 764.71 × 15% = 9 264.71 （元）

应交增值税 = 61 764.71 × 17% = 10 500 （元）

会计处理如下。

借：应付职工薪酬——非货币性福利　　　　　　　　72 264.71
　　贷：主营业务收入　　　　　　　　　　　　　　　61 764.71
　　　　应交税费——应交增值税（销项税额）　　　　10 500
借：主营业务成本　　　　　　　　　　　　　　　　50 000
　　贷：库存商品　　　　　　　　　　　　　　　　　50 000
借：税金及附加　　　　　　　　　　　　　　　　　9 264.71
　　贷：应交税费——应交消费税　　　　　　　　　　9 264.71

3. 委托加工的应税消费品的计税

委托加工的应税消费品，按照受托方的同类消费品的销售价格计算纳税；没有同

类消费品销售价格的，按照组成计税价格计算纳税。

实行从价定率办法计算纳税的组成计税价格计算公式：

$$组成计税价格 = （材料成本 + 加工费）÷（1 - 比例税率）$$

实行复合计税办法计算纳税的组成计税价格计算公式：

$$组成计税价格 = （材料成本 + 加工费 + 委托加工数量 × 定额税率）$$
$$÷（1 - 比例税率）$$

委托加工应税消费品的纳税人，必须在委托加工合同上如实注明（或以其他方式提供）材料成本，凡未提供材料成本的，受托方所在地主管税务机关有权核定其材料成本。

材料成本，是指委托方所提供加工材料的实际成本。

加工费，是指受托方加工应税消费品向委托方所收取的全部费用（包括代垫辅助材料的实际成本）。

【例3-9】

宇捷表业有限责任公司委托合力表业公司加高档手表一批，发出手表材料800 000元，支付不含税加工费100 000元（消费税税率为20%，成本利润率20%），则该批高档手表的组成计税价格及应纳消费税的计算如下：

$$组成计税价格 = （800\,000 + 100\,000）÷（1 - 20\%）= 112\,500（元）$$
$$应交消费税 = 112\,500 × 20\% = 22\,500（元）$$
$$应交消费税 = 112\,500 × 17\% = 191250（元）$$

 想一想： 在委托加工应税消费品时增值税和消费税的计税依据为什么是不同的？

【提示】 消费税为单环节征收，委托方加工的应税消费品由受托方代扣代缴消费税。因此，委托方将加工的应税消费品收回后直接出售的，不再征收消费税；收回后用于连续生产应税消费品的，可以比照外购应税消费品的处理从应纳消费税总额中按当期投入生产的比例抵扣已纳代扣代缴的消费税款，但委托加工的已税酒和酒精生产的酒不能抵扣。

税法规定委托加工应税消费品的消费税由受托方向委托方交货时代收代缴，因此如果受托加工企业未能履行代扣代缴消费税义务的，必须承担补交相应的消费税税款的法律责任。但对委托人为个人经营者加工的，则由委托方收回在委托方所在地缴纳消费税。

4. 进出口业务的应税消费品的计税

（1）进口应税消费品的处理

进口的应税消费品，按照组成计税价格计算纳税。

① 实行从价定率办法计算纳税的组成计税价格计算公式：

组成计税价格＝（关税完税价格＋关税）÷（1－消费税比例税率）

组成计税价格＝关税完税价格＋关税＋消费税

② 实行复合计税办法计算纳税的组成计税价格计算公式：

组成计税价格＝（关税完税价格＋关税＋进口数量×消费税定额税率）

÷（1－消费税比例税率）

进口的应税消费品，于报关进口时缴纳消费税，并由海关代征。

【例 3-10】

10月，某顺达外贸公司从国外进口一批汽缸容量300毫升的摩托车90辆，关税完税价和关税合计 900 000 元，当月全部售出，取得含增值税的销售收入1 638 000 元，消费税税率为10%，请分别计算进口和销售环节应交的增值税、消费税。

成计税价格＝900 000÷（1－10%）＝1 000 000（元）

进口环节应交增值税＝1 000 000×17%＝170 000（元）

进口环节应交消费税＝1 000 000×10%＝100 000（元）

增值税销项税额＝[1 638 000÷（1＋17%）]×17%＝238 000（元）

实际应交增值税＝238 000－170 000＝68 000（元）

会计处理如下：

借：库存商品　　　　　　　　　　　　　　　　　　　1 000 000

　　应交税费——应交增值税（进项税额）　　　　　　　170 000

　　　贷：银行存款　　　　　　　　　　　　　　　　　　1 170 000

借：银行存款　　　　　　　　　　　　　　　　　　　1 638 000

　　贷：主营业务收入　　　　　　　　　　　　　　　　　1 400 000

　　　　应交税费——应交增值税（销项税额）　　　　　　238 000

借：主营业务成本　　　　　　　　　　　　　　　　　1 000 000

　　贷：库存商品　　　　　　　　　　　　　　　　　　　1 000 000

（2）出口应税消费品的处理

纳税人出口应税消费品，免征消费税；国务院另有规定的除外。出口应税消费品的免税办法，由国务院财政、税务主管部门规定。

出口的应税消费品办理退税后，发生退关，或者国外退货进口时予以免税的，报关出口者必须及时向其机构所在地或者居住地主管税务机关申报补缴已退的消费税税款。

纳税人直接出口的应税消费品办理免税后，发生退关或者国外退货，进口时已予以免税的，经机构所在地或者居住地主管税务机关批准，可暂不办理补税，待其转为国内销售时，再申报补缴消费税。

第三节　消费税的会计处理

情景导入

　　刘梅暑期在百盛酒厂做实习会计，对以下业务的会计处理拿捏不定：2016 年 8 月，百盛酒厂向仟佰商场销售啤酒 10 吨，开具增值税专用发票，注明价款 28 000 元，增值税 4 760 元；另收取啤酒箱押金 1 000 元，双方约定仟佰商场于 9 月 22 日交还啤酒箱，否则本公司有权利没收押金。开具金额为 1 000 元的收据一张。啤酒销售款与押金均存入银行，取回银行进账单一份。同学们能帮帮刘梅吗？

　　对于消费税的会计处理，主要是依据《企业会计准则——基本准则》《企业会计准则——应用指南》《关于消费税会计处理的规定》等相关内容执行，在进行会计处理时，要根据不同的情况选择法规文件规定的处理方法，以做到会计处理的规范化、制度化。

　　凡缴纳消费税的企业，应在"应交税费"账户下设置"应交消费税"明细账户进行会计核算。

　　"应交消费税"明细账户可采用借贷余三栏式账页进行账簿记录。

　　企业发生销售行为时，要注意区分不同的情况进行处理。

一、企业生产应税消费品销售的会计处理

　　企业将生产的应税消费品直接对外销售时，应按照应交消费税额借记"税金及附加"账户，贷记"应交税费——应交消费税"账户。

　　【提示】金银首饰不在生产销售环节征税，而是在零售环节计算缴纳消费税。

二、销售退回的会计处理

　　企业已销售出去的应税消费品发生销售退回和退税时，其会计处理与直接销售时的做法方向相反，也可以用红字冲减。

三、视同销售行为的会计处理

　　企业以自产的应税消费品用于投资而按规定应缴纳的消费税，借记"长期股权投资"账户，贷记"应交税费——应交消费税"；企业以生产的应税消费品换取生产资料、抵偿债务或支付代购手续费的，比照直接销售处理；企业将生产的应税消费品用于在建工程、非生产机构等其他方面的，其按规定应交纳的消费税，借记"固定资产""在建工程""营业外支出""销售费用"等账户，贷记"应交税费——应交消费税"账户；随同产品出售但单独计价的包装物和逾期未还的包装物押金，其按规定应交纳的消费

税，借记"其他业务成本""其他应付款——包装物押金"账户，贷记"应交税费——应交消费税"账户。

【例 3-11】

德世良家居用品有限公司（一般纳税人）生产销售一批木制一次性筷子，10月份销售额为 351 000 元（含增值税款），已收款。其增值税适用税率 17%，消费税适用税率 5%，木制一次性筷子成本 180 000 元，则作会计处理如下：

不含增值税销售收入 = 351 000 ÷（1 + 17%）= 300 000（元）

应交增值税 = 300 000 × 17% = 51 000（元）

应交消费税 = 300 000 × 5% = 15 000（元）

借：银行存款　　　　　　　　　　　　　　　　351 000
　　贷：主营业务收入　　　　　　　　　　　　　　300 000
　　　　应交税费——应交增值税（销项税额）　　　 51 000
借：税金及附加　　　　　　　　　　　　　　　　 15 000
　　贷：应交税费——应交消费税　　　　　　　　　 15 000
借：主营业务成本　　　　　　　　　　　　　　　180 000
　　贷：库存商品　　　　　　　　　　　　　　　　180 000

【例 3-12】

11 月，德世良家居用品有限公司将本公司新工艺加工的木制一次性筷子 300包（每包 5 双）用于广告赠送活动。木制一次性筷子每包成本 10 元，消费税税率为 5%，成本利润率 5%，则消费税会计处理如下。

组成计税价格 = [300 × 10（1 + 5%）] ÷（1 − 5%）= 3 315.79（元）

应交消费税 = 3 315.79 × 5% = 165.79（元）

应交增值税 = 3 315.79 × 17% = 563.68（元）

借：销售费用　　　　　　　　　　　　　　　　3 729.47
　　贷：库存商品　　　　　　　　　　　　　　　 3 000
　　　　应交税费——应交消费税　　　　　　　　　165.79
　　　　　　　　——应交增值税（销项税额）　　　 563.68

【提示】上例的视同销售不通过"主营业务收入"核算，期末计算企业所得税时需要进行纳税调整。

四、委托加工应税消费品的会计处理

根据会计制度的有关规定，需要缴纳消费税的委托加工应税消费品，于委托方提货时，由受托方代扣代缴消费税，受托方按应扣税款金额借记"应收账款""银行存款"等账户，贷记"应交税费——应交消费税"账户。委托加工应税消费品收回后，直接用于对外销售的，委托方应将代扣代缴的消费税计入应税消费品的成本，借记"委托加工物资""生产成本""自制半成品"等账户，贷记"应付账款""银行存款"账户；如收回后用于连续生产应税消费品，代扣代缴的消费税予以抵扣的，委托方应按代扣代缴的消费税款，借记"应交税费——应交消费税"账户，贷记"应付账款""银行存款"等账户。

【知识拓展】

委托方将收回的应税消费品，以不高于受托方的计税价格出售的，为直接出售，不再缴纳消费税；委托方以高于受托方的计税价格出售的，不属于直接出售，需按照规定申报缴纳消费税，在计税时准予扣除受托方已代收代缴的消费税。

【例 3-13】

某市白沙卷烟厂将购入的烟叶委托红双喜卷烟厂加工成烟丝，烟叶的成本为400 000 元，加工费用 80 000 元（取得增值税专用发票，增值税为 13 600 元），同类产品售价为 800 000 元，消费税率 30%，加工收回后直接对外销售。其会计处理如下。

白沙卷烟厂发出烟叶：

借：委托加工物资　　　　　　　　　　　　　　　　　　400 000

　　贷：原材料——原料及主要材料（烟叶）　　　　　　　　　400 000

结算加工费：

$$消费税 = 800\ 000 \times 30\% = 240\ 000（元）$$

提示：在有同类产品售价的情况下，应以该同类产品的售价作为计算消费税的依据。

借：委托加工物资　　　　　　　　320 000（80 000 + 240 000）

　　应交税费——应交增值税（进项税额）　　　　　　　13 600

　　贷：应付账款——红双喜卷烟厂　　　　　　　　　　　333 600

提示：加工应税消费品收回后直接用于对外销售的，委托方应将受托方代扣代缴的消费税计入成本。

烟丝入库：

借：原材料——烟丝　　　　　　　　　　　　　　　　　720 000

　　贷：委托加工物资　　　　　　　　　　　　　　　　　　720 000

【例 3-14】

某市万宝卷烟厂将购入的烟叶委托中华卷烟厂加工成烟丝，烟叶的成本为450 000 元，加工费用 60 000 元（取得增值税专用发票，增值税为 10 200 元），同类产品售价为 900 000 元；加工收回后用于本厂生产卷烟（乙级），发生加工费用90 000 元，加工成产成品后准备对外销售。委托方中华卷烟厂的会计处理如下。

万宝发出烟叶：

借：委托加工物资　　　　　　　　　　　　　　　　　　450 000

　　贷：原材料——原料及主要材料（烟叶）　　　　　　　　　　450 000

结算加工费：

$$消费税 = 900\ 000 \times 30\% = 270\ 000$$

借：委托加工物资　　　　　　　　　　　　　　　　　　60 000

　　应交税费——应交增值税（进项税额）　　　　　　　10 200

　　应交税费——应交消费税　　　　270 000（900 000 × 30%）

　　　　贷：应付账款——中华卷烟厂　　　　　　　　　　　340 200

烟丝入库：

借：原材料——原料及主要材料（烟丝）　　　　　　　510 000

　　贷：委托加工物资　　　　　　　　　　　　　　　　　　510 000

生产领用烟丝：

借：生产成本——基本生产成本　　　　　　　　　　　510 000

　　贷：原材料——原料及主要材料（烟丝）　　　　　　　　510 000

发生加工费：

借：生产成本——基本生产成本　　　　　　　　　　　90 000

　　贷：应付职工薪酬等　　　　　　　　　　　　　　　　　90 000

产品完工入库：

借：库存商品　　　　　　　600 000（510 000 ＋ 90 000）

　　贷：生产成本——基本生产成本　　　　　　　　　　　　600 000

第四节　消费税的申报及缴纳

📢 情景导入

　　华强贸易集团总部设在广州，如果该集团深圳分公司从香港进口一批高档化妆品，要在哪里申报纳税呢？

一、消费税的纳税地点

　　消费税是属于国家税务局征收范围内的税种。

　　纳税人销售的应税消费品，以及自产自用的应税消费品，除国务院财政、税务主管部门另有规定外，应当向纳税人机构所在地或者居住地的主管税务机关申报纳税。

　　委托加工的应税消费品，除受托方为个人外，由受托方向机构所在地或者居住地的主管税务机关解缴消费税税款。

纳税人到外县（市）销售或者委托外县（市）代销自产应税消费品的，于应税消费品销售后，向机构所在地或者居住地主管税务机关申报纳税。

纳税人的总机构与分支机构不在同一县（市）的，应当分别向各自机构所在地的主管税务机关申报纳税；经财政部、国家税务总局或者其授权的财政、税务机关批准，可以由总机构汇总向总机构所在地的主管税务机关申报纳税。

委托个人加工的应税消费品，由委托方向其机构所在地或者居住地主管税务机关申报纳税。

进口的应税消费品，由进口人或者其代理人向报关地海关申报纳税。

二、消费税的纳税期限

消费税的纳税期限分别为 1 日、3 日、5 日、10 日、15 日、1 个月或者 1 个季度。纳税人的具体纳税期限，由主管税务机关根据纳税人应纳税额的大小分别核定；不能按照固定期限纳税的，可以按次纳税。

纳税人以 1 个月或者 1 个季度为 1 个纳税期的，自期满之日起 15 日内申报纳税；以 1 日、3 日、5 日、10 日或者 15 日为 1 个纳税期的，自期满之日起 5 日内预缴税款，于次月 1 日起 15 日内申报纳税并结清上月应纳税款。

纳税人进口应税消费品，应当自海关填发海关进口消费税专用缴款书之日起 15 日内缴纳税款。

三、消费税的申报与缴纳

1）纳税人按期向税务机关填报纳税申报表（表 3-3），并填开纳税缴款书，向所在地代理的银行缴纳税款。

2）纳税人按期向税务机关填报纳税申报表，由税务机关审核后填发缴款书，按期缴纳。

3）对会计核算不健全的小型业户，税务机关可根据其产销情况，按季或按年核定其应纳税额，分月缴纳。

表3-3　消费税纳税申报表

填表日期：　　年　　月　　日
纳 税 编 码
纳税人识别号
纳税人名称：　　　　　　　　　　　　　　　　　　地　　址：
税款所属期：　　年　　月　　日至　　年　　月　　日　　　　联系电话：

应税消费品名称	适用税目	应税销售额（数量）	适用税率（单位税额）	当期准予扣除外购应税消费品买价				外购应税消费品适用税率（单位税额）
				合计	期初库存外购应税消费品买价（数量）	当期购进外购应税消费品买价（数量）	期末库存外购应税消费品买价（数量）	
1	2	3	4	5 = 6 + 7 - 8	6	7	8	9

续表

合计						

应纳消费税			当期准予扣除委托加工应税消费品已纳税款			
本期	累计	当期准予扣除外购应税消费品已纳税款	合计	期初库存委托加工应税消费品已纳税款	当期收回委托加工应税消费品已纳税款	期末库存委托加工应税消费品已纳税款
15 = 3×4 − 10 或 3×4 − 11 或 3×4 − 10 − 11	16	10 = 5×9	11 = 12 + 13 − 14	12	13	14

已纳消费税		本期应补（退）税金额			
本期	累计	合计	上期结算税额	补交本年度欠税	补交以前年度欠税
17	18	19 = 15 − 17 + 20 + 21 + 22	20	21	22

截至上年底累计欠税额	本年度新增欠税额		减免税额	预缴税额	多缴税额
	本期	累计			
23	24	25			

如纳税人填报，由纳税人填写以下各栏		如委托代理人填报，由代理人填写以下各栏				备注
会计主管： （签章）	纳税人 （公章）	代理人名称		代理人 （公章）		
		代理人地址				
		经办人		电话		
以下由税务机关填写						
收到申报表日期		接收人				

练 习 题

一、单项选择题

1. 下列不属于消费税税目的是（　　）。

A. 烟　　　　　　　　　　　　B. 高档化妆品

C. 贵重首饰及珠宝玉石　　　　D. 汽车轮胎

2. 下列不属于复合计税的是（　　）。

A. 成品油　　　B. 卷烟　　　C. 粮食白酒　　　D. 薯类白酒

3. 纳税人用于换取生产资料和消费资料，投资入股和抵偿债务等方面的应税消费品，应当按纳税人同类应税消费品的（　　）作为计税依据计算消费税。

A．最低销售价格 　　　　　　　　　　B．最高销售价格

C．平均销售价格 　　　　　　　　　　D．组成价格

4．委托加工的应税消费品，按照受托方的同类消费品的销售价格计算纳税；没有同类消费品销售价格的，按照（　　　）计算纳税。

A．成本价 　　　　B．公允价值 　　　　C．评估价 　　　　D．组成计税价格

5．下列不属于消费税的纳税期限的是（　　　）。

A．1 日 　　　　　B．5 日 　　　　　C．20 日 　　　　D．15 日

6．纳税人以 1 个月或者 1 个季度为 1 个纳税期的，自期满之日起（　　　）内申报纳税。

A．3 日 　　　　　B．5 日 　　　　　C．15 日 　　　　D．1 个月

7．高档手表消费税税率为（　　　）。

A．20% 　　　　　B．10% 　　　　　C．5% 　　　　　D．25%

8．（　　　）起，对铅蓄电池按 4% 税率征收消费税。

A．2016 年 1 月 1 日 　　　　　　　　B．2015 年 2 月 1 日

C．2015 年 12 月 31 日 　　　　　　　D．2016 年 12 月 31 日

9．下列不属于从价计税的项目有（　　　）。

A．小汽车 　　　　B．成品油 　　　　C．高档化妆品 　　D．高档手表

10．卷烟批发环节，增加（　　　）的消费税。

A．3% 　　　　　　B．5% 　　　　　　C．10% 　　　　　D．15%

二、多项选择题

1．消费税是对在我国境内（　　　）的应税消费品征收的一种税。

A．生产 　　　　　B．委托加工 　　　　C．进口 　　　　D．出口

2．消费税是对特定消费品的消费行为征收的一个税种，它的基本特点是（　　　）。

A．国家选择一部分消费品征税

B．消费税只是在消费品的生产销售环节和进口环节征税

C．消费税实行差别较大的比例税率或定额税率

D．消费税税源具有转嫁性

3．消费税采用（　　　）形式计算。

A．比例税率 　　　B．定额税率 　　　C．复合税率 　　　D．超额累进税率

4．下列属于消费税税目的是（　　　）。

A．鞭炮、焰火 　　B．成品油 　　　　C．小汽车 　　　　D 高档手表

5．（　　　）适用于定额税率。

A．卷烟 　　　　　B．黄酒 　　　　　C．啤酒 　　　　　D．成品油

6．纳税人销售应税消费品的，按不同的销售结算方式分别为（　　　）。

A．采取赊销和分期收款结算方式的，为书面合同约定的收款日期的当天

B．采取预收货款结算方式的，为预收货款的当天

C．采取托收承付和委托银行收款方式的，为发出应税消费品并办妥托收手续的当天

D．采取其他结算方式的，为收讫销售款或者取得索取销售款凭据的当天

7．为了避免重复征税，纳税人用以下（　　）外购和委托加工的已税消费品生产应税消费品的，规定可从其应纳消费税额中扣除当期生产领用的外购已税消费品的已纳消费税税款（　　）。

A．已税烟丝为原料生产的卷烟

B．已税化妆品为原料生产的化妆品

C．已税鞭炮焰火为原料生产的鞭炮焰火

D．已税摩托车为原料生产的摩托车

8．从价计税的项目有（　　）。

A．成品油 B．游艇

C．木制一次性筷子 D．实木地板

9．复合从价计税的项目有（　　）。

A．甲类卷烟 B．乙类卷烟

C．黄酒 D．白酒

10．消费税的会计处理可能涉及的账户有（　　）。

A．营业税金及附加 B．应交税费

C．委托加工物资 D．固定资产清理

三、判断题

1．消费税是指对所有商品按消费流转额征收的一种商品税。　　　　（　　）

2．金银首饰、钻石及钻石饰品，由生产、进口环节纳税，改为在零售环节纳税。（　　）

3．纳税人自产自用的应税消费品，用于连续生产应税消费品的，不纳税。（　　）

4．委托加工的应税消费品，除受托方为个人外，由委托方在向委托方交货时代收代缴税款。　　　　（　　）

5．实行复合计税办法计算纳税的组成计税价格计算公式：组成计税价格＝（关税完税价格＋关税）÷（1－消费税比例税率）。　　　　（　　）

6．消费税是属于地方税务局征收范围内的税种。　　　　（　　）

7．纳税人到外县（市）销售或者委托外县（市）代销自产应税消费品的，于应税消费品销售后，向机构所在地或者居住地主管税务机关申报纳税。　　　　（　　）

8．进口的应税消费品，以进口的单位和个人为纳税人，由海关代为征收。（　　）

9．委托个人加工的应税消费品，由受托方收回后缴纳消费税。　　（　　）

10．委托加工应税消费品收回后，直接用于对外销售的，委托方应将代扣代缴的

消费税计入应税消费品的成本。　　　　　　　　　　　　　　　　　　（　　）

四、业务题

1. 8月份，大宇汽车股份有限公司销售气缸容量为2.5升的乘用车共20辆，出厂价格为30万元／辆（不含增值税），开出增值税专用发票，价款600万元，请计算大宇汽车股份有限公司应缴纳的消费税（假设每辆汽车的计税价格为28万元）及增值税。做出销售、消费税会计分录。

2. 10月份，枝江酒业集团销售米酒（白酒）10吨，取得销售收入400 000元（不含增值税，假设国家规定的消费税计税价格为500 000元），计算增值税、消费税并做销售、消费税会计分录。

3. 3月，红塔卷烟集团（增值税一般纳税人），销售乙类卷烟1000标准条，取得不含增值税销售额90 000元。已知乙类卷烟消费税比例税率为36%，定额税率为0.003元／支，1标准条有100支；增值税税率为17%。计算该企业当月应纳消费税税额，并做销售、消费税会计分录。

4. 卡威高尔夫球具用品有限公司生产的球具中杆头全部为外购，10月初库存杆头80 000元，当月购进杆头取得的增值税专用发票注明价款900 000元，增值税153 000元；期末库存杆头100 000元，当月销售不含税销售额1 500 000元，消费税率为10%，计算增值税、消费税，并做购货、销售、消费税会计分录。

5. 雅姿化妆品公司将一批自产的高档化妆品送给福利院，该批化妆品的成本为10 000元，暂无同类消费品销售价格，成本利润率为5%，消费税适用税率为15%。计算增值税、消费税并做相应会计分录。

6. 雅姿化妆品公司将一批自产的高档化妆品发放给职工作为福利，该批化妆品的成本为48 000元，同类消费品销售价格为90 000元，消费税适用税率为15%，计算其组成计税价格及应纳消费税，并做相应会计分录。

7. 10月，舒达外贸公司从国外进口一批汽缸容量200毫升的摩托车100辆，关税完税价和关税合计810 000元，当月全部售出，取得含增值税的销售收入1 404 000元，消费税税率为3%，计算进口和销售环节的增值税、消费税并做相应会计分录。

8. 11月，大良家居用品有限公司将本公司新工艺加工的木制一次性筷子400包（每包5双）用于广告赠送活动。木制一次性筷子每包成本10元，售价18元，消费税税率为5%。计算增值税、消费税并做相应会计分录。

9. 10月份，广州友谊商店销（一般纳税人）售黄金饰品，收入795 600元（含税价），该黄金饰品的成本为450 000元。做出销售、计提消费税、结转成本的会计分录。

10. 鸿禧卷烟厂将购入的烟叶委托万宝卷烟厂加工成烟丝，烟叶的成本为300 000元，加工费60 000元（取得增值税专用发票，增值税为10 200元），同类产品售价为600 000元，消费税率30%，加工收回后直接对外销售。计算消费税，并做会计分录。

11. 鸿塔卷烟厂将购入的烟叶委托双喜卷烟厂加工成烟丝，烟叶的成本为 500 000 元，加工费用 80 000 元（取得增值税专用发票，增值税为 13 600 元），同类产品售价为 820 000 元，消费税率 30%，加工收回后将继续加工成为乙类卷烟。计算消费税，并做会计分录。

参考答案

第四章 附加税与烟叶税及其会计核算

学习目标

　　通过学习本章，学生应了解城市维护建设税、教育费附加和烟叶税的概念及特点，了解城市维护建设税、教育费附加和烟叶税的纳税人、税率、纳税环节，城市维护建设税、教育费附加和烟叶税纳税义务的发生时间、纳税地点，城市维护建设税、教育费附加和烟叶税的计算，掌握城市维护建设税、教育费附加和烟叶税的会计处理方法及增值税的申报与缴纳。

第一节　城市维护建设税及其会计核算

情景导入

　　某市南湖旅游公司月末应交未交增值税为 40 283.02 元。该公司应交的城市维护建设税是多少？

一、城市维护建设税的含义及特点

　　城市维护建设税是对从事工商经营，缴纳增值税、消费税、营业税的单位和个人征收的一种税。

中华人民共和国城市维护建设税暂行条例

城市维护建设税具有以下特点。

1）税款专款专用，具有收益税性质。

2）属于一种附加税。

3）根据城镇规模设计税率。

4）征收范围较广。

二、城市维护建设税的基本规定

1. 征收范围

城市维护建设税的征收范围包括城市、县城、建制镇，以及税法规定征收增值税、消费税的其他地区。城市、县城、建制镇应根据行政区划作为划分标准。

2. 纳税人

凡缴纳增值税、消费税的单位和个人，都是城市维护建设税的纳税义务人。

3. 税率

纳税人所在地在市区的，税率为 7%；纳税人所在地在县城、镇的，税率为 5%；纳税人所在地不在市区、县城或镇的，税率为 1%。

开采海洋石油资源的中外合作油气田所在地在海上，其城市维护建设税税率适用 1%。

对下列两种情况，可按缴纳增值税、消费税所在地的适用税率缴纳。

1）由受托方代扣代缴、代收代缴增值税、消费税的单位和个人，其代扣代缴、代收代缴的城建税按受托方所在地的适用税率缴纳。

2）对流动经营等无固定纳税地点的单位和个人，应随同增值税、消费税在经营地按适用税率缴纳。

中外合作开采石油资源适用城市维护
建设税教育费附加有关事宜的公告

4. 计税依据

城市维护建设税，以纳税人实际缴纳的增值税、消费税为计税依据（不含滞纳金、罚款；不包括进口代征增值税、消费税）。

5. 应纳税额的计算

应纳税额的计算公式为

$$应纳税额 = 实际缴纳的增值税和消费税税额 \times 适用税率$$

6. 纳税地点

1）纳税人直接缴纳增值税、消费税的，在缴纳增值税、消费税地缴纳城市维护建设税。

2）代扣代缴的纳税地点。代征、代扣代缴增值税、消费税的企业单位，同时也要代征、代扣代缴城市维护建设税。

纳税人异地预缴增值税有关城市维护
建设税和教育费附加政策问题的通知

7. 城市维护建设税的特殊规定

1）对海关进口产品征收增值税、消费税的，不征收城市维护建设税。

2）对于因减免增值税、消费税而发生的退税，可同时退还已纳的城市维护建设税。但对出口产品退还增值税、消费税的，不退还已缴纳的城市维护建设税。生产企业出口货物实行免、抵、退税办法后，经国家税务局正式审核批准的当期免抵的增值税税额应纳入城市维护建设税和教育费附加的计征范围，分别按规定的税（费）率征收城市维护建设税和教育费附加。

3）对国家石油储备基地建设第一期项目建设过程中涉及的营业税、城市维护建设税、教育费附加、城镇土地使用税、印花税、耕地占用税和契税予以免征。

4）对新办的商贸企业（从事批发、批零兼营以及其他非零售业务的商贸企业除外），当年新招用下岗失业人员达到职工总数的 30% 以上（含 30%），与其签订 1 年以上期限劳动合同的，经劳动保障部门认定，税务机关审核，3 年内免征城市维护建设税。

5）对下岗失业人员从事个体经营（除建筑业、娱乐业及广告业、桑拿、按摩、网吧、氧吧外），自领取税务登记证之日起，3 年内免征城市维护建设税和教育费附加。

6）为支持国家重大水利工程建设，对国家重大水利工程建设基金，自 2010 年 5 月 25 日免征城市维护建设税。

7）自 2004 年 1 月 1 日起，对为安置自谋职业的城镇退役士兵就业而新办的商业零售企业，当年新安置自谋职业的城镇退役士兵达到职工总数 30% 以上，并与其签订 1 年以上期限劳动合同的，经县级以上民政部门认定，税务机关审核，3 年内免征城市维护建设税、教育费附加和企业所得税。

8）被撤销金融机构清偿债务免税。从《金融机构撤销条例》生效之日起，对被撤销金融机构及其分支机构（不包括所属企业）财产用来清偿债务时，免征其转让货物、不动产、无形资产、有价证券、票据等应缴纳的城市维护建设税。

8. 纳税期限

由于城市维护建设税是由纳税人在缴纳增值税、消费税时同时缴纳的，所以其纳税期限分别与增值税、消费税的纳税期限一致。

三、缴纳城市维护建设税的会计核算

企业在"应交税费"账户下设置"应交城市维护建设税"明细账户，核算企业应交城市维护建设税的发生和缴纳。按应交的增值税、消费税计提时，借记"营业税金

表4-1 城建税、教育费附加、地方教育附加税（费）申报表

税款所属期限：自 年 月 日 至 年 月 日　　　填表日期： 年 月 日　　　　金额单位：元至角分

纳税人识别号											□单位 □个人
纳税人信息	名称				所属行业						
	登记注册类型				联系方式						
	身份证件号码										

税（费）种	计税（费）依据				税率（征收率）	本期应纳税（费）额	本期减免税（费）额		本期已缴税（费）额	本期应补（退）税（费）额
	增值税	消费税	营业税	合计			减免性质代码	减免额		
	一般增值税	免抵税额								
	1	2	3	4	5=1+2+3+4	6	7=5×6	8	9	10	11=7-9-10
城建税										
教育费附加										
地方教育附加										
合计	—			—	—					

纳税人声明	此纳税申报表是根据《中华人民共和国城市维护建设税暂行条例》《国务院征收教育费附加的暂行规定》和国家有关税收收定填报的，是真实的、可靠的、完整的。	以下由纳税人填写：	
纳税人签章		代理人签章	代理人身份证号
受理人	以下由税务机关填写： 受理日期 年 月 日		受理税务机关签章

纳税人声明下方文字：《财政部关于统一地方教育附加政策有关问题的通知》

本表一式两份，一份纳税人留存，一份税务机关留存。

减免性质代码：减免性质代码按照国家税务总局制定下发的最新《减免性质及分类表》中的最新减免须细减免性质代码填报

及附加"账户，贷记"应交税费——应交城市维护建设税"账户；缴纳时，借记"应交税费—应交城市维护建设税"账户，贷记"银行存款"账户。

【例 4-1】

南湖旅游公司月末应交的城市维护建设税为 2 819.81 元。其会计处理如下：

借：税金及附加   2 819.81

  贷：应交税费——应交城市维护建设税   2 819.81

【例 4-2】

某企业 2016 年 10 月应缴增值税为 230 万元，其中符合退税的 13 万元，缴纳消费税 80 万元，因故被加收滞纳金 0.25 万元。计算本月应缴城市维护建设税。

应交城市维护建设税 =（230–13+80）×7%=20.79（万元）

会计处理如下：

借：税金及附加   207 900

  贷：应交税费——应交城市维护建设税   207 900

四、城市维护建设税纳税申报表

城建税、教育费附加、地方教育附加税（费）申报表具体格式如表 4-1 所示。

第二节 教育费附加及其会计核算

🐷 情景导入

某市南湖旅游公司月末应交未交增值税为 40 283.02 元。

请问：该公司应交的教育费附加是多少？

一、教育费附加的含义

凡缴纳增值税、消费税的纳税人，就其实际缴纳的上述税额征收的一种附加。教育费附加由地方税务机关负责征收，专项用于发展教育事业。征收教育费附加目的是多渠道筹集教育经费，改善中小学办学条件，加快地方教育事业的发展，教育费附加具有专款专用的性质。1986 年 4 月 28 日，国务院发布《征收教育费附加的暂行规定》，同年 7 月 1 日开始在全国范围内征收教育费附加。为贯彻落实《国家中长期教育改革和发展规划纲要（2010—2020 年）》，进一步规范和拓宽财政性教育经费筹资渠道，支持地方教育事业发展，根据国务院有关工作部署和具体要求，2010 年 11 月 7 日，财政部对统一地方教育附加政策做了相关规定，将地方教育附加的征收标准调整为 2‰。

征收教育费附加
的暂行规定

关于统一地方教育附加
政策有关问题的通知

二、教育费附加的主要内容

1）教育费附加征收范围。

凡缴纳增值税、消费税的单位和个人，都要缴纳教育费附加。自 2010 年 12 月 1 日起，对外商投资企业、外国企业及外籍个人开始征收教育费附加。

2）计征依据和征收率。

教育费附加的计依据，是纳税人实际缴纳增值税、消费税的税额，征收率为 3%。纳税人在申报增值税、消费税的同时到地税部门申报交纳教育费附加。

3）教育费附加的计算。

教育费附加应纳税额＝纳税人实际缴纳的消费税、增值税税额 × 征收率 3%

地方教育费附加应纳税额＝纳税人实际缴纳的消费税、增值税税额 × 征收率 2%

4）教育费附加的缴纳地点、缴纳环节、缴纳期限、奖惩等事项，比照消费税、增值税、营业税的有关规定办理。

5）教育费附加的减免规定。

① 对海关进口产品征收增值税、消费税的，不征收教育费附加。

② 对于因减免税增值税、消费税而发生的退税，可同时退还已征收的教育费附加。但对出口产品退还增值税、消费税的，不退还已证的教育费附加。

③ 对新办的商贸企业（从事批发、批零兼营及其他非零售业务的商贸企业除外），当年新招用下岗失业人员达到职工总数的 30% 以上（含 30%），与其签订 1 年以上期限劳动合同的，经劳动保障部门认定，税务机关审核，3 年内免征教育费附加。

④ 对下岗失业人员从事个体经营（除建筑业、娱乐业以及广告业、桑拿、按摩、网吧、氧吧外），自领取税务登记证之日起，3 年内免征教育费附加。

⑤ 为支持国家重大水利工程建设，对国家重大水利工程建设基金，自 2010 年 5 月 25 日免征城市维护建设税。

⑥ 自 2004 年 1 月 1 日起，对为安置自谋职业的城镇退役士兵就业而新办的商业零售企业，当年新安置自谋职业的城镇退役士兵达到职工总数 30% 以上，并与其签订 1 年以上期限劳动合同的，经县级以上民政部门认定，税务机关审核，3 年内免征城市维护建设税、教育费附加和企业所得税。

⑦ 被撤销金融机构清偿债务免税。从《金融撤销条例》生效之日起，对被撤销金融机构及其分支机构（不包括所属企业）财产用来清偿债务时，免征其转让货物、不动产、

无形资产、有价证券、票据等应缴纳的教育费附加。

6）纳税期限。

由于教育费附加是由纳税人在缴纳增值税、消费税时同时缴纳的，所以其纳税期限分别与增值税、消费税的纳税期限一致。

三、缴纳教育费附加的会计核算

企业在"应交税费"账户下设置"应交教育费附加""应交地方教育费附加"明细账户，核算企业应交教育费附加的发生和缴纳。按应交的增值税、消费税计提时，借记"营业税金及附加"账户，贷记"应交税费——应交教育费附加"账户；缴纳时，借记"应交税费——应交教育费附加"账户，贷记"银行存款"账户。

【例 4-3】

某市南湖旅游公司月末应交的教育费附加为 1 208.49 元。其会计处理如下：

借：税金及附加　　　　　　　　　　　　　　　　　　　2 014.15
　　贷：应交税费——应交教育费附加　　　　　　　　　1 208.49
　　　　　　　　——应交地方教育费附加　　　　　　　　805.66

【例 4-4】

某企业 2016 年 10 月应缴增值税为 230 万元，其中符合退税的 13 万元，缴纳消费税 80 万元，因故被加收滞纳金 0.25 万元。计算本月应交教育费附加。其会计处理如下：

$$应交教育费附加 ＝（230–13+80）×3\%=8.91（万元）$$
$$应交地方教育费附加 ＝（230–13+80）×2\%=5.94（万元）$$

借：税金及附加　　　　　　　　　　　　　　　　　　　148 500
　　贷：应交税费——应交教育费附加　　　　　　　　　89 100
　　　　　　　　——应交地方教育费附加　　　　　　　59 400

【例 4-5】

2016 年 11 月份，安娜家纺有限公司月末应交未交的增值税为 272 517 元，计算其应交的城市维护建设税及教育费附加。其会计处理如下：

$$应交城建税 =272\ 517×7\%=19\ 076.19（元）$$
$$应交教育费附加 =272\ 517×3\%=8\ 175.51（元）$$

借：税金及附加　　　　　　　　　　　　　　　　　　　27 251.7
　　贷：应交税费——应交城市维护建设税　　　　　　　19 076.19
　　　　　　　　——应交教育费附加　　　　　　　　　8 175.51

四、教育费附加的纳税申报

根据南湖旅游公司资料填制《城建税、教育费附加、地方教育附加税（费）申报表》，申报教育费附加、地方教育费附加。

第三节　烟叶税及其会计处理

情景导入

某市烟草公司系增值税一般纳税人，7 月月末收购烟叶 20 000 千克，烟叶收购价格为 10 元 / 斤（含补贴），总计 200 000 元，

请问：该公司应交的烟叶税是多少？

一、烟叶税的含义及特点

在中华人民共和国境内收购烟叶（指晾晒烟叶、烤烟叶）的单位为烟叶税的纳税人，应当依法缴纳烟叶税。烟叶税是以纳税人收购烟叶的收购金额为计税依据征收的一种税。

1994 年我国进行了税制改革，取消了原产品税和工商统一税，并于同年 1 月 30 日发布《国务院关于对农业特产收入征收农业税的规定》。其中规定对烟叶在收购环节征收，税率为 31%。1999 年，将烟叶特产农业税的税率下调为 20%。 2004 年 6 月，根据《中共中央国务院关于促进农民增加收入若干政策的意见》，财政部、国家税务总局下发《关于取消除烟叶外的农业特产农业税有关问题的通知》，规定从 2004 年起，除对烟叶暂保留征收农业特产农业税外，取消对其他农业特产品征收的农业特产农业税。2005 年 12 月 29 日，十届全国人大常委会第十九次会议决定，《中华人民共和国农业税条例》自 2006 年 1 月 1 日起废止。至此，对烟叶征收农业特产农业税失去了法律依据。2006 年 4 月 28 日，国务院公布了《中华人民共和国烟叶税暂行条例》，并自公布之日起施行。

中华人民共和国烟叶税暂行条例

二、纳税人

在中华人民共和国境内收购烟叶的单位为烟叶税的纳税人。

三、纳税对象

烟叶税的纳税对象是指晾晒烟叶和烤烟叶。

四、计税依据及计征方法

烟叶税的计税依据是烟叶收购金额。"收购金额"，包括纳税人支付给烟叶销售者的烟叶收购价款和价外补贴。按照简化手续、方便征收的原则，对价外补贴统一暂按烟叶收购价款的 10% 计入收购金额征税。

$$收购金额 = 收购价款 \times （1+10\%）$$

五、税率

烟叶税实行比例税率，烟叶的税率为 20%。

六、计征方法

根据（财税〔2006〕140 号）规定，对烟叶税纳税人按规定缴纳的烟叶税，准予并入烟叶产品的买价计算增值税的进项税额，并在计算缴纳增值税时予以抵扣。即购进烟叶准予抵扣的增值税进项税额，按照《中华人民共和国烟叶税暂行条例》及《财政部 国家税务总局印发〈关于烟叶税若干具体问题的规定〉的通知》（财税〔2006〕64 号）规定的烟叶收购金额和烟叶税及法定扣除率（13%）计算。烟叶收购金额包括纳税人支付给烟叶销售者的烟叶收购价款和价外补贴，价外补贴统一暂按烟叶收购价款的 10% 计算。用公式表示如下：

$$烟叶准予抵扣的进项税额 = （烟叶收购金额 + 烟叶税） \times 13\%$$

其中，

$$烟叶收购金额 = 烟叶收购价款 \times （1+10\%）。$$

$$应交烟叶税 = 烟叶收购金额 \times 税率。$$

七、征收管理

烟叶税的征收机关是地方税务机关，烟叶税的征收管理，依照《中华人民共和国税收征收管理法》执行。

纳税人应当自纳税义务发生之日起 30 日内申报纳税。具体纳税期限由主管税务机关核定。

【例 4-6】

广州双喜烟草公司系增值税一般纳税人，7 月月末收购烟叶 20 000 千克，烟叶收购价格 10 元 / 斤（含补贴），总计 200 000 元，货款已全部支付（烟叶未入库）。8 月月初烟叶提回并验收入库，则相关账务处理如下：

烟叶准予抵扣的增值税进项税额 =[200 000+200 000 × 20%] × 13%=31 200（元）

① 7 月末，收购烟叶，货款已全部支付（烟叶未入库）：

借：在途物资　　　　　　　　　　　　　　　　　　　　　208 800

　　　应交税费——应交增值税（进项税额）　　　　　　　31 200
　　　　贷：银行存款　　　　　　　　　　　　　　　　200 000
　　　　　　应交税费——烟叶税　　　　40 000（200 000×20%）
　　②8月初，烟叶提回入库时，根据收料单等凭证作账务处理：
　　借：原材料——烟叶　　　　　　　　　　　　　　　208 800
　　　　贷：在途物资　　　　　　　　　　　　　　　　208 800

根据例4-6中的资料填制《烟叶税纳税申报表》（表4-2）。

表4-2　烟叶税纳税申报表

纳税人名称：　　　　　　　　　　　　　　　　　　　申报日期：　年　月　日

纳税人识别号（统一社会信用代码）：

税款所属期：　年　月　日至　　年　月　日

金额单位：元（列至角分）

烟叶收购金额	税率	应纳税额	已纳税额	应入库税额
1	2	3=1×2	4	5=3-4
烟叶购买金额	税率	应纳税额	已纳税额	应入库税额
合计				

纳税人声明：

我（单位）已知悉本事项相关政策和管理要求。此表填报的内容是真实、完整、可靠的，提交的资料真实、合法、有效。如有虚假内容，愿承担法律责任。

　　　　　　　　　　　　　　　　　纳税人（签章）：　　　　　年　　月　　日

如代理人填报，应填写以下内容

兹授权＿＿＿＿＿＿＿＿＿＿＿为我（单位）税务代理人，代为办理我（单位）此项税务事宜。任何与本报表有关的来往文件都可寄与此人。 授权人（签章）：　　　年　　月　　日	代理人证件类型： 证件号码： 代理人： 代理人联系电话：

法定代表人 （负责人）		财务负责人		经办人
此栏由税务机关填写	受理人：	受理日期：	受理税务机关（盖章）：	

注：1. 根据《中华人民共和国税收征收管理法》的规定，纳税人、扣缴义务人若不如实申报，将承担虚假申报、偷（逃）税的法律责任。

　　2. 本表一式两份，一份纳税人留存，一份税务机关留存。

练 习 题

一、单项选择题

　　1. 城市维护建设税的征收范围不包括（　　　）。

A．城市　　　　　B．县城　　　　　C．建制镇　　　　D．乡村

2．教育费附加的税率是（　　）。

A．7%　　　　　　B．5%　　　　　　C．3%　　　　　　D．1%

3．对新办的商贸企业（从事批发、批零兼营以及其他非零售业务的商贸企业除外），当年新招用下岗失业人员达到职工总数的 30% 以上，与其签订 1 年以上期限劳动合同的，经税务机关审核，（　　）内免征教育费附加。

A．1 年　　　　　B．3 年　　　　　C．2 年　　　　　D．5 年

4．对下岗失业人员从事个体经营（除建筑业、娱乐业及广告业、桑拿、按摩、网吧、氧吧外），自领取税务登记证之日起，（　　）内免征城市维护建设税和教育费附加。

A．1 年　　　　　B．2 年　　　　　C．3 年　　　　　D．5 年

5．按照简化手续、方便征收的原则，对烟叶价外补贴统一暂按烟叶收购价款的（　　）计入收购金额征税。

A．10%　　　　　B．20%　　　　　C．30%　　　　　D．15%

二、多项选择题

1．城市维护建设税的特点有（　　）。

A．税款专款专用，具有收益税性质　　　B．属于一种附加税

C．根据城镇规模设计税率　　　　　　　D．征收范围较广

2．城市维护建设税的税率有（　　）。

A．7%　　　　　　B．5%　　　　　　C．3%　　　　　　D．1%

3．城市维护建设税会计处理涉及的会计科目有（　　）。

A．营业税金及附加　　　　　　　　　　B．其他业务成本

C．应交税金　　　　　　　　　　　　　D．固定资产清理

4．教育费附加的减免规定包括（　　）。

A．对海关进口产品征收增值税、消费税的，不征收教育费附加

B．对于因减免税增值税、消费税而发生的退税，可同时退还已征收的教育费附加

C．对出口产品退还增值税、消费税的，不退还已证的教育费附加

D．被撤销金融机构清偿债务免税

5．烟叶税的"收购金额"，包括纳税人支付给烟叶销售者的（　　）。

A．烟叶收购价款　　　　　　　　　　　B．价外补贴

C．运费　　　　　　　　　　　　　　　D．包装费

三、判断题

1．凡缴纳增值税、消费税的单位和个人，都是城市维护建设税的纳税义务人。（　　）

2．开采海洋石油资源的中外合作油气田所在地在海上，其城市维护建设税税率适用 5%。　　　　　　　　　　　　　　　　　　　　　　　　　　　　（　　）

3．城市维护建设税，以纳税人实际缴纳的增值税、消费税为计税依据（含滞纳金、罚款；包括进口代征增值税、消费税）。 （　　）

4．代征、代扣代缴增值税、消费税的企业单位，同时也要代征、代扣代缴城市维护建设税。 （　　）

5．由于城市维护建设税是由纳税人在缴纳增值税、消费税时同时缴纳的，所以其纳税期限分别与增值税、消费税的纳税期限一致。 （　　）

6．教育费附加由国家税务机关负责征收，专项用于发展教育事业。 （　　）

7．烟叶税是以纳税人销售烟叶的收购金额为计税依据征收的一种税。 （　　）

四、实务题

2016 年 10 月份，雅兰家纺有限公司月末应交未交的增值税为 200 000 元，计算其应交的城市维护建设税（7%）、教育费附加（3%）及地方教育费附加（2%）并做出会计分录。

参考答案

第五章 企业所得税及其会计核算

学习目标

　　通过学习本章，学生应了解企业所得税的概念及特点，了解企业所得税的纳税人、税目及税率、纳税环节，个人所得税纳税义务的发生时间，个人所得税应税额的计算，掌握企业所得税的会计处理方法及企业所得税的申报与缴纳。

第一节　企业所得税概述

情景导入

　　润发有限公司是一家商品流通企业，2016年度公司获得利润20万元（年收入为600万元，成本费用580万元），企业所得税税率为25%。润发有限公司的企业所得税怎样计算？

　　若润发有限公司2016年度亏损20万元，是否不需要缴纳所得税？

一、企业所得税的概念

　　企业所得税是对在我国境内的企业和其他取得收入的组织的生产经营所得和其他所得征收的所得税。

　　企业分为居民企业和非居民企业。

《中华人民共和国
企业所得税法》

《中华人民共和国企业
所得税法实施条例》

二、企业所得税的计税原理

　　企业所得税的计税依据是利润，即应纳税所得额，而非收入。企业所得税的核心之一是确定应纳税所得额，准确计算应纳税所得额是正确计算应缴所得税的前提。

根据《中华人民共和国企业所得税法》规定：企业每一纳税年度的收入总额，减除不征税收入、免税收入、各项扣除及允许弥补的以前年度亏损后的余额，为应纳税所得额。企业以货币形式和非货币形式从各种来源取得的收入，为收入总额。

在计算应纳税所得额时，企业财务、会计处理办法与税收法律、行政法规的规定不一致的，应当依照税收法律、行政法规的规定计算。

三、纳税义务人

企业所得税的纳税义务人是指在中华人民共和国境内的企业和其他取得收入的组织。《中华人民共和国企业所得税法》第一条规定，除个人独资企业、合伙企业不适用企业所得税法外，中华人民共和国境内的企业和其他取得收入的组织（以下统称企业）为企业所得税的纳税人，依照法律规定缴纳企业所得税。

企业所得税的纳税义务人分为居民企业和非居民企业。根据国际上的通行做法，我国选择了地域管辖权和居民管辖权的双重管辖权标准，最大限度地维护了我国的税收利益。

1. 居民企业

居民企业，是指依法在中国境内成立，或者依照外国（地区）法律成立但实际管理机构在中国境内的企业。包括国有企业、集体企业、私营企业、联营企业、股份制企业、外商投资企业、外国企业及有生产、经营所得和其他所得的其他组织。

2. 非居民企业

非居民企业，是指依照外国（地区）法律成立且实际管理机构不在中国境内，但在中国境内设立机构、场所的，或者在中国境内未设立机构、场所，但有来源于中国境内所得的企业。

实际管理机构，是指对企业的生产经营、人员、账务、财产等实施实质性全面管理和控制的机构。

上述所说机构、场所，是指在中国境内从事生产经营活动的机构、场所，包括以下内容。

1）管理机构、营业机构、办事机构。

2）工厂、农场、开采自然资源的场所。

3）提供劳务的场所。

4）从事建筑、安装、装配、修理、勘探等工程作业的场所。

5）其他从事生产经营活动的机构、场所。

6）非居民企业委托营业代理人在中国境内从事生产经营活动的，包括委托单位或者个人经常代其签订合同，或者储存、交付货物等，该营业代理人视为非居民企业在中国境内设立的机构、场所。

四、征税对象

企业所得税的征税对象为企业的各项所得，从内容上看包括生产经营所得、其他所得和清算所得（综合所得税模式），从范围上看包括来源于中国境内、境外的所得。

1. 居民企业的征税对象

居民企业应当就其来源于中国境内、境外的所得缴纳企业所得税。包括销售货物所得、提供劳务所得、转让财产所得、股息红利等权益性投资所得、利息所得、租金所得、特许权使用费所得、接受捐赠所得和其他所得。

2. 非居民企业的征税对象

1）非居民企业在中国境内设立机构、场所的，应当就其所设机构、场所取得的来源于中国境内的所得，以及发生在中国境外但与其所设机构、场所有实际联系的所得，缴纳企业所得税。

2）非居民企业在中国境内未设立机构、场所的，或者虽设立机构、场所但取得的所得与其所设机构、场所没有实际联系的，应当就其来源于中国境内的所得缴纳企业所得税。

3）所得来源地的确定。

所得来源地的确定说明如表 5-1 所示。

表 5-1　所得来源地的确定说明

项目	说明
销售货物所得	按照交易活动发生地确定
提供劳务所得	按照劳务发生地确定
转让财产所得	① 不动产转让所得按照不动产所在地确定； ② 动产转让所得按照转让动产的企业或者机构、场所所在地确定； ③ 权益性投资资产转让所得按照被投资企业所在地确定
股息、红利等权益性投资所得	按照分配所得的企业所在地确定
利息所得、租金所得、特许权使用费所得	按照负担、支付所得的企业或者机构、场所所在地确定，或者按照负担、支付所得的个人的住所地确定
其他所得	由国务院财政、税务主管部门确定

五、税率

企业所得税的税率即据以计算企业所得税应纳税额的法定比。基本税率为 25%。税率表见表 5-2。

表 5-2　企业所得税税率表

类别	税率	适用范围
基本税率	25%	① 居民企业 ② 在中国境内设有机构、场所且所得与机构、场所有关联的非居民企业
低税率	20%（实际 10%）	① 中国境内未设立机构、场所的，有来自于中国境内的所得 ② 虽设立机构、场所但取得的所得与其所设构、场所没有实际联系的非居民企业
优惠税率	20%	小型微利企业
	15%	高新技术企业

【知识拓展】

小型微利企业的划分标准。

1）资产总额：工业企业不超过 3 000 万元，其他企业不超过 1 000 万元；

2）从业人数，工业企业不超过 100 人，其他企业不超过 80 人；

3）税收指标，年度应纳税所得额不超过 30 万元。

符合以上 3 个标准的才是小型微利企业。

高新技术企业的认定条件

第二节　企业所得税的优惠政策

情景导入

明达公司是一家小微企业，2016 年年度利润为 15 万元，假设该企业没有调整事项。

请问：该小微企业的企业所得税有无优惠政策？若有，明达公司 2016 年的企业所得税是多少？

一、税收优惠概念

税收优惠，是指国家运用税收政策在税收法律、行政法规中规定对某部分特定企业和课税对象给予减轻或免除税收负担的一种措施，是国家干预经济的重要手段之一。

税收优惠政策是税法对某些纳税人和征税对象给予鼓励和照顾的一种特殊规定，是国家对重点扶持和鼓励发展的产业和项目，给予企业所得税优惠。主要税收优惠包括免税收入，免征与减征优惠，小型微利企业优惠，国家需要重点扶持的高新技术企业优惠，加计扣除优惠，创业投资企业优惠，加速折旧优惠，减计收入优惠，民族自治地方的优惠，企业综合利用资源的优惠，企业购置用于环境保护、节能节水、安全生产等专用设备的优惠。

企业所得税的优惠政策

财政部税务总局关于扩大小型微利
企业所得税优惠政策范围的通知

二、企业免税收入

企业免税收入项目见表5-3。

表5-3 免税收入项目

免税收入	1. 国债利息收入	
	2. 符合条件的居民企业之间的股息、红利等权益性投资收益	
	3. 在中国境内设立机构、场所的非居民企业从居民企业取得与该机构、场所有实际联系的股息、红利等权益性投资收益	
	4. 符合条件的非营利组织的收入	① 接受其他单位或者个人捐赠的收入； ② 除《中华人民共和国企业所得税法》第七条规定的财政拨款以外的其他政府补助收入，但不包括因政府购买服务取得的收入； ③ 按照省级以上民政、财政部门规定收取的会费； ④ 不征税收入和免税收入滋生的银行存款利息收入； ⑤ 财政部、国家税务总局规定的其他收入

三、免征与减征优惠

企业从事以下项目，可以享受企业所得税优惠。

1) 从事农、林、牧、渔业项目的所得。

企业从事农、林、牧、渔业项目的所得，包括免征与减征两部分，见表5-4。

2) 从事国家重点扶持的公共基础设施项目投资经营的所得。

税法所说的国家重点扶持的公共基础设施项目，是指《公共基础设施项目企业所得税优惠目录》规定的港口码头、机场、铁路、公路、城市公共交通、电力、水利等项目。

企业上述规定的国家重点扶持的公共基础设施项目的投资经营的所得，减免见表5-4、表5-5。

表5-4 公共基础设施项目投资经营所得减免

免、减	项目
免征的所得	① 蔬菜、谷物、薯类、油料、豆类、棉花、麻类、糖料、水果、坚果的种植； ② 农作物新品种的选育； ③ 中药材的种植； ④ 林木的培育和种植； ⑤ 牲畜、家禽的饲养； ⑥ 林产品的采集； ⑦ 灌溉、农产品初加工、兽医、农技推广、农机作业和维修等农、林、牧、渔服务业项目； ⑧ 远洋捕捞
减半征收的所得	① 花卉、茶及其他饮料作物和香料作物的种植； ② 海水养殖、内陆养殖

表5-5 公共基础设施项目投资经营所得减免

起始时间	纳税年度	减免
自项目取得第一笔生产经营收入所属纳税年度起	第 1～3 年	免征
	第 4～6 年	减半

3) 从事符合条件的环境保护、节能节水项目的所得。

环境保护、节能节水项目所得减免见表 5-6。

表 5-6　环境保护、节能节水项目所得减免

起始时间	纳税年度	减免
自项目取得第一笔生产 经营收入所属纳税年度起	第 1～3 年	免征
	第 4～6 年	减半

按照规定享受"从事符合条件的环境保护、节能节水项目"减免税优惠的项目，在减免税期限内转让的，受让方自受让之日起，可以在剩余期限内享受规定的减免税优惠；减免税期限届满后转让的，受让方不得就该项目重复享受减免税优惠。

4）符合条件的技术转让所得。

技术转让是指居民企业转让其拥有的技术所有权或 5 年以上（含 5 年）非独占许可使用权的行为。

技术转让所得＝技术转让收入－技术转让成本－相关税费

一个纳税年度内，居民企业技术转让所得不超过 500 万元的部分，免征企业所得税；超过 500 万元的部分，减半征收企业所得税。

5）非居民企业在中国境内未设立机构、场所的，或者虽设立机构、场所但取得的所得与其所设机构、场所没有实际联系的，其来源于中国境内的所得，减按 10% 的税率征收企业所得税。

环境保护、节能节水项目明细

6）下列所得可以免征企业所得税：①外国政府向中国政府提供贷款取得的利息所得；②国际金融组织向中国政府和居民企业提供优惠贷款取得的利息所得；③经国务院批准的其他所得。

企业从事国家限制和禁止发展的项目，不得享受企业所得税优惠。

四、小型微利企业优惠

符合条件的小型微利企业，减按 20% 的税率征收企业所得税。

根据财税〔2017〕43 号文件，自 2017 年 1 月 1 日至 2019 年 12 月 31 日，将小型微利企业的年应纳税所得额上限由 30 万元提高至 50 万元，对年应纳税所得额低于 50 万元（含 50 万元）的小型微利企业，其所得减按 50% 计入应纳税所得额，按 20% 的税率缴纳企业所得税。

五、国家需要重点扶持的高新技术企业优惠

国家需要重点扶持的高新技术企业减按 15% 征收企业所得税，这类企业必须同时符合以下 6 个条件。

1）拥有核心自主知识产权，是指在中国境内注册的企业，近 3 年内通过自主研发，受让，受赠，并购等方式，或通过 5 年以上的独占许可方式，对其主要产品的核心技术拥有自主知识产权。

2）产品属于《国家重点支持的高新技术领域》规定的范围。

3）研究开发费用占销售收入的比例不低于规定的比例：

① 最近一年小收入小于 5 000 万元的企业的，比例不低于 6%；

② 最近一年销售收入在 5 000 ～ 20 000 万元的企业，比例不低于 4%；

③ 最近一年的销售收入在 20 000 万元以上的，比例不低于 3%。

4）高新技术产品收入占企业总收入的比例不低于规定的比例，是指高新技术产品收入占企业当年总收入的 60% 以上。

5）科技人员占企业职工人数不低于规定的比例，是指具有大专以上学历的科技人员占企业当年职工总数的 30% 以上，其中研发人员占企业当年职工总数的 10% 以上。

6）高新技术企业认定管理办法规定的其他条件。

六、加计扣除优惠

加计扣除优惠包括以下两项内容。

1）开发新技术、新产品、新工艺发生的研究开发费用。指企业为开发新技术、新产品、新工艺发生的研究开发费用，未形成无形资产计入当期损益的，在按照规定据实扣除的基础上，按照研究开发费用的 50% 加计扣除；形成无形资产的，按照无形资产成本的 150% 摊销。

《关于提高科技型中小企业研究开发
费用税前加计扣除比例的通知》

科技型中小企业开展研发活动中实际发生的研发费用，未形成无形资产计入当期损益的，在按规定据实扣除的基础上，在 2017 年 1 月 1 日至 2019 年 12 月 31 日期间，再按照实际发生额的 75% 在税前加计扣除；形成无形资产的，在上述期间按照无形资产成本的 175% 在税前摊销。

2）安置残疾人员及国家鼓励安置的其他就业人员所支付的工资。指企业安置残疾人员的，在按照支付给残疾职工工资据实扣除的基础上，按照支付给残疾职工工资的 100% 加计扣除。残疾人员的范围适用《中华人民共和国残疾人保障法》的有关规定。

七、创业投资企业优惠

创业投资企业从事国家需要重点扶持和鼓励的创业投资，可以按投资额的一定比例抵扣应纳税所得额。

指创业投资企业采取股权投资方式投资于未上市的中小高新技术企业 2 年以上的，可以按照其投资额的 70% 在股权持有满 2 年的当年抵扣该创业投资企业的应纳税所得额；当年不足抵扣的，可以在以后纳税年度结转抵扣。

八、加速折旧优惠

企业的固定资产由于技术进步等原因，确需加速折旧的，可以缩短折旧年限或者采取加速折旧的方法。

九、减计收入优惠

企业综合利用资源，生产符合国家产业政策规定的产品所取得的收入，可以在计算应纳税所得额时减计收入。

企业以《资源综合利用企业所得税优惠目录》规定的资源作为主要原材料，生产国家非限制和禁止并符合国家和行业相关标准的产品取得的收入，减按90%计入收入总额。

十、民族自治地方的优惠

民族自治地方的自治机关对本民族自治地方的企业应缴纳的企业所得税中属于地方分享的部分，可以决定减征或者免征。自治州、自治县决定减征或者免征的，须报省、自治区、直辖市人民政府批准。

十一、企业综合利用资源的优惠

企业综合利用资源，生产符合国家产业政策规定的产品所取得的收入，可以在计算应纳税所得额时减计收入。

企业以《资源综合利用企业所得税优惠目录》规定的资源作为主要原材料，生产国家非限制和禁止并符合国家和行业相关标准的产品取得的收入，减按90%计入收入总额。

十二、企业购置用于环境保护、节能节水、安全生产等专用设备的优惠

企业购置用于环境保护、节能节水、安全生产等专用设备的投资额，可以按一定比例实行税额抵免。

企业购置并实际使用符合规定的环境保护、节能节水、安全生产等专用设备的，该专用设备的投资额的10%可以从企业当年的应纳税额中抵免；当年不足抵免的，可以在以后5个纳税年度结转抵免。企业购置上述专用设备在5年内转让、出租的，应当停止享受企业所得税优惠，并补缴已经抵免的企业所得税税款。

如果企业符合以上的规定，则可以到主管税务机关申请企业所得税的减免优惠。

第三节　企业所得税的计算

情景导入

美信有限公司的总经理黄明飞在看财务主管王鑫送来的年度财务报告，发现公司年度亏损10万元（年收入为420万元，成本费用410万元，其中业务招待费40万元），居然还要缴纳企业所得税。黄总很纳闷：企业都没有赚钱，怎么还要交企业所得税

29 750元？"所得税"不是应该有所得才要"交税"吗？

财务主管王鑫说："税法与会计对收入、成本和费用的定义是有区别的，会计利润是亏损，但按税法是按照应纳税所得额（计税利润）计算所得税的。在会计利润的基础上，要按照税法的规定进行纳税调整。如企业采用加速折旧法计提折旧，而税法要求用直线法；又如企业视同销售的项目会计上不计入利润，但税法上要求计入应税所得中；业务招待费等等。这些因素都会使会计利润明显比计税利润少。企业所得税是按应纳税所得额而不是按会计利润计算的，所以，公司会计利润出现亏损，并不意味公司就可以不交所得税。"

请问：美信有限公司的企业所得税 29 750 元是怎样计算出来的？

一、企业所得税应纳税所得额的计算

应纳税所得额是企业所得税的计税依据，根据《中华人民共和国企业所得税法》的规定，应纳税所得额为企业每一纳税年度的收入总额，减除不征税收入、免税收入、各项扣除及允许弥补的以前年度亏损后的余额。基本公式为

应纳税所得额＝收入总额－不征税收入－免税收入－各项扣除－以前年度亏损

1. 收入总额

企业以货币形式和非货币形式从各种来源取得的收入，为收入总额。

1）收入总额具体内容见表5-7。

表5-7　收入总额具体内容

项目	内容	说明
销售货物收入	销售商品、产品、原材料、包装物、低值易耗品以及其他存货取得的收入	
提供劳务收入	从事建筑安装、修理修配、交通运输、仓储租赁、金融保险、邮电通信、咨询经纪、文化体育、科学研究、技术服务、教育培训、餐饮住宿、中介代理、卫生保健、社区服务、旅游、娱乐、加工及其他劳务服务活动取得的收入	
转让财产收入	转让固定资产、生物资产、无形资产、股权、债权等财产取得的收入	生物资产，是指经济林、薪炭林、产畜和役畜等
股息、红利等权益性投资收益	因权益性投资从被投资方取得的收入。股息、红利等权益性投资收益，除国务院财政、税务主管部门另有规定外，应按照被投资方做出利润分配决定的日期确认收入的实现	股息、红利等权益性投资收益，除国务院财政、税务主管部门另有规定外，应按照被投资方做出利润分配决定的日期确认收入的实现
利息收入	将资金提供给他人使用但不构成权益性投资，或者因他人占用本企业资金取得的收入，包括存款利息、贷款利息、债券利息、欠款利息等收入	利息收入，应按照合同约定的债务人应付利息的日期确认收入的实现
租金收入	提供固定资产、包装物或者其他有形资产的使用权取得的收入	租金收入，应按照合同约定的承租人应付租金的日期确认收入的实现
特许权使用费收入	企业提供专利权、非专利技术、商标权、著作权以及其他特许权的使用权取得的收入	特许权使用费收入，应按照合同约定的特许权使用人应付特许权使用费的日期确认收入的实现
接受捐赠收入	接受的来自其他企业、组织或者个人无偿给予的货币性资产、非货币性资产	接受捐赠收入，应按照实际收到捐赠资产的日期确认收入的实现

项目	内容	说明
其他收入	企业取得的除上述9项规定的收入外的其他收入，包括企业资产溢余收入、逾期未退包装物押金收入、确实无法偿付的应付款项、已作坏账损失处理后又收回的应收款项、债务重组收入、补贴收入、违约金收入、汇兑收益等	

2）企业的下列生产经营业务可以分期确认收入的实现：

① 以分期收款方式销售货物的，按照合同约定的收款日期确认收入的实现；

② 企业受托加工制造大型机械设备、船舶、飞机，以及从事建筑、安装、装配工程业务或者提供其他劳务等，持续时间超过12个月的，按照纳税年度内完工进度或者完成的工作量确认收入的实现。

③ 采取产品分成方式取得收入的，按照企业分得产品的日期确认收入的实现，其收入额按照产品的公允价值确定。

④ 企业发生非货币性资产交换，以及将货物、财产、劳务用于捐赠、偿债、赞助、集资、广告、样品、职工福利或者利润分配等用途的，应当视同销售货物、转让财产或者提供劳务，但国务院财政、税务主管部门另有规定的除外。

【知识拓展】

企业取得收入的货币形式，包括现金、存款、应收账款、应收票据、准备持有至到期的债券投资及债务的豁免等；企业取得收入的非货币形式，包括固定资产、生物资产、无形资产、股权投资、存货、不准备持有至到期的债券投资、劳务及有关权益等。企业以非货币形式取得的收入，应当按照公允价值确定收入额。公允价值是指按照市场价格确定的价值。

2. 不征税收入和免税收入

国家为了扶持和奖励某些特定的项目，促进经济的协调发展，对企业取得的某些收入予以不征税或免税的特殊政策。具体内容见表5-8。

表5-8　不征税收入和免税收入的内容

政策	内容	说明
不征税收入	① 财政拨款； ② 依法收取并纳入财政管理的行政事业性收费、政府性基金； ③ 国务院规定的其他不征税收入	
免税收入	① 国债利息收入：指企业持有国务院财政部门发行的国债取得的利息收入； ② 符合条件的居民企业之间的股息、红利等权益性投资收益：指居民企业直接投资于其他居民企业取得的投资收益； ③ 在中国境内设立机构、场所的非居民企业从居民企业取得与该机构、场所有实际联系的股息、红利等权益性投资收益； ④ 符合条件的非营利组织的收入。不包括非营利组织从事营利性活动取得的收入，但国务院财政、税务主管部门另有规定的除外	所述的股息、红利等权益性投资收益，不包括连续持有居民企业公开发行并上市流通的股票不足12个月取得的投资收益

3. 扣除范围和项目

（1）扣除范围

企业实际发生的与取得收入有关的、合理的支出，包括成本、费用、税金、损失和其他支出，准予在计算应纳税所得额时扣除。具体扣除范围见表 5-9。

企业的不征税收入用于支出所形成的费用或者财产，不得扣除或者计算对应的折旧、摊销扣除。

除税法另有规定外，企业实际发生的成本、费用、税金、损失和其他支出，不得重复扣除。

表 5-9　扣除范围

项目	内容	说明
成本	企业在生产经营活动中发生的销售成本、销货成本、业务支出及其他耗费	① 企业发生的损失，减除责任人赔偿和保险赔款后的余额，依照国务院财政、税务主管部门的规定扣除 ② 企业已经作为损失处理的资产，在以后纳税年度又全部收回或者部分收回时，应当计入当期收入
费用	企业在生产经营活动中发生的销售费用、管理费用和财务费用，已经计入成本的有关费用除外	
税金	企业发生的除企业所得税和允许抵扣的增值税以外的各项税金及其附加	
损失	企业在生产经营活动中发生的固定资产和存货的盘亏、毁损、报废损失，转让财产损失，呆账损失，坏账损失，自然灾害等不可抗力因素造成的损失及其他损失	
其他支出	除成本、费用、税金、损失外，企业在生产经营活动中发生的与生产经营活动有关的、合理的支出	

（2）扣除项目及其标准

扣除项目及其标准如表 5-10 所示。

表 5-10　扣除项目及其标准

主要可扣除项目	扣除标准/限额比例	说明事项 ①限额比例的计算基数 ②其他说明事项	备注
工资、薪金	据实扣	① 合理的工资薪金支出 ② 工资薪金，是指企业每一纳税年度支付给在本企业任职或者受雇的员工的所有现金形式或者非现金形式的劳动报酬，包括基本工资、奖金、津贴、补贴、年终加薪、加班工资，以及与员工任职或者受雇有关的其他支出	"合理的工资、薪金"是指企业按照股东大会、董事会、薪酬委员会或相关管理机构制订的工资，薪金制度规定实际发放给员工的工资、薪金（国税函〔2009〕3 号）
	加计 100% 扣	支付残疾人员的工资	
职工福利费	14%	工资薪金总额	
职工教育经费	2.5%	工资薪金 超过部分，准予在以后纳税年度结转扣除	除国务院财政、税务主管部门另有规定外
	8%	经认定的技术先进型服务企业	
	全额扣	软件生产企业的职工培训费用	
职工工会经费	2%	① 工资薪金总额 ② 工会经费凭工会组织开具的《工会经费拨缴款专用收据》在税前扣除，否则，不得在税前扣除	

主要可扣除项目	扣除标准/限额比例	说明事项 ①限额比例的计算基数 ②其他说明事项	备注
业务招待费	(60%, 5‰)	发生额的60%，销售或营业收入的5‰	当年销售（营业）收入包括《中华人民共和国企业所得税法实施条例》规定的视同销售（营业）收入额
广告费和业务宣传费	15%	① 当年销售（营业）收入 ② 超过部分，准予在以后纳税年度结转扣除国务院财政、税务主管部门另有规定外	当年销售（营业）收入包括《中华人民共和国企业所得税法实施条例》规定的视同销售（营业）收入额
	30%	① 当年销售（营业）收入 ② 化妆品制作、医药制造、饮料制造（不含酒类制造）企业	
公益性捐赠支出	12%	年度利润（会计利润）总额	年度利润总额，是指企业依照国家统一会计制度的规定计算的年度会计利润
借款费用	据实扣	企业在生产经营活动中发生的合理的不需要资本化的借款费用	企业为购置、建造固定资产、无形资产和经过12个月以上的建造才能达到预定可销售状态的存货发生借款的，在有关资产购置、建造期间发生的合理的借款费用，应当作为资本性支出计入有关资产的成本
利息支出	据实扣	非金融企业向金融企业借款的利息支出、金融企业的各项存款利息支出和同业拆借利息支出、企业经批准发行债券的利息支出	
	不超过部分	非金融企业向非金融企业借款的利息支出，不超过按照金融企业同期同类贷款利率计算的数额的部分	提供"金融企业的同期同类贷款利率情况说明"
住房公积金	据实扣	规定范围内	
各类基本社会保障性缴款	据实扣	规定范围内（"五费一金"：基本养老保险费、基本医疗保险费、失业保险费、工伤保险费、生育保险费等基本社会保险费和住房公积金）	
补充养老保险	5%	工资总额	
补充医疗保险	5%	工资总额	
环境保护专项资金	据实扣	按规提取，改变用途的不得扣除	
财产保险	据实扣	按规定缴纳	
租入固定资产的租赁费	按租赁期均匀扣	经营租赁租入	
	分期扣	融资租入构成融资租入固定资产价值的部分可提折旧	
劳动保护支出	据实扣	合理	企业根据其员工工作性质和特点，由企业统一制作并要求员工工作时统一着装所发生的工作服饰费用，可以作为企业合理的支出
固定资产折旧	规定范围内可扣	直线法、不超过最低折旧年限	
无形资产摊销	规定范围内可扣	直线法、不低于10年内分摊	一般无形资产
		法律或合同约定年限分摊	投资或受让的无形资产

续表

主要可扣除项目	扣除标准/限额比例	说明事项 ①限额比例的计算基数 ②其他说明事项	备注
长期待摊费用	限额内可扣	①已足额提取折旧的房屋建筑物改建支出，按预计尚可使用年限分摊 ②租入房屋建筑物的改建支出，按合同约定的剩余租赁期分摊 ③固定资产大修理支出，按固定资产尚可使用年限分摊	其他长期待摊费用，摊销年限不低于3年
开办费	可以扣	开始经营当年一次性扣除或作为长期待摊费用摊销	
低值易耗品摊销	据实扣		

【知识拓展】

税务机关在对工资、薪金进行合理性确认时，可按以下原则掌握：①企业制定了较为规范的员工工资、薪金制度；②企业所制定的工资、薪金制度符合行业及地区水平；③企业在一定时期所发放的工资、薪金是相对固定的，工资、薪金的调整是有序进行的；④企业对实际发放的工资、薪金，已依法履行了代扣代缴个人所得税义务；⑤有关工资、薪金的安排，不以减少或逃避税款为目的。

【例 5-1】

科达有限公司 2016 年度实发工资总额 200 万元，发生职工福利费共 29 万元；拨缴工会经费 3 万元；发生职工教育经费 5.6 万元。则

（1）准予扣除的职工福利费

① 扣除职工福利费的限额 =200×14%=28（万元）

② 实际发生职工福利费 =29（万元）

③ 实际准予扣除的职工福利费 =28（万元）

（2）准予扣除的工会经费

① 扣除工会经费的限额 =200×2%=4（万元）

② 实际发生的工会经费 =3（万元）

③ 实际准予扣除的工会经费 =3（万元）

（3）准予扣除的职工教育经费

① 扣除职工教育经费的限额 =200×2.5%=5（万元）

② 实际发生的职工教育经费 =5.6（万元）

③ 实际准予扣除的职工教育经费 =5（万元）

超过的 0.6 万元可在以后纳税年度结转扣除。

（3）不得扣除项目

不得扣除项目如表 5-11 所示。

【例 5-2】

科达有限公司 2016 年向非金融机构借款 900 万元，用于生产经营活动。当年发生的利息支出 61.2 万元，金融机构同类、同期贷款利率为 5%。则准予扣除的利息支出：

① 扣除利息支出的限额 =900 万元 ×5%=45（万元）

② 实际发生利息支出 =61.2（万元）

③ 实际准予扣除的利息支出 =45（万元）

【例 5-3】

科达有限公司 2016 年全年营业收入 6 000 万元，实际发生业务招待费 60 万元；实际发生广告费和业务宣传费支出 910 万元。则

（1）准予扣除的业务招待费

① 扣除业务招待费的限额 =60 万元 ×60%=36（万元）

　　　　　　　　　　　　=6 000 万元 ×5‰=30（万元）

② 实际准予扣除的业务招待费 =30（万元）

（2）准予扣除的广告费和业务宣传费

① 扣除广告费和业务宣传费的限额 =6 000 万元 ×15%=900（万元）

② 实际发生广告费和业务宣传费支出 =910（万元）

③ 本年实际准予扣除的广告费和业务宣传费 =900（万元）

超过的 910 − 900=10（万元）可在以后纳税年度结转扣除。

表 5-11　不得扣除项目

主要不得扣除项目	说明
向投资者支付的股息、红利等权益款项	
企业所得税税款	
税收滞纳金	纳税人违反税收法规，被税务机关处以的滞纳金
罚款、罚金和被没收财物损失	纳税人违反国家有关法规、法律规定，被有关部门处以的罚款，以及被司法机关处以的罚金和被没收财物损失
广告费和业务宣传费	烟草企业的烟草广告费
利息支出	非金融企业向非金融企业，超过同期同类计算数额
超标的捐赠支出	超过国家规定允许扣除的公益性捐赠
赞助支出	与企业生产经营活动无关的非广告性质支出
资产减值准备	根据《中华人民共和国企业所得税法实施条例》规定，除财政部、国家税务总局核准计提的准备金可以税前扣除外，其他行业、企业计提的各项资产减值准备、风险准备等准备金支出不得税前扣除
不征税收入用于支出所形成费用	包括不征税收入用于支出所形成的财产，不得计算对应的折旧、摊销扣除
其他商业保险	国务院财政、税务主管部门规定可以扣除的除外
企业之间支付的管理费	如上缴总机构管理费

续表

主要不得扣除项目	说明
企业内营业机构间支付的租金	
企业内营业机构间支付的特许权使用费	
企业内营业机构间支付的利息	
与取得收入无关支出	

4. 亏损弥补

企业纳税年度发生的亏损，准予向以后年度结转，用以后年度的所得弥补，但结转年限最长不得超过五年。亏损弥补期限是自亏损年度报告的下一个年度起连续 5 年不间断地计算。

按照税法调整后的亏损额；以亏损年度的下一年算起，连续计算五年，中间不得中断；先亏先补，后亏后补。

【例 5-4】

高源有限公司 8 年间应纳税所得额情况见（表 5-12）。

表 5-12　8 年应纳税所得额　　　　单位：万元

年度	2008	2009	2010	2011	2012	2013	2014	2015
应纳税所得额情况	−100	20	−40	20	20	30	−20	95

则该公司 8 年间须缴纳的企业所得税计算如下。

① 2008 年亏损 100 万元，弥补年份为 2009~2013 年（剩余 10 万元尚未弥补完）。

$$20+20+20+30=90（万元）\qquad 90-100=-10（万元）$$

② 2010 年亏损 40 万元，弥补年份为 2011~2015 年（2011 ~ 2013 年所得额用于弥补 2008 年的亏损）；2014 年亏损 20 万元，弥补年份为 2015 ~ 2019 年。2015 年所得额分别用于 2010 年和 2015 年的亏损。

$$95-40-20=35（万元）$$

由此可见，该企业 2015 年应该缴纳企业所得税税额为 35×25%=8.75（万元）。

5. 资产的税务处理

《中华人民共和国企业所得税法》规定了纳税人资产的税务处理，其目的是要通过对资产的分类，区别资本性支出与收益性支出，确定准予扣除的项目和不准扣除的项目，正确计算应纳税所得额。

企业的各项资产，包括固定资产、生物资产、无形资产、长期待摊费用、投资资产、存货等。各项资产都应以历史成本为计税基础。

（1）固定资产的税务处理（计价与折旧）

① 固定资产的计税基础。一般应以原值（即历史成本）为准。

② 固定资产折旧的范围。按规定计算的固定资产折旧，准予扣除；固定资产不得计算折旧扣除，以下内容除外：房屋、建筑物以外未投入使用的固定资产；以经营租

赁方式租入的固定资产；以融资租赁方式租出的固定资产；已足额提取折旧仍继续使用的固定资产；与经营活动无关的固定资产；单独估价作为固定资产入账的土地；其他不得计算折旧扣除的固定资产。

③ 固定资产折旧的计提。纳税人的固定资产，应当从投入使用月份的次月起计提折旧；停止使用的固定资产，应当从停止使用月份的次月起，停止计提折旧。

企业应当根据固定资产的性质和使用情况，合理确定固定资产的预计净残值。固定资产的预计净残值一经确定，不得变更。

固定资产按照直线法计算的折旧，准予扣除。

④ 固定资产折旧的计提年限。除国务院财政、税务主管部门另有规定外，固定资产折旧的计提年限见表 5-13。

表 5-13　固定资产折旧的计提年限

内　容	年限
房屋、建筑物	20 年
飞机、火车、轮船、机器、机械和其他生产设备	10 年
与生产经营活动有关的器具、工具、家具等	5 年
飞机、火车、轮船以外的运输工具	4 年
电子设备	3 年

（2）生产性生物资产的税务处理（计价与折旧）

① 生产性生物资产的计税基础。应按照以下方法确定计税基础：外购的生产性生物资产，以购买价款和支付的相关税费为计税基础；通过捐赠、投资、非货币性资产交换、债务重组等方式取得的生产性生物资产，以该资产的公允价值和支付的相关税费为计税基础。

② 生产性生物资产折旧的计提。按照直线法计算的折旧，准予扣除。

企业应当自生产性生物资产投入使用月份的次月起计算折旧；停止使用的生产性生物资产，应当自停止使用月份的次月起停止计算折旧。

企业应当根据生产性生物资产的性质和使用情况，合理确定生产性生物资产的预计净残值。生产性生物资产的预计净残值一经确定，不得变更。

③ 生产性生物资产折旧的计提年限：林木类生产性生物资产，为 10 年；畜类生产性生物资产，为 3 年。

（3）无形资产的税务处理（计价和摊销）

① 无形资产的计税基础。无形资产的计税基础如下：外购的无形资产，以购买价款和支付的相关税费以及直接归属于使该资产达到预定用途发生的其他支出为计税基础；自行开发的无形资产，以开发过程中该资产符合资本化条件后至达到预定用途前发生的支出为计税基础；通过捐赠、投资、非货币性资产交换、债务重组等方式取得的无形资产，以该资产的公允价值和支付的相关税费为计税基础。

② 无形资产不得计算摊销费用扣除内容具体包括：自行开发的支出已在计算应纳税所得额时扣除的无形资产；自创商誉；与经营活动无关的无形资产；其他不得计算摊销费用扣除的无形资产。

③ 无形资产的摊销，采取直线法计算。税法将摊销期限区分为 3 种情况：受让或投资的无形资产，法律、合同或者企业申请书分别规定有效期限和受益年限的，按法定有效期限与合同或企业申请书中规定的受益年限孰短原则摊销；法律没有规定使用年限的，按照合同或者企业申请书的受益年限摊销；法律、合同或者企业申请书没有规定使用年限的，或者自行开发的无形资产，摊销期限不得少于 10 年。

④ 外购商誉的支出，在企业整体转让或者清算时，准予扣除。

（4）长期待摊费用的税务处理（扣除）

企业发生的长期待摊费用，按照规定摊销的，准予扣除，具体见表 5-14。

表 5-14　长期待摊费用的税务处理

序号	内容	摊销期
1	已足额提取折旧的固定资产的改建支出	按照固定资产预计尚可使用年限分期摊销
2	租入固定资产的改良支出	按照合同约定的剩余租赁期限分期摊销
3	固定资产的大修理支出	按照固定资产尚可使用年限分期摊销
4	其他应当作为长期待摊费用的支出	自支出发生月份的次月起，分期摊销，摊销年限不得低于 3 年

（5）投资资产的税务处理（扣除）

企业对外投资期间，投资资产的成本在计算应纳税所得额时不得扣除；企业在转让或者处置投资资产时，投资资产的成本，准予扣除。

（6）存货的税务处理（扣除）

① 存货的计税基础。存货的计税基础的具体内容如表 5-15 所示。

表 5-15　存货的计税基础

序号	内容	计税基础
1	通过支付现金方式取得的存货	以购买价款和支付的相关税费为成本
2	通过支付现金以外的方式取得的存货	以该存货的公允价值和支付的相关税费为成本
3	生产性生物资产收获的农产品	以产出或者采收过程中发生的材料费、人工费和分摊的间费用等必要支出为成本

② 存货的成本计算。企业使用或者销售的存货的成本计算方法，可以在先进先出法、加权平均法、个别计价法中选用一种。计价方法一经选用，不得随意变更。

二、企业应纳所得税额的计算

企业应缴纳所得税税额等于应纳税所得额乘以适用税率，基本计算公式为

$$应纳所得税税额 = 应纳税所得额 \times 适用税率 - 减免税额 - 抵免税额$$

【知识拓展】

1. 固定资产

固定资产指企业为生产产品、提供劳务、出租或者经营管理而持有的、使用时间超过 12 个月的非货币性资产，包括房屋、建筑物、机器、机械、运输工具以及其他与生产经营活动有关的设备、器具、工具等。

2. 生产性生物资产

生产性生物资产指企业为生产农产品、提供劳务或者出租等而持有的生物资产，包括经济林、薪炭林、产畜和役畜等。

3. 无形资产

无形资产指企业为生产产品、提供劳务、出租或者经营管理而持有的、没有实物形态的非货币性长期资产，包括专利权、商标权、著作权、土地使用权、非专利技术、商誉等。

4. 长期待摊费用

长期待摊费用指不能全部计入当年损益，应当在以后年度内分期摊销的各项费用，包括已足额提取折旧的固定资产的改建支出、租入固定资产的改良支出、固定资产的大修理支出及其他应当作为长期待摊费用的支出。

5. 投资资产

投资资产指企业对外进行权益性投资和债权性投资形成的资产。

6. 存货

存货指企业持有以备出售的产品或者商品、处在生产过程中的在产品、在生产或者提供劳务过程中耗用的材料和物料等。

根据（财税〔2012〕27号）文件，企事业单位购进软件，凡符合固定资产或无形资产确认条件的，可以按照固定资产或无形资产进行计算，其折旧或摊销年限可以适当缩短，最短可为2年（含）。

税法所指固定资产的大修理支出，是指同时符合下列条件的支出：①修理支出达到取得固定资产时的计税基础50%以上；②修理后固定资产的使用年限延长2年以上。

应纳税所得额与会计利润总额的联系与区别：

应纳税所得额是一个税收概念，是根据企业所得税法按照一定的标准确定的纳税人在一定时期内的计税所得。而会计利润总额则是一个会计核算概念，反映的是企业一定时期内生产经营的财务成果。会计利润总额是确定应纳税所得额的基础，但是不能等同于应纳税所得额。会计利润总额只有根据税法规定作相应的调整后，才能作为企业的应纳税所得额。

1. 查账征收企业所得税

在实际过程中，应纳所得税税额的计算一般有两种方法：

（1）直接计算法

在直接计算法下，企业每一纳税年度的收入总额减除不征税收入、免税收入、各项扣除项目金额及允许弥补的以前年度亏损后的余额为应纳税所得额，计算公式为

年应纳税所得额＝年收入总额－不征税收入－免税收入－准予扣除项目金额

－允许弥补的以前年度亏损

应纳所得税额＝应纳税所得额 × 适用税率－减免税额－抵免税额

（2）间接计算法

在间接计算法下，在会计利润总额的基础上加或减按照税法规定调整的项目金额后，即应纳税所得额。现行企业所得税年度纳税申报表采取该方法，计算公式为

应纳税所得额＝会计利润总额 ± 纳税调整项目金额

应纳所得税额＝应纳税所得额 × 适用税率－减免税额－抵免税额

纳税调整项目金额包括两个方面的内容：一是企业财务会计制度规定的项目范围与税收法规规定的项目范围不一致应予以调整的金额；二是企业财务会计制度规定的扣除标准与税法规定的扣除标准应予以调整的金额。调增的主要项目见表5-16；调减的主要项目见表5-17。

表5-16　调增主要项目表

按企业财务会计制度规定允许从收入中扣除而税收制度规定不允许扣除的项目	①税收滞纳金；②罚款；③非公益救济性捐赠；④赞助支出；⑤其他税法规定不得扣除而已列支的项目等
超过税收规定允许扣除的范围和标准的项目	①按实发工资多计提的职工工会、福利、教育 3 项经费支出；②向非金融机构借款等利息支出超过金融机构同期同类贷款利息的部分；③业务招待费超过标准的部分等
按企业财务会计制度规定不作收入的应税收入项目	①企业发生非货币性资产交换，以及将货物、财产、劳务用于捐赠、偿债、赞助、集资、广告、样品、职工福利或者利润分配等用途的，应当视同销售货物、转让财产或者提供劳务；②接受捐赠收入等

表5-17　调减主要项目表

按企业财务、会计制度规定不允许从收入中扣除而税收制度规定允许扣除的项目	可在税前弥补的以前年度亏损等
各项不征税收入和免税收入	购买国债的利息收入；收到分回的税后利润（与被投资单位税率相同或低于）等

2. 核定征收应纳税额的计算

（1）核定征收企业所得税的范围

具体征收范围如下：依照法律、行政法规的规定可以不设置账簿的；依照法律、行政法规的规定应当设置但未设置账簿的；擅自销毁账簿或者拒不提供纳税资料的；虽设置账簿，但账目混乱或者成本资料、收入凭证、费用凭证残缺不全，难以查账的；发生纳税义务，未按规定期限办理纳税申报，税务机关责令限期申报，逾期不申报的；

申报计税依据明显偏低，又无正当理由的。

【例 5-5】

盈凯服装有限公司，适用企业所得税税率为 25%，已预缴企业所得税 132.23 万元。2016 年发生经营业务如下：

1）取得产品销售收入 3 000 万元；产品销售成本 1 900 万元。

2）修理期间对外提供劳务服务收入 320 万元；同时发生成本 200 万元。

3）收到被投资单位税后分回的利润 26 万元（双方税率相同）。

4）国债利息收入 3 万元。

5）购买有价证券获净收益 12 万元。

6）处理固定资产净收益 5 万元。

7）工资总额 330 万元，实际发生职工福利费 47 万元、职工教育经费分别为 9 万元，实际拨缴工会经费 6.6 万元。

8）营业税金及附加 15 万元。

9）向非金融机构借款 600 万元用于生产经营活动，发生的利息支出 36 万元（金融机构同类，同期贷款利率为 5%）。

10）管理费用 51 万元（业务招待费开支 21 万元）。

11）销售费用 370 万元（其中广告及业务宣传费为 260 万元）。

12）对外赞助支出 10 万元；税收滞纳金 1 万元。

13）税前补亏 8 万元（2011 年亏损）。

要求：计算该企业全年应纳所得税（间接计算法）。

计算过程：

①营业利润：3 000 − 1 900+320 − 200 − 15 − 51 − 36 − 370+26+3+12=789（万元）

全年利润总额：789 + 5 − 10 − 1=783（万元）

②调减项目：

a. 26 万元（税后分回的利润）。

b. 3 万元（国债利息收入）。

调减总额：26+3=29（万元）

③调增项目：

a. 扣除职工福利费的限额 =330×14%=46.2（万元）

实际发生职工福利费 =47（万元）

调增：47 − 46.2=0.8（万元）

b. 扣除工会经费的限额 =330×2%=6.6（万元）

实际发生的工会经费 =6.6（万元）

不需调整

c. 扣除职工教育经费的限额 =330×2.5%=8.25（万元）

实际发生的职工教育经费 =9（万元）

调增：9 − 8.25=0.75（万元）

d. 扣除利息限额 =600×5% = 30（万元）

   实际发生的利息支出 =36（万元）

   调增：36 － 30=6（万元）

  e. 扣除业务招待费限额 Ⅰ = （3 000+320）×5‰=16.6（万元）

          Ⅱ =21×60%=12.6（万元）

   调增：21 － 12.6=8.4（万元）

  f. 扣除广告及业务宣传费限额 = （3 000+320）×15%=498（万元）

   实际发生的广告及业务宣传费 =260（万元）

   不需调整

   调增总额：0.8+0.75+6+8.4+10+1=26.95（万元）

   税前补亏 8 万元（2011 年亏损）

  ④全年应纳税所得额 = 783 － 29 － 8+26.95 = 772.95（万元）；

  ⑤应纳税额 =772.95×25% ≈ 193.24（万元）

  ⑥补交所得税 =193.24 － 132.23=61.01（万元）

  ⑦净利润 =783 － 193.24=589.76（万元）

（2）核定征收的方式

核定征收方式主要包括定额征收和核定应税所得率征收两种方法。

1）定额征收。是指税务机关按照一定的标准、程序和方法，直接核定纳税人年度应纳企业所得税税额，由纳税人按规定进行纳税申报的办法。

2）核定应税所得率征收。是指税务机关按照一定的标准、程序和方法，预先核定纳税人的应税所得率，由纳税人根据纳税年度内的收入总额或成本费用等项目的实际发生额，按预先核定的应税所得率计算缴纳企业所得税的办法。实行核定应税所得率征收办法的，应纳所得税税额的计算公式如下：

$$应纳所得税额＝应纳税所得额 × 适用税率$$

$$应纳税所得额＝应税收入额 × 应税所得率$$

或

$$应纳税所得额＝成本费用支出额 ÷ （1– 应税所得率）× 应税所得率$$

上述“应税收入额”等于收入总额减去不征税收入和免税收入后的余额，计算公式为

$$应税收入额 = 收入总额－不征税收入－免税收入$$

各行业企业所得税应税所得率幅度表见表 5-18。

表 5-18　各行业企业所得税应税所得率

行业	应税所得率
农、林、牧、渔业	3% ~ 10%
制造业	5% ~ 15%
批发和零售贸易业	4% ~ 15%
交通运输业	7% ~ 15%

续表

行业	应税所得率
建筑业	8%～20%
饮食业	8%～25%
娱乐业	15%～30%
其他行业	10%～30%

【例 5-6】

嘉怡制衣厂为小型微利企业，当地税务机关核定其应税所得率为 10%，适用所得税税率 20%。2016 年度收入总额为 180 万元，累计已预缴所得税 1.5 万元。

要求：计算嘉怡制衣厂本年度应缴所得税税额及应补（退）的所得税税额。

全年应纳税所得额＝1 800 000×10%＝180 000（元）

全年应纳所得税额＝180 000×50%×20%＝18 000（元）

应补（退）的所得税税额＝18 000－15 000＝3 000（元）

【例 5-7】

堂惠 KTV 为小型微利企业，2017 年度成本费用支出总额为 190 万元，当地税务机关核定其应税所得率为 16%。

要求：计算堂惠 KTV 本年度应缴所得税税额。

全年应纳税所得额＝1 900 000÷（1－16%）×16%≈361 904.76（元）

全年应纳所得税额＝361 904.76×50%×20%＝36 190.48（元）

三、境外所得已纳税款的抵免

当企业的所得中有来源于境外所得时，为了避免重复征税，根据《中华人民共和国所得税法》规定，企业取得的所得已在境外缴纳的所得税税额，可以从其当期应纳税额中抵免，抵免限额为该项所得依照我国税法规定计算的应纳税额；超过抵免限额的部分，可以在以后五个年度内用每个年度抵免限额抵免当年应抵税额后的余额进行抵补。计算公式为

1. 境内外所得按税法计算的应纳税总额

应纳税总额＝（境内应纳税所得额＋境外应纳税所得额）×适用税率

2. 境外应纳税所得额占境内外应纳税所得总额的比例

占有比例＝来源于某外国的应纳税所得额÷境内外应纳税所得总额

3. 境外所得已纳税款抵免

境外所得税=境内外所得按税法 × 境外应纳税所得额占境内外

款抵免限额=计算的应纳税总额 × 应纳税所得总额的比例

【例 5-8】

假定某企业 2016 年度境内应纳税所得额为 300 万元, 适用 25% 的企业所得税税率。该企业分别在 A 国和 B 国设有分支机构 (我国与 A、B 两国已缔结避免双重征税协定), 在 A 国分支机构的应纳税所得额为 60 万元, A 国的企业所得税税率为 20%; 在 B 国分支机构的应纳税所得额为 20 万元, B 国的企业所得税税率为 30%。两个分支机构分别在 A、B 两国缴纳了 12 万元和 6 万元的企业所得税。

(1) 境内外所得按税法计算的应纳税总额

(300+60+20)×25%=95 (万元)

(2) 境外应纳税所得额占境内外应纳税所得总额的比例

A 国: 60÷(300+60+20)=3/19

B 国: 20÷(300+60+20)=1/19

(3) 境外所得已纳税款抵免限额

① A 国扣除限额: 95×3/19=15 (万元)

在 A 国缴纳的企业所得税为 12 万元, 低于扣除限额 15 万元可全额扣除

② B 国扣除限额: 95×1/19=5 (万元)

在 B 国缴纳的企业所得税为 6 万元, 高于扣除限额 5 万元, 其超过扣除限额的部分 1 万元当年不能扣除, 结转以后"五个纳税年度"抵补。

汇总时, 在我国应缴纳的所得税 =95–12–5=78 (万元)

第四节　企业所得税的会计处理与纳税申报

情景导入

2016 年年末, 盈凯服装有限公司的会计利润经过纳税调整后, 计算出应补缴的企业所得税为 61.01 万元。应如何进行会计处理及申报缴纳?

一、账户设置

企业所得税的核算, 主要通过设置"所得税费用"和"应交税费——应交所得税"账户进行。

"所得税费用"账户, 属损益类的费用账户, 核算企业确认的应从当期利润总额中扣除的所得税费用。借方登记计算出的所得税费用, 贷方登记期末转入"本年利润"账户的所得税费用, 结转后无余额。

"应交税费——应交所得税"账户, 属负责类账户, 核算企业应上交的所得税税款, 借方登记预交数或补交数, 贷方登记应缴数, 贷方余额表示尚未交纳数, 借方余额表示多交数。

二、企业所得税的账务处理

企业在计算应交所得税时，应按税法规定，把税前会计利润调整为应纳税所得额，再进行计算。

$$应纳税所得额 = 利润总额 \pm 调整项目$$
$$应纳所得税额 = 应纳税所得额 \times 适用税率$$

以任务导入中的盈凯服装有限公司为例，其计算和缴纳企业所得税的账务处理如下。

计算应缴纳所得税税额：

借：所得税费用	610 100
贷：应交税费——应交所得税	610 100

缴纳所得税：

借：应交税费——应交所得税	610 100
贷：银行存款	610 100

期末转入"本年利润"账户：

借：本年利润	610 100
贷：所得税费用	610 100

【例 5-9】

华强贸易有限公司适用企业所得税税率为 25%。2016 年税前会计利润 900 万元。其中，国债利息收入 11 万元；税收滞纳金 1 万元；赞助支出 5 万元。

本年应纳税所得额 = 900 + 1 + 5 − 11 = 895（元）

本期应交所得税 = 本期所得税费用 = 895×25% = 223.75（万元）

会计处理如下。

① 计算：

借：所得税费用	2 237 500
贷：应交税费——应交所得税	2 237 500

② 上缴：

借：应交税费——应交所得税	2 237 500
贷：银行存款	2 237 500

③ 期末结转所得税费用时：

借：本年利润	2 237 500
贷：所得税费用	2 237 500

三、企业所得税纳税申报

企业所得税按年计征，分月或者分季预缴，年终汇算清缴，多退少补。

1. 纳税地点

1）除税收法律行政法规另有规定的除外，居民企业以企业登记注册地为纳税地点，但是登记注册地在境外的，以实际管理机构所在地为纳税地点。

2）居民企业在中国境内设立不具有法人资格的营业机构时，应当汇总计算缴纳企业所得税。

3）非居民企业在中国境内设立机构、场所的，应当就其所设机构、场所取得的来源中国境内的所得，以及发生在中国境外但与其所设机构、场所有实际联系的所得，以机构场所所在地为纳税地点。

4）非居民企业在中国境内设立两个或者两个以上机构场所的，经税务机关审核批准，可以选择由其主要机构场所汇总缴纳企业所得税。

5）非居民企业未设立机构、场所的，或者虽设立机构、场所，但取得的所得与其所设机构、场所没有实际联系的，以扣缴义务人所在地为纳税地点。

6）除国务院另有规定除外，企业之间不得合并缴纳企业所得税。

2. 纳税期限

企业所得税的纳税年度，自公历 1 月 1 日起至 12 月 31 日止。企业在一个纳税年度的中间开业，或者由于合并、关闭等原因终止经营活动，使该纳税年度的实际经营期不足 12 个月的，应当以其实际经营期为 1 个纳税年度。企业清算时，应当以清算期间作为 1 个纳税年度。

企业应当自月份或者季度终了之日起十五日内，向税务机关报送预缴企业所得税纳税申报表，预缴税款。

正常情况下，企业应当自年度终了之日起五个月内，向税务机关报送年度企业所得税纳税申报表，并汇算清缴，结清应缴应退税款。

企业在年度中间终止经营活动的，应当自实际经营终止之日起 60 日内，向税务机关办理当期企业所得税汇算清缴。

3. 纳税申报

（1）企业所得税纳税申报表（A 类）

企业所得税纳税申报表适用于实行查账征收企业所得税的居民纳税人（以下简称纳税人）填报。

1）《中华人民共和国企业所得税年度纳税申报表（A 类）》格式及填报。

根据例 5-5 中的资料，编制盈凯服装有限公司 2016 年查账征收企业所得税年度纳税申报表，见表 5-19。

《中华人民共和国企业所得税年度纳税申报表（A 类）》中提示需填写的表格见表 5-20。

2）《中华人民共和国企业所得税月（季）度预缴纳税申报表（A 类）》格式及填报见表 5-21（以例 5-5 中的资料为例）。

（2）企业所得税纳税申报表（B 类）

企业所得税纳税申报表适用于实行核定征收企业所得税的居民纳税人（以下简称

纳税人）填报。

《中华人民共和国企业所得税月（季）度预缴和年度纳税申报表（B 类）》格式及填报。

表 5-19　中华人民共和国企业所得税年度纳税申报表（A 类）

税款所属期间：2016 年 1 月 1 日至 2016 年 12 月 31 日

纳税人名称：广州市盈凯服装有限公司

纳税人识别号：　　　　　　　　　　　　　　　　　　　　　　　金额单位：元（列至角分）

行次		项目	金额
1		一、营业收入（填写 A101010）	33 200 000
2		减：营业成本（填写 A102010）	21 000 000
3		营业税金及附加	150 000
4		销售费用（填写 A104000）	3 700 000
5		管理费用（填写 A104000）	500 000
6		财务费用（填写 A104000）	360 000
7	利润总额计算	资产减值损失	0
8		加：公允价值变动收益	0
9		投资收益	410 000
10		二、营业利润（1－2－3－4－5－6－7＋8＋9）	7 890 000
11		加：营业外收入（填写 A101010）	50 000
12		减：营业外支出（填写 A102010）	110 000
13		三、利润总额（10＋11－12）	7 830 000
14		减：境外所得（填写 A108010）	
15		加：纳税调整增加额（填写 A105000）	269 500
16		减：纳税调整减少额（填写 A105000）	29 000
17		减：免税、减计收入及加计扣除（填写 A107010）	0
18	应纳税所得额计算	加：境外应税所得弥补境内亏损（填写 A108000）	
19		四、纳税调整后所得（13–14＋15–16–17＋18）	7 809 500
20		减：所得减免（填写 A107020）	0
21		减：抵扣应纳税所得额（填写 A107030）	0
22		减：弥补以前年度亏损（填写 A106000）	80 000
23		五、应纳税所得额（19－20－2－22）	7 729 500
24		税率（25%）	25%
25		六、应纳所得税额（23×24）	1 932 400
26		减：减免所得税额（填写 A107040）	0
27		减：抵免所得税额（填写 A107050）	0
28		七、应纳税额（25－26－27）	1 932 400
29	应纳税额计算	加：境外所得应纳所得税额（填写 A108000）	0
30		减：境外所得抵免所得税额（填写 A108000）	0
31		八、实际应纳所得税额（28＋29－30）	1 932 400
32		减：本年累计实际已预缴的所得税额	1 322 300
33		九、本年应补（退）所得税额（31-32）	610 100
34		其中：总机构分摊本年应补（退）所得税额（填写 A109000）	0
35		财政集中分配本年应补（退）所得税额（填写 A109000）	0
36		总机构主体生产经营部门分摊本年应补（退）所得税额（填写 A109000）	0
37	附列计算	以前年度多缴的所得税额在本年抵减额	
38		以前年度应缴未缴在本年入库所得税额	

纳税人公章：　　　　　　　　　代理申报中介机构公章：　　　　　　主管税务机关受理专用章：

经办人：　　　　　　　　　　　经办人及执业证件号码：　　　　　　受理人：

申报日期：　　年　　月　　日　　代理申报日期：　　年　　月　　日　　受理日期：　　年　　月　　日

表 5-20 纳税申报需填写的表格

编号	内容
A100000	《中华人民共和国企业所得税年度纳税申报表》
A101010	《一般企业收入明细表》
A102010	《一般企业成本支出明细表》
A104000	《期间费用明细表》
A105000	《纳税调整项目明细表》
A106000	《企业所得税弥补亏损明细表》
A107010	《免税、减计收入及加计扣除优惠明细表》
A107020	《所得减免优惠明细表》
A107030	《抵扣应纳税所得额明细表》
A107040	《减免所得税优惠明细表》
A107050	《税额抵免优惠明细表》
A108000	《境外所得税收抵免明细表》
A108010	《境外所得纳税调整后所得明细表》
A109000	《跨地区经营汇总纳税企业年度分摊企业所得税明细表》

表 5-21 中华人民共和国企业所得税月（季）度预缴纳税申报表（A类）

税款所属期间：2016 年 12 月 1 日至 2016 年 12 月 31 日

纳税人识别号：

纳税人名称：广州市盈凯服装有限公司　　　　　　　　　　　　金额单位：　人民币元（列至角分）

行次	项目	本期金额	累计金额
1	一、按照实际利润额预缴		
2	营业收入	3 550 000	33 200 000
3	营业成本	2 930 000	21 000 000
4	利润总额	620 000	7 830 000
5	加：特定业务计算的应纳税所得额		
6	减：不征税收入和税基减免应纳税所得额（请填附表 1）		
7	固定资产加速折旧（扣除）调减额（请填附表 2）		
8	弥补以前年度亏损		80 000
9	实际利润额（4 行 +5 行 − 6 行 − 7 行 − 8 行）	620 000	7 729 500
10	税率（25%）	25%	25%
11	应纳所得税额（9 行 ×10 行）	155 000	1 932 400
12	减：减免所得税额（请填附表 3）		
13	实际已预缴所得税额	—	1 322 300
14	特定业务预缴（征）所得税额		
15	应补（退）所得税额（11 行 − 12 行 − 13 行 − 14 行）	—	610 100
16	减：以前年度多缴在本期抵缴所得税额		
17	本月（季）实际应补（退）所得税额	—	
18	二、按照上一纳税年度应纳税所得额平均额预缴		
19	上一纳税年度应纳税所得额	—	
20	本月（季）应纳税所得额（19 行 ×1/4 或 1/12）		
21	税率（25%）		

续表

行次	项目	本期金额	累计金额
22	本月（季）应纳所得税额（20行×21行）		
23	减：减免所得税额（请填附表3）		
24	本月（季）实际应纳所得税额（22行－23行）		
25	三、按照税务机关确定的其他方法预缴		
26	本月（季）税务机关确定的预缴所得税额		
27	总分机构纳税人		
28	总机构分摊所得税额（15行或24行或26行×总机构分摊预缴比例）		
29	总机构 财政集中分配所得税额		
30	分支机构分摊所得税额（15行或24行或26行×分支机构分摊比例）		
31	其中：总机构独立生产经营部门应分摊所得税额		
32	分支 分配比例		
33	机构 分配所得税额		

是否属于小型微利企业：　　　　　　　　是 □　　　　　　　　否 □

谨声明：此纳税申报表是根据《中华人民共和国企业所得税法》《中华人民共和国企业所得税法实施条例》和国家有关税收规定填报的，是真实的、可靠的、完整的。

法定代表人（签字）：　　　　　　　　年　月　日

纳税人公章： 会计主管： 填表日期：　年　月　日	代理申报中介机构公章： 经办人： 经办人执业证件号码： 代理申报日期：　年　月　日	主管税务机关受理专用： 受理人： 受理日期：　年　月　日

说明：
附表1《不征税收入和税基类减免应纳税所得额明细表》
附表2《固定资产加速折旧（扣除）明细表》
附表3《减免所得税额明细表》

【例 5-10】

　　根据例 5-6 资料，编制嘉怡制衣厂 2016 年核定征收企业所得税年度纳税申报表见表 5-22。

表 5-22 中华人民共和国企业所得税月（季）度预缴和年度纳税申报表（B 类）

税款所属期间：2016 年 1 月 1 日至 2016 年 12 月 31 日

纳税人识别号：

纳税人名称：嘉怡制衣厂

金额单位：人民币元（列至角分）

项目			行次	累计金额
一、以下由按应税所得率计算应纳所得税额的企业填报				
应纳税所得额的计算	按收入总额核定应纳税所得额	收入总额	1	1 800 000
		减：不征税收入	2	
		免税收入	3	
		其中：国债利息收入	4	
		地方政府债券利息收入	5	
		符合条件居民企业之间股息红利等权益性收益	6	
		符合条件的非营利组织收入	7	
		其他免税收入：	8	
		应税收入额（1 行 － 2 行 － 3 行）	9	1 800 000
		税务机关核定的应税所得率（%）	10	10%
		应纳税所得额（9 行 ×10 行）	11	180 000
	按成本费用核定应纳税所得额	成本费用总额	12	
		税务机关核定的应税所得率（%）	13	
		应纳税所得额 [12 行 ÷（100% － 13 行）×13 行]	14	
应纳所得税额的计算		税率	15	20%
		应纳所得税额（11 行 ×15 行或 14 行 ×15 行）	16	36 000
应补（退）所得税额的计算		减：符合条件的小型微利企业减免所得税额	17	
		其中：减半征税	18	
		已预缴所得税额	19	31 000
		应补（退）所得税额（16 行 － 17 行 － 19 行）	20	5 000
二、以下由税务机关核定应纳所得税额的企业填报				
税务机关核定应纳所得税额			21	

预缴申报时填报	是否属于小型微利企业：		是□		否□	
年度申报时填报	所属行业：			从业人数：		
	资产总额：			国家限制和禁止行业：		是□ 否□

谨声明：此纳税申报表是根据《中华人民共和国企业所得税法》《中华人民共和国企业所得税法实施条例》和国家有关税收规定填报的，是真实的、可靠的、完整的。

法定代表人（签字）： 年 月 日

纳税人公章： 会计主管： 填表日期： 年 月 日	代理申报中介机构公章： 经办人： 经办人执业证件号码： 代理申报日期： 年 月 日	主管税务机关受理专用章： 受理人： 受理日期： 年 月 日

国家税务总局监制

练 习 题

一、单项选择题

1. 小型微利企业适应的所得税税率为（　　）。

A. 5%　　　　　　B. 10%　　　　　　C. 15%　　　　　　D. 20%

2. 实际管理机构，是指对企业的生产经营、人员、账务、财产等实施实质性全面管理和（　　）的机构。

A. 拥有　　　　　B. 限制　　　　　C. 控制　　　　　D. 可控

3. 从事符合条件的环境保护、节能节水项目的所得自项目取得第一笔生产经营收入所属纳税年度起，（　　）免征。

A. 第 1～2 年　　B. 第 1～3 年　　C. 第 1～4 年　　D. 第 1～5 年

4. 职工福利费扣除比例不得超过工资薪金总额的（　　）。

A. 2%　　　　　　B. 2.5%　　　　　C. 8%　　　　　　D. 14%

5. 以分期收款方式销售货物的，按照合同约定的（　　）确认收入的实现。

A. 收款日期　　　B. 发货日期　　　C. 开具发票日期　　D. 合同签订日期

6. 企业所得税的基本税率为（　　）。

A. 10%　　　　　B. 15%　　　　　C. 20%　　　　　D. 25%

7. 企业所得税的征税对象为企业的（　　）。

A. 各项所得　　　B. 各项利润　　　C. 各项资源　　　D. 各项收入

8. 当企业的所得中有来源于境外所得时，取得的所得已在境外缴纳的所得税税额，可以从其当期应纳税额中抵免，超过抵免限额的部分，可以在以后（　　）个年度内用每个年度抵免限额抵免当年应抵税额后的余额进行抵补。

A. 三　　　　　　B. 四　　　　　　C. 五　　　　　　D. 六

9. 企业所得税的核算主要通过设置"所得税费用"和（　　）账户进行。

A. 应交税费——未交所得税　　　　　B. 应交税费——应交所得税

C. 应交税费——多交所得税　　　　　D. 应交税费——少交所得税

10. 企业应当自月份或者季度终了之日起（　　）内，向税务机关报送预缴企业所得税纳税申报表，预缴税款。

A. 五日　　　　　B. 十日　　　　　C. 十五日　　　　D. 二十日

11. 正常情况下，自年度终了之日起（　　）内，向税务机关报送年度企业所得税纳税申报表，并汇算清缴，结清应缴应退税款。

A. 二个月　　　　B. 三个月　　　　C. 四个月　　　　D. 五个月

二、多项选择题

1. 下列属于税收优惠范围的有（　　）。

A．加计扣除优惠

B．创业投资企业优惠

C．企业购置用于环境保护、节能节水、安全生产等专用设备的优惠

D．企业综合利用资源的优惠

2．企业所得税的纳税义务人分为（　　）和（　　）。

A．居民企业　　　　B．非居民企业　　　C．国内企业　　　D．外国企业

3．税收优惠政策是国家对（　　）和（　　）的产业和项目,给予企业所得税优惠。

A．重点改革　　　　B．鼓励创业　　　　C．重点扶持　　　　D．鼓励发展

4．企业从事农、林、牧、渔业项目的所得,包括（　　）与（　　）两部分。

A．免征　　　　　　B．不征　　　　　　C．减征　　　　　　D．缓征

5．所得税的特点主要有（　　）。

A．通常以纯所得为征税对象

B．通常以经过计算得出的应纳税所得额为计税依据

C．纳税人和实际负担人通常是不一致的,因而不能直接调节纳税人的收入

D．纳税人和实际负担人通常是一致的,因而可以直接调节纳税人的收入

6．应纳税所得额扣除范围包括（　　）。

A．成本　　　　　　B．费用　　　　　　C．税金　　　　　　D．损失

7．查账征收企业所得税,在实际过程中,应纳税所得额的计算一般有两种方法（　　）。

A．简单计算法　　　B．复式计算法　　　C．直接计算法　　　D．间接计算法

8．纳税调整项目金额包括两个方面的内容（　　）。

A．企业财务会计制度规定的项目范围与税收法规规定的项目范围不一致应予以调整的金额

B．企业财务会计准则规定的项目范围与税收法规规定的项目范围不一致应予以调整的金额

C．企业财务会计制度规定的扣除标准与税法规定的扣除标准应予以调整的金额

D．企业财务会计准则规定的扣除标准与税法规定的扣除标准应予以调整的金额

9．业务招待费的扣除标准为发生额的（　　）;销售收入或营业收入的（　　）。

A．5%　　　　　　　B．60%　　　　　　C．5‰　　　　　　　D．60‰

10．企业所得税纳税申报表包括（　　）。

A．A类　　　　　　B．B类　　　　　　C．C类　　　　　　D．D类

三、判断题

1．在计算应纳税所得额时,企业财务、会计处理办法与税收法律、行政法规的规定一致。　　　　　　　　　　　　　　　　　　　　　　（　　）

2．企业所得税纳税义务人的确定，我国选择了地域管辖权和居民管辖权的双重管辖权标准。 （　　）

3．居民企业应当就其来源于中国境内所得缴纳企业所得税。 （　　）

4．企业纳税年度发生的亏损，准予向以后年度结转，用以后年度的所得弥补。 （　　）

5．企业所得税是对在我国境内的企业和其他取得收入的组织的生产经营所得和其他所得征收的所得税。 （　　）

6．纳税人的固定资产，应当从投入使用当月起计提折旧；停止使用的固定资产，应当从停止使用当月起，停止计提折旧。 （　　）

7．企业所得税的计算，主要包括应纳税所得额和应纳所得税额两部分。 （　　）

8．企业所得税的纳税义务人是指在中华人民共和国境内的企业。 （　　）

9．企业的捐赠支出，属于纳税调整项目中的调增金额。 （　　）

10．定额征收，是指税务机关按照一定的标准、程序和方法，直接核定纳税人年度应纳企业所得税税额，由纳税人按规定进行纳税申报的办法。 （　　）

11．企业所得税按年计征，分月或者分季预缴，年终汇算清缴，多退少补。（　　）

四、业务题

1．某企业2016年开具增值税专用发票取得收入2 100万元，另外从事运输服务取得不含税收入220万元。收入对应的销售成本和运输成本合计为1 550万元，期间费用、营业税金及附加为200万元，营业外支出80万元（其中57万元为公益性捐赠支出），上年度企业经税务机关核定的亏损为10万元。企业在所得税前可以扣除的捐赠支出为多少？

2．某企业2016年开具增值税专用发票取得收入1 000万元，另外从事运输服务取得不含税收入130万元。收入对应的销售成本和运输成本合计为700万元，期间费用、营业税金及附加为98万元，营业外支出50（其中30万为公益性捐赠支出），上年度企业经税务机关核定的亏损为10万元。企业在所得税前可以扣除的捐赠支出为多少？

3．某公司2016年度实现会计利润总额30万元。"财务费用"账户中列支有两笔利息费用：向银行借入生产用资金100万元，借用期限6个月，支付利息2.5万元；经过批准向本企业职工借入生产用资金80万元，借用期限6个月，支付利息2.8万元。该公司2016年度的应纳税所得额为多少？

4．某企业2016年销售收入1 000万元，年实际发生业务招待费10万元，该企业当可在所得税前扣除的业务招待费金额是多少？

5．某企业2016年销售收入1 600万元，年实际发生业务招待费12万元，该企业当可在所得税前扣除的业务招待费金额是多少？

6．某企业2016年实际支出的工资、薪金总额为150万元，职工福利费本期发生

29 万元，拨缴的工会经费 3 万元，已经取得工会拨缴收据，实际发生职工教育经费 4 万元，该企业在计算 2016 年应纳税所得额时，应调整的应纳税所得额为多少？

7．某企业 2016 年产品销售收入为 500 万元，对外提供劳务收入 68 万元。当年发生的销售费用 120 万元（其中：广告及业务宣传费 70 万元），企业上年还有 25.2 万元的广告费没有在税前扣除，企业当年可以税前扣除的广告费为多少？

8．某软件开发公司(被认定为重点扶持的高新技术企业)。2016 年亏损额为 11 万元，2015 年度取得生产经营收入 600 万元，业务招待费实际发生 6 万元，其他扣除除的成本、费用、税金等合计 320 万元(其中,研发费用 50 万)。2016 年应缴纳的企业所得税是多少？

9．某企业 2016 年度境内所得应纳税所得额为 400 万元,在全年已预缴税款 70 万元,来源于 A 国的应纳税所得额为 100 万元,境外实纳税款 20 万元（与我国签订了避免重复征税的税收协定）。

求：企业当年汇算清缴应补（退）的税款为多少?

10．中山市迪瑞日用品有限公司，所得税适用税率为 25%，已预缴企业所得税 100 万元。2016 年发生经营业务如下：

（1）取得产品销售收入 3 900 万元；产品销售成本 2 600 万元；

（2）修理车间对外提供劳务服务收入 270 万元；同时发生成本 180 万元；

（3）投资收益 50 万元（其中：国债利息收入 15 万元）；

（4）工资总额 360 万元,实际发生职工福利费 51 万元、职工教育经费分别为 9 万元，实际拨缴工会经费 8 万元；

（5）税金及附加 20 万元；

（6）支付国家鼓励安置就业人员的工资 15 万元；

（7）接受捐赠 30 万元；

（8）管理费用 67 万元（业务招待费开支 38 万元）；

（9）销售费用 750 万元（其中广告及业务宣传费为 630 万元）；

（10）财务费用 17 万元（手续费及银行利息）；

（11）对外赞助支出 10 万元；税收滞纳金 2 万元；

（12）处理固定资产净损失 3 万元；

（13）税前补亏 0.5 万元（2010 年亏损）。

要求：编制公司 2016 年企业所得税年度纳税申报表。

11．深圳市格林日用品有限公司，当地税务机关核定其应税所得率为 11%，适用所得税税率 20%。2016 年度商品销售收入 260 万元，出租设备取得租金收入 20 万，取得国债利息收入 10 万元，已预缴所得税 5 万元。要求：编制企业所得税月（季）度预缴和年度纳税申报表。

参考答案

第六章 土地增值税、城镇土地使用税、耕地占用税及其会计核算

学习目标

通过学习本章，学生应认识土地增值税、城镇土地使用税、耕地占用税的概念及特点；了解三种税的纳税人、税目及税率、纳税环节及纳税义务的发生时间；掌握三种税的计算、会计处理方法及申报与缴纳。

第一节　土地增值税及其会计核算

情景导入

谭先生于 2014 年以 60 万元购买了一套住房，2016 年 9 月以 80 万元出售，谭先生提供购房发票；徐先生于 2013 年以 70 万元购买了一套住房，2016 年 11 月以 95 万元出售，但徐先生不能提供购房发票证明，又不能提供房屋及建筑物价格评估报告。两者在计算应缴纳土地增值税时有什么区别？

一、土地增值税概述

1. 概念

土地增值税是指转让国有土地使用权、地上的建筑物及其附着物产权并取得增值性收入的单位和个人所征收的一种税。

土地增值税是一种以转让所取得的收入包括货币收入、实物收入和其他收入减除法定扣除项目金额后的增值额为计税依据向国家缴纳的一种税赋，不包括以继承、赠予方式无偿转让房地产的行为。

2. 土地增值税的特点

土地增值税具有以下几个特点。

（1）以转让房地产取得的增值额为征税对象

土地增值税属于"土地转移增值税"的类型，土地增值税的增值额是以征税对象的全部销售收入额（将土地、房屋的转移收入合并征收）扣除与其相关的成本、费用、

税金及其他项目金额后的余额，与增值税的增值额有所不同。

（2）征税面比较广

凡在我国境内转让房地产并取得收入的单位和个人，除税法规定免税的外，均应依照土地增值税条例规定缴纳土地增值税。换言之，凡发生应税行为的单位和个人，不论其经济性质，也不分内、外资企业或中、外籍人员，无论专营或兼营房地产业务，均有缴纳增值税的义务。

（3）采用扣除法和评估法计算增值额

土地增值税在计算方法上考虑我国实际情况，以纳税人转让房地产取得的收入，减除法定开出项目金额后的余额作为计税依据。对旧房及建筑物的转让，以及对纳税人转让房地产申报不实、成交价格偏低的，则采用评估价格法确定增值额，计征土地增值税。

（4）实行超率累进税率

土地增值税的税率是以转让房地产增值率的高低为依据来确认，按照累进原则设计，实行分级计税，增值率高的，税率高，多纳税；增值率低的，税率低，少纳税，税收负担较为合理，便于体现国家政策。土地增值税采用四级超率累进税率。

（5）实行按次征收

土地增值税在房地产发生转让的环节，实行按次征收，每发生一次转让行为，就应根据每次取得的增值额征一次税。其纳税时间和缴纳方法根据房地产转让情况而定。

《中华人民共和国土地
增值税暂行条例》

《中华人民共和国土地增
值税暂行条例实施细则》

二、土地增值税的征收范围及纳税义务人

1. 征收范围

1）土地增值税只对转让国有土地使用权的行为征税。这里所说的国有土地，是指按国家法律规定属于国家所有的土地。转让非国有土地和出让国有土地的行为均不征收。

2）土地增值税既对转让土地使用权的行为征税，也对转让地上建筑物及其他附着物产权的行为征税。所谓地上建筑物，是指建于土地上的一切建筑物。

3）土地增值税只对有偿转让的房地产征税，对以继承、赠予等方式无偿转让的房地产，不予征税。

2. 纳税义务人

土地增值税的纳税义务人是转让国有土地使用权、地上建筑物及其附着物并取得

收入的单位和个人。包括机关、团体、部队、企事业单位、个体工商户及国内其他单位和个人，还包括外商投资企业、外国企业及外国机构、华侨、港澳台同胞及外国公民等。

三、土地增值税纳税额的计算

1. 主要减免税优惠

主要减免税优惠如表 6-1 所示。

表 6-1　主要减免税优惠

规定	减免内容	说明
一般减免规定	建造普通标准住宅出售：增值额未超过扣除项目金额之和 20% 的，免税	超过 20% 的，就其全部增值额按规定计税
	因国家建设需要而被政府征收、收回的房地产，免税	
	转让房地产：因城市规划、国家建设的需要而搬迁，由纳税人自行转让原房地产的，免税	
	转让自用住房：个人因工作调动或改善居住条件而转让原自用住房	凡居住满 5 年及以上的，免征土地增值税；居住满 3 年未满 5 年的，减半征收土地增值税
	企事业单位、社会团体以及其他组织转让旧房作为公共租赁住房房源，增值额未超过扣除项目金额 20% 的，免税	
	个人之间互换自有居住用房地产的	经当地税务机关核定，可免税
特殊减免规定	（整体改建）改建前的企业将国有土地、房屋权属转移、变更到改建后的企业，暂不征收	按照《中华人民共和国公司法》的规定，非公司制企业整体改建为有限责任公司或者股份有限公司，有限责任公司（股份有限公司）整体改建为股份有限公司（有限责任公司）。整体改建：指不改变原企业的投资主体，并承继企业权利、义务的行为
	企业合并：两个或两个以上的企业合并为一个企业，且原企业投资主体存续的，对原企业将国有土地、房屋权属转移、变更到合并后的企业，暂不征收	
	企业分设：企业分设为两个或两个以上与原企业投资主体相同的企业，对原企业将国有土地、房屋权属转移、变更到分设后的企业，暂不征收	
	单位、个人在改制重组时，以国有土地、房屋进行投资：对其将国有土地、房屋权属转移、变更到被投资的企业，暂不征收	
	① 企业改制重组后再转让国有土地使用权并申报缴纳土地增值税时，应以改制前取得该宗国有土地使用权所支付的地价款和按国家统一规定缴纳的有关费用，作为该企业"取得土地使用权所支付的金额"扣除 ② 企业在重组改制过程中经省级以上（含省级）国土管理部门批准，国家以国有土地使用权作价出资入股的，再转让该宗国有土地使用权并申报缴纳土地增值税时，应以该宗土地作价入股时省级以上（含省级）国土管理部门批准的评估价格，作为该企业"取得土地使用权所支付的金额"扣除	办理纳税申报时，企业应提供该宗土地作价入股时省级以上（含省级）国土管理部门的批准文件和批准的评估价格，不能提供批准文件和批准的评估价格的，不得扣除

上述改制重组有关土地增值税政策不适用于房地产开发企业；企业按上述规定享受相关土地增值税优惠政策的，应及时向主管税务机关提交相关房产、国有土地权证、

价值证明等书面材料。

上述规定执行期限为 2015 年 1 月 1 日至 2017 年 12 月 31 日。《财政部 国家税务总局关于土地增值税一些具体问题规定的通知》（财税字〔1995〕48 号）第一条、第三条，《财政部 国家税务总局关于土地增值税若干问题的通知》（财税〔2006〕21 号）第五条同时废止。

对从事房地产开发的纳税人按"取得土地使用权所支付的金额"与"开发土地和新建房及配套设施的成本（简称房地产开发费用）"金额之和、加计 20% 扣除。

2. 土地增值税税率表

表 6-2 为土地增值税税率表。

表 6-2　土地增值税税率表

级数	计税依据	适用税率	速算扣除率
1	增值额未超过扣除项目金额 50% 的部分	30%	0
2	增值额超过扣除项目金额 50%、未超过扣除项目金额 100% 的部分	40%	5%
3	增值额超过扣除项目金额 100%、未超过扣除项目金额 200% 的部分	50%	15%
4	增值额超过扣除项目金额 200% 的部分	60%	35%

3. 应纳税额的计算

土地增值税是以转让房地产的增值额为依据的，依据超率累进税率，计算应纳税额。计算步骤如下：

第一步：计算转让房地产取得的收入；

第二步：计算扣除项目金额；

第三步：计算增值额；

第四步：计算增值额占扣除项目金额的比例，确定适用税率；

第五步：计算应纳税额。

计算土地增值税的简便方法：

$$增值额 = 收入 - 扣除项目金额$$

1）增值额未超过扣除项目金额 50% 的计算公式为

$$土地增值税税额 = 增值额 \times 30\%$$

2）增值额超过扣除项目金额 50% 未超过 100% 的计算公式为

$$土地增值税税额 = 增值额 \times 40\% - 扣除项目金额 \times 5\%$$

3）增值额超过扣除项目金额 100% 未超过 200% 的计算公式为

$$土地增值税税额 = 增值额 \times 50\% - 扣除项目金额 \times 15\%$$

4）增值额超过扣除项目金额 200% 的计算公式为

$$土地增值税税额 = 增值额 \times 60\% - 扣除项目金额 \times 35\%$$

【例 6-1】

　　某房地产开发公司转让商品房一栋，取得收入总额为 1 100 万元，应扣除的购买土地的金额、开发成本的金额、开发费用的金额、相关税金的金额、其他扣除金额合计为 500 万元，则

　　　　① 增值额 =1 100 － 500 = 600（万元）。

　　　　② 增值额与扣除项目金额的比率 =600÷500 = 120%，确定税率为 50%。

　　　　③ 应缴纳土地增值税 =600×50% － 500×15% = 225（万元）。

四、土地增值税的征收管理

1. 纳税申报

　　根据《中华人民共和国土地增值税暂行条例》规定，纳税人应在转让房地产合同签订后的七日内，到房地产所在地主管税务机关办理纳税申报，并向税务机关提交房屋及建筑物产权、土地使用权证书，土地转让、房产买卖合同，房地产评估报告及其他与转让房地产有关的资料。纳税人因经常发生房地产转让而难以在每次转让后申报的，经税务机关审核同意后，可以定期进行纳税申报，具体期限由税务机关根据情况确定。

　　纳税人选择定期申报方式的，应向纳税所在地的地方税务机关备案，定期申报方式确定后，一年内不得变更。

2. 纳税时间和缴税方法

　　根据房地产转让的不同情况，由主管税务机关具体确定，主要有 3 种情况：

　　1）以一次交割、付清价款方式转让房地产的。主管税务机关可根据具体情况，规定纳税人在办理过户、登记手续前数日内一次性缴纳全部土地增值税。

　　2）以分期收款方式转让房地产的。主管税务机关可根据合同规定的收款日期来确定具体的纳税期限。

　　3）项目全部竣工结算前转让房地产的。转让取得的收入，由于涉及成本确定或其他原因，无法据实计算土地增值税的，可以预征土地增值税，待该项工程全部竣工、办理结算后再进行清算，多退少补。

3. 纳税地点

　　（1）纳税人是法人的

　　当转让的房地产坐落地与机构所在地或经营所在地一致时，则向办理税务登记的原管辖税务机关申报纳税即可；如果转让的房地产坐落地与其机构所在地或经营所在地不一致时，则应向房地产坐落地所管辖的税务机关申报纳税。

　　（2）纳税人是自然人的

　　当转让的房地产坐落地与其居住地一致时，则向其居住地税务机关申报纳税；当转让的房地产坐落地与其居住地不一致时，向办理过户手续所在地税务机关申报纳税。

五、土地增值税的会计核算

1. 账户设置

企业应缴纳土地增值税的核算，主要通过设置"税金及附加"和"应交税费——应交土地增值税"账户进行。

2. 土地增值税的账户处理

（1）房地产企业

计算土地增值税：

借：税金及附加

　　贷：应交税费——应交土地增值税

缴纳土地增值税：

借：应交税费——应交土地增值税

　　贷：银行存款

（2）非房地产企业

计算土地增值税：

借：固定资产清理

　　贷：应交税费——应交土地增值税

缴纳土地增值税：

借：应交税费——应交土地增值税

　　贷：银行存款

【例 6-2】

玫瑰园房地产开发公司转让写字楼一幢，获得货币收入 9 000 万元，公司为取得土地使用权支付的金额为 700 万元，房地产开发成本 1 900 万元，房地产开发费用 390 万元，转让房地产支付相关税金及附加 510 万元。则

① 扣除项目金额 =700+1 900+390+510+(900+1 900)×20%=4 060（万元）。

② 增值额 =9 000 − 4 060=4 940（万元）。

③ 增值额占扣除项目金额比例 =4 940÷4 060×100%=121.67%。

④ 适用税率 =50%。

⑤ 应缴土地增值税 =4 940×50% − 4060×15%=2 470 − 609=1 861（万元）。

计算土地增值税

借：税金及附加　　　　　　　　　　　　　　　　　　　　18 610 000

　　贷：应交税费——应交土地增值税　　　　　　　　　　　　18 610 000

缴纳土地增值税

借：应交税费——应交土地增值税　　　　　　　　　　　　18 610 000

　　贷：银行存款　　　　　　　　　　　　　　　　　　　　18 610 000

【例 6-3】

远大公司转让旧办公楼一幢，取得收入 1 500 万元，旧办公楼的评估重置成本 1 350 元，成新折旧率 70%，转让旧办公楼支付的相关税费及附加计 82 万元。则

① 扣除项目金额 =1 350 × 70%+82=1 027（万元）。

② 增值额 =1 500 － 1 027=473（万元）。

③ 增值额占扣除项目金额比例 =473 ÷ 1 027 × 100%=46.06%。

④ 适用税率 =30%。

⑤ 应缴土地增值税 =473 × 30%=141.9（万元）。

会计处理如下。

计算土地增值税：

借：固定资产清理   1 419 000

    贷：应交税费——应交土地增值税   1 419 000

缴纳土地增值税：

借：应交税费——应交土地增值税   1 419 000

    贷：银行存款   1 419 000

六、土地增值税纳税申报表

1. 土地增值税纳税申报表（一）

土地增值税纳税申报表（一），适用凡从事房地产开发并转让的土地增值税纳税人。其转让已经完成开发的房地产并取得转让收入，或者是预售正在开发的房地产并取得预售收入的，应按照税法和本表要求，根据税务机关确定的申报时间，定期向主管税务机关填报土地增值税纳税申报表（一）（表 6-3），进行纳税申报。

表 6-3 土地增值税纳税申报表（一）

（从事房地产开发的纳税人适用）

税款所属时间：　　　　　　　　　　　　　　　　　　填表日期：

纳税人编码：　　　　　　　　　　　　　　　金额单位：　　　　面积单位：

纳税人名称			项目名称		项目地址	
业　别			经济性质	纳税人地址	邮政编码	
开户银行			银行账号	主管部门	电　话	
项目				行次	金额	
一、转让房地产收入总额　　1 = 2 + 3				1		
其中	货币收入			2		
	实物收入及其他收入			3		
二、扣除项目金额合计　　4 = 5 + 6 + 13 + 16 + 20				4		
1. 取得土地使用权所支付的金额				5		
2. 房地产开发成本　　6 = 7 + 8 + 9 + 10 + 11 + 12				6		

续表

项目		行次	金额
其中	土地征用及拆迁补偿费	7	
	前期工程费	8	
	建筑安装工程费	9	
	基础设施费	10	
	公共配套设施费	11	
	开发间接费用	12	
3. 房地产开发费用　13 = 14 + 15		13	
其中	利息支出　interest	14	
	其他房地产开发费用	15	
4. 与转让房地产有关的税金等　16 = 17 + 18 + 19		16	
其中	营业税	17	
	城市维护建设税	18	
	教育费附加	19	
5. 财政部规定的其他扣除项目		20	
三、增值额　21 = 1 − 4		21	
四、增值额与扣除项目金额之比（%）22 = 21 ÷ 4		22	
五、适用税率（%）		23	
六、速算扣除系数（%）		24	
七、应缴土地增值税税额　25 = 21 × 23 − 4 × 24		25	
八、已缴土地增值税税额		26	
九、应补（退）土地增值税税额　27 = 25 − 26		27	

授权代理人	（如果你已委托代理申报人，请填写下列资料） 　　为代理一切税务事宜，现授权 ＿＿（地址） ＿＿＿＿为本纳税人的代理申报人，任何与本报表有关的来往文件都可寄与此人。 授权人签字：＿＿＿＿＿＿＿＿	声明	我声明：此纳税申报表是根据《中华人民共和国土地增值税暂行条例》及其《实施细则》的规定填报的。 我确信它是真实的、可靠的、完整的。 声明人签字：＿＿＿＿＿＿＿

纳税人 签　章		法人代表 签　　章		经办人员（代理申报 人）签章		备注	

（以下部分由主管税务机关负责填写）

主管税务机 关收到日期		接收人		审核日期		税务审核 人员签章	
审核 记录						主管税务 机关盖章	

2. 土地增值税纳税申报表（二）

　　土地增值税纳税申报表（二）适用于非从事房地产开发的纳税人。该纳税人应在签订房地产转让合同后的七日内，向房地产所在地主管税务机关填报土地增值税纳税申报表（二）（表 6-4），进行纳税申报。

表 6-4 土地增值税纳税申报表（二）

（非从事房地产开发的纳税人适用）

税款所属时间：　　　　　　　　　　　　　填表日期：
纳税人编码：　　　　　　　　　　　　　　金额单位：　　　　　面积单位：

纳税人名称			项目名称			项目地址		
业　　别		经济性质		纳税人地址			邮政编码	
开户银行		银行账号		主管部门			电　　话	

项目	行次	金额
一、转让房地产收入总额　1 = 2 + 3	1	
其中　货币收入	2	
实物收入及其他收入	3	
二、扣除项目金额合计 4 = 5 + 6 + 9	4	
1.取得土地使用权所支付的金额	5	
2.旧房及建筑物的评估价格 6 = 7 × 8	6	
其中　旧房及建筑物的重置成本价	7	
成新度折扣率	8	
3.与转让房地产有关的税金等 9 = 10 + 11 + 12 + 13	9	
其中　营业税	10	
城市维护建设税	11	
印花税	12	
教育费附加	13	
三、增值额 14 = 1 − 4	14	
四、增值额与扣除项目金额之比（%）15 = 14 ÷ 4	15	
五、适用税率（%）	16	
六、速算扣除系数（%）	17	
七、应缴土地增值税税额 18 = 14 × 16 − 4 × 17	18	

授权代理人	（如果你已委托代理申报人，请填写下列资料）为代理一切税务事宜，现授权 _____（地址）_____ 为本纳税人的代理申报人，任何与本报表有关的来往文件都可寄与此人。授权人签字：_____	声明	我声明：此纳税申报表是根据《中华人民共和国土地增值税暂行条例》及其《实施细则》的规定填报的。我确信它是真实的、可靠的、完整的。声明人签字：_____	
纳税人签章		法人代表签章	经办人员（代理申报人）签章	备注
（以下部分由主管税务机关负责填写）				
主管税务机关收到日期		接收人	审核日期	税务审核人员签章
审核记录				主管税务机关盖章

第二节　城镇土地使用税及其会计核算

情景导入

2016 年 1 月 A 公司提供的政府部门核发的土地使用证书显示：公司实际占地面积50 000 平方米，其中：企业内学校和医院共占地 1 000 平方米；厂区以外的公用绿化用地 5 000 平方米，厂区内生活小区的绿化用地 500 平方米，其余土地均为公司生产经营用地。

同时，该公司与 B 企业还共同拥有一块面积为 3 000 平方米的土地，其中 A 公司实际使用 2 000 平方米，其余归 B 企业使用。假设当地的城镇土地使用税每半年征收一次，该地每平方米土地年税额 8 元。那么，A 公司 2016 年 1 ～ 6 月份应缴纳多少城镇土地使用税？

一、城镇土地使用税概述

1. 城镇土地使用税的概念

城镇土地使用税（简称土地使用税）是以城镇土地为征税对象，以实际占用的土地面积为计税依据，按规定税额对拥有土地使用权的单位和个人征收的一种税。

2. 城镇土地使用税的特点

1）对占用土地的行为征税。

2）征税对象是土地。

3）征税范围有所限定。

4）实行差别幅度税额。

《中华人民共和国城镇
土地使用税暂行条例》

《国家税务总局 关于下放城镇土地使用税
困难减免税审批权限有关事项的公告》

二、城镇土地使用税的征收范围及纳税义务人

1. 征收范围

城镇土地使用税的征收范围为城市、县城、建制镇和工矿区，如表 6-5 所示。

城市、县城、建制镇、工矿区的具体征税范围，由各省、自治区、直辖市人民政府规定。

表 6-5　城镇土地使用税征收范围

序号	内容	说明
1	城市	是指经国务院批准设立的市。城市的征税范围为市区和郊区
2	县城	是指县人民政府所在地。县城的征税范围为县人民政府所在地的城镇
3	建制镇	是指经省、自治区、直辖市人民政府批准设立的建制镇 建制镇的征税范围为镇人民政府所在地
4	工矿区	是指工商业比较发达、人口比较集中，符合国务院规定的建制镇标准，但尚未设立建制镇的大中型工矿企业所在地。开征城镇土地使用税的工矿区须经省、自治区、直辖市人民政府批准

2. 纳税义务人

1）城镇土地使用税由拥有土地使用权的单位和个人缴纳。拥有土地使用权的单位和个人不在土地所在地的，其土地的实际使用人和代管人为纳税人。

2）土地使用权未确定的或权属纠纷未解决的，由实际使用人纳税。

3）土地使用权共有的，共有各方都是纳税人，由共有各方分别纳税。

例如，3个单位共有一块土地使用权，分别占有 50%、30% 和 20%，如果算出的税额为 100 万元，则分别按 50 万元、30 万元和 20 万元的数额负担土地使用税。

三、城镇土地使用税纳税额的计算

1. 免税项目

城镇土地使用税的免税项目包括：国家机关、人民团体、军队自用的土地；由国家财政部拨付事业经费的单位自用的土地；宗教寺庙、公园、名胜古迹自用的土地；市政街道、广场绿化地带等公共用地；直接用于农、林、牧、渔业的生产用地；开山填海整治的土地；（自行开山填海整治的土地和改造的废弃用地，从使用的月份起，免征土地使用税 5 ~ 10 年）；由财政部另行规定免税的能源、交通、水利设施用地和其他用地。

下列单位自用的土地也可免税：非营利性医疗机构、疾病控制机构、妇幼保健机构等机构，政府部门和企业、事业单位、社会团体、个人投资兴办的福利性、非营利性老年服务机构，非营利性科研机构，企业办的学校、托儿所、幼儿园，公益性未成年人校外活动场所。

此外，纳税人缴纳土地使用税确有困难需要定期减免的，由省、自治区、直辖市税务机关审核后，报国家税务局批准。

2. 适用税额

城镇土地使用税实行分级幅度税额，土地使用税每平方米年税额见表 6-6。

3. 应纳税额的计算

城镇土地使用税的应纳税额依据纳税人实际占用的土地面积和适用单位税额计算。计算公式为

$$年应纳税额 = 计税土地面积（平方米）\times 适用税额$$

表6-6　土地使用税每平方米年税额

级别	非农业正式户口人数	幅度税额 每平方米税额（元）/年
大城市	50万以上	1.5～30元
中等城市	20万～50万	1.2～24元
小城市	20万以下	0.9～18元
县城、建制镇、工矿区	—	0.6～12元

【例6-4】

佳棱有限公司总部位于中等城市，2015年实际占地土地有10 000平方米，该地区适用的单位税额为每平方米5元/年，则2015年应纳的城镇土地使用税为

10 000×5=50 000（元）

四、城镇土地使用税的征收管理

1. 纳税申报

依照税收法律法规及相关规定确定的申报期限、申报内容，就其应税项目如实向税务机关申报缴纳城镇土地使用税，填写《城镇土地使用税纳税申报表》。

纳税人新征用的土地，必须于批准新征用之日起30日内申请登记。

纳税人如有住址变更、土地使用权属转换等情况，从转移之日起，按规定期限办理申报变更登记。

2. 纳税时间和缴税方法

纳税义务发生时间：城镇土地使用税从取得产权或交付使用的次月起计征。

城镇土地使用税按年计算，分两期缴纳，申报纳税期限为每半年结束后次月的申报期内。纳税人选择一次性缴纳全年税款的，申报纳税期限为上半年结束后次月的申报期内。

【知识拓展】

城镇土地使用税纳税义务发生时间规定如下：

① 购置新建商品房，自房屋交付使用之次月起计征城镇土地使用税。

② 购置存量房，自办理房屋权属转移、变更登记手续，房地产权属登记机关签发房屋权属证书之次月起计征城镇土地使用税。

③ 出租、出借房产，自交付出租、出借房产之次月起计征城镇土地使用税。

④ 房地产开发企业自用、出租和出借本企业建造的商品房，自房屋使用或交付之次月起计征城镇土地使用税。

⑤ 新征用的土地，如属耕地，自批准之日起满1年时开始缴纳城镇土地使用税；如属非耕地，则自批准征用次月起缴纳土地使用税。

3. 纳税地点

城镇土地使用税的纳税地点为土地所在地，由土地所在地的地方税务机关负责征收。纳税人使用的土地属于不同省（自治区、直辖市）管辖范围的，应当分别向土地所在地的地方税务机关纳税。在同一省（自治区、直辖市）管辖范围内，纳税人跨地区使用的土地，由各省、自治区、直辖市税务局确定纳税地点。

五、城镇土地使用税的会计核算

1. 账户设置

城镇土地使用税的核算，主要通过设置"管理费用"和"应交税费——应交城镇土地使用税"账户进行。

2. 城镇土地使用税的账户处理

（1）期末计算城镇土地使用税

借：管理费用

　　贷：应交税费——应交城镇土地使用税

（2）缴纳（补交）税款

借：应交税费——应交城镇土地使用税

　　贷：银行存款

【例 6-5】

珠海恒达公司 2016 年实际占地面积共计 12 000 平方米，其中 1 600 平方米为厂区以外的绿化区，企业内学校占地 1 900 平方米和医院各占地 1 500 平方米，另外该企业出租面积 900 平方米的土地使用权，还借给部队 800 平方米作训练场地。该企业所处地段适用年税额为 1.5 元 / 平方米。已缴税款 3 000 元。

厂区以外的绿化区、企业内学校占地、医院占地、借给部队用地，免城镇土地使用税。

年应缴纳的城镇土地使用税 = （12 000 − 1 600 − 1 900 − 1 500 − 800）×1.5
= 9 300（元）

本年应补交税款 = 9 300 − 3 000 = 6 300（元）

会计处理如下。

① 年末计算城镇土地使用税：

借：管理费用　　　　　　　　　　　　　　　　　　　　　　　6 300

　　贷：应交税费——应交城镇土地使用税　　　　　　　　　　　　　6 300

② 缴纳税款时（补交）：

借：应交税费——应交城镇土地使用税　　　　　　　　　　　6 300

　　贷：银行存款　　　　　　　　　　　　　　　　　　　　　　　6 300

表6-7 城镇土地使用税纳税申报表

税款所属期： 填表日期： 金额单位： 面积单位：

纳税人识别号									
纳税人信息	名称	珠海恒达公司 *				纳税人分类	单位□ 个人□		
	登记注册类型					所属行业	*		
	身份证照类型	身份证□ 护照□ 其他□				联系人	联系方式		

申报纳税信息	土地编号 宗地的地号	土地等级	税额标准	土地总面积	所属期起	所属期止	本期应纳税额	本期减免税额	本期已缴税额	本期应补(退)税额
	*									
	*									
	*									
	*									
	*									
	*									
	*									
	合计	*		*		*			*	

以下由纳税人填写：

纳税人声明	此纳税申报表是根据《中华人民共和国城镇土地使用税暂行条例》和国家有关税收规定填报的，是真实的、可靠的、完整的。	
纳税人签章	代理人签章	代理人身份证号

以下由税务机关填写：

受理人	受理日期 年 月 日	受理税务机关签章

本表一式两份，一份纳税人留存，一份税务机关留存。

表6-8 城镇土地使用税减免税明细申报表

税款所属期：

纳税人识别号：

纳税人名称：珠海恒达公司

填表日期：　　　　　金额单位：　　　　　面积单位：

序号	土地编号	所属期起	所属期止	减免性质代码	减免项目名称	减免税面积	土地等级	税额标准	本期减免税额
1									
2									
3									
4									
5									
6									
7									
8									
9									
10									
合计	*	*		*	*	*	*	*	8 700

以下由纳税人填写：

纳税人声明：　此纳税申报表是根据《中华人民共和国房产税暂行条例》和国家有关税收规定填报的，是真实的、可靠的、完整的。

纳税人签章：		代理人签章：	代理人身份证号：

以下由税务机关填写：

受理日期	年 月 日	受理税务机关签章

受理人：

填表说明：

该表是《城镇土地使用税纳税申报表》的附表，由系统根据纳税人填写的《城镇土地使用税源明细表》自动生成，纳税人不需填写该表。

六、城镇土地使用税纳税申报表

城镇土地使用税纳税人应当按照当地税务机关确定的纳税期限，填制城镇土地使用税纳税申报表（表6-7）和城镇土地使用税减免税明细申报表（表6-8），将其所占有的土地的权属、位置、用途、面积和税务机关要求申报的其他内容，据实申报，并按税务机关的要求提供有关的证明文件资料。

第三节　耕地占用税及其会计核算

情景导入

耕地在农业生产中具有特殊重要的地位，它是农业生产中最主要的不可代替的基本生产要素，直接影响到农产品产量和人均占有水平。我国是一个人口大国，人多地少是我国的基本国情。开征耕地占用税是为了合理利用土地资源，加强土地管理，保护农用耕地。其作用主要表现在，利用经济手段限制乱占滥用耕地，促进农业生产的稳定发展；补偿占用耕地所造成的农业生产力的损失。耕地占用税在纳税人获准占用耕地的环节征收，耕地占用税具有一次性征收的特点。什么情况下需要缴纳耕地占用税？耕地占用税如何计算？耕地占用税的会计核算是怎样的？接下来我们就要学会解决这些问题。

一、耕地占用税概述

1.耕地占用税的概念

耕地占用税是对占用耕地建房或从事其他非农业建设的单位和个人，就其实际占用的耕地按面积征收的一种税，它属于对特定土地资源占用课税。

1987年4月1日国务院发布《中华人民共和国耕地占用税暂行条例》，征税目的在于限制非农业建设占用耕地，建立发展农业专项资金，促进农业生产的全面协调发展。2007年12月1日，国务院重新修改公布了《中华人民共和国耕地占用税暂行条例》，2008年2月26日经财政部、国家税务总局公布了《中华人民共和国耕地占用税暂行条例实施细则》。

2.耕地占用税的特点

（1）兼具资源税与特定行为税的性质

耕地占用税以占用农用耕地建房或从事其他非农用建设的行为为征税对象，以约束纳税人占用耕地的行为、促进土地资源的合理运用为课征目的，除具有资源占用税的属性外，还具有明显的特定行为税的特点。

（2）采用地区差别税率

耕地占用税采用地区差别税率，根据不同地区的具体情况，分别制定差别税额，以适应中国地域辽阔、各地区之间耕地质量差别较大、人均占有耕地面积相差悬殊的具体情况，具有因地制宜的特点。

（3）在占用耕地环节一次性课征

耕地占用税在纳税人获准占用耕地的环节征收，除对获准占用耕地后超过两年未使用者须加征耕地占用税外，此后不再征收耕地占用税。因而，耕地占用税具有一次性征收的特点。

《中华人民共和国耕地
占用税暂行条例》

《中华人民共和国耕地占
用税暂行条例实施细则》

二、耕地占用税的征收范围及纳税义务人

1. 征收范围

耕地占用税征税范围包括纳税人为建房或从事其他非农业建设而占用的国家所有和集体所有的耕地。

所谓耕地是指种植农业作物的土地，包括菜地、园地。其中，园地包括花圃、苗圃、茶园、果园、桑园和其他种植经济林木的土地。

占用鱼塘及其他农用土地建房或从事其他非农业建设，也视同占用耕地，必须依法征收耕地占用税。

农田水利不论是否包括建筑物、构筑物占用耕地，均不属于城耕地占用税征税范围，不征收城耕地占用税。

2. 纳税义务人

占用耕地建房或者从事非农业建设的单位和个人，为耕地占用税的纳税人。

所称单位，包括国有企业、集体企业、私营企业、股份制企业、外商投资企业、外国企业及其他企业和事业单位、社会团体、国家机关、部队及其他单位；所称个人，包括个体工商户及其他个人。

三、耕地占用税纳税额的计算

1. 主要减免税优惠

主要减免税优惠如表 6-9 所示。

表 6-9　主要减免税优惠

免征	军事设施占用耕地
	学校、幼儿园、养老院、医院占用耕地
减征	铁路线路、公路线路、飞机场跑道、停机坪、港口、航道占用耕地，减按每平方米 2 元征收
	农村居民占用耕地新建住宅，按照当地适用税额减半征收
	农村烈属、残疾军人、鳏寡孤独以及革命老、少、边、贫的农村居民，在规定用地标准以内新建住宅缴纳耕地占用税确有困难的，经所在乡（镇）人民政府审核报经县级人民政府批准后，可以免或减

1. 应当在收到土地管理部门的通知之日起 30 日内缴纳耕地占用税
2. 临时占用耕地，应当依规定缴纳耕地占用税。在批准临时占用耕地的期限内恢复所占用耕地原状的，全额退税

2. 耕地占用税税率表

耕地占用税税率实行地区差别定额税率：每平方米 5 ～ 50 元，如表 6-10 所示。

表 6-10　耕地占用税税率

序号	人均耕地	每平方米征收
1	人均耕地不超过 1 亩的地区	10 ～ 50 元
2	人均耕地超过 1 亩但不超过 2 亩的地区	8 ～ 40 元
3	人均耕地超过 2 亩但不超过 3 亩的地区	6 ～ 30 元
4	人均耕地超过 3 亩的地区	5 ～ 25 元

经济特区、经济技术开发区和经济发达、人均耕地特别少的地区，适用税额可以适当提高，但最多不得超过上述规定税额的 50%。

农村居民占用耕地新建住宅，按照当地适用税额减半征收耕地占用税。

3. 应纳税额的计算

耕地占用税以纳税人实际占用的耕地面积为计税依据，按照规定的适用税额标准计算应纳税额，实行一次性征收。其计算公式为

$$应纳税额＝实际占用耕地面积（平方米）× 适用定额税率$$

【例 6-6】

2016 年 9 月 1 日，深圳市佳禾有限公司经市国土局批准占地 80 000 平方米用于工业建设，其中占用耕地面积 67 000 平方米（需征收耕地占用税面积为 56 831 平方米，免征税面积为 10 169 平方米），所占耕地适用的定额税率为 20 元 / 平方米，则

$$应纳税额＝ 56 831×20=1 136 620（元）$$

四、耕地占用税的征收管理

1. 纳税申报

耕地占用税纳税人依照税收法律法规及相关规定，应在获准占用应税土地收到土地管理部门的通知之日起 30 日内向主管地税机关申报缴纳耕地占用税；未经批准占用应税土地的纳税人，应在实际占地之日起 30 日内申报缴纳耕地占用税。

纳税人确有困难，不能按期办理耕地占用税纳税申报的，依法应当在规定的期限内提出书面延期申请，经主管地税机关核准，可以在核准的期限内延期申报。经核准延期办理申报的，应当在纳税期内按照主管地税机关核定的税额预缴耕地占用税税款，并在核准的延期内办理税款结算。

2. 纳税时间和缴税方法

土地管理部门在通知单位或者个人办理占用耕地手续时，应当同时通知耕地所在地同级地方税务机关。获准占用耕地的单位或者个人应当在收到土地管理部门的通知之日起 30 日内缴纳耕地占用税。土地管理部门凭耕地占用税完税凭证或者免税凭证和其他有关文件发放建设用地批准书。

【知识拓展】

纳税人不如实申报，逃避纳税的，除补缴全部税款外，处以应纳税额 50% 以上 5 倍以下的罚款；单位或个人获准征（占）用耕地超过两年不使用的，按规定税额加征两成以下耕地占用税；纳税人按有关规定向土地管理部门退还耕地，其已纳税款不再退回。

3. 纳税地点

耕地占用税原则上在应税土地所在地进行申报纳税。涉及集中征收、跨地区占地需要调整纳税地点的，由省地税机关确定。省、自治区、直辖市和计划单列市地方税务机关（以下简称省地税机关）应遵循属地管理原则，合理划分各级地税机关的管理权限，做到权责一致、易于监管、便利纳税。

五、耕地占用税的会计核算

1. 账户设置

由于耕地占用税是在实际占用耕地之前一次性交纳的，可以不通过"应交税费"账户核算。企业为购建的固定资产而交纳的耕地占用税，作为固定资产价值的组成部分，记入"在建工程"账户。

2. 耕地占用税的账户处理

借：在建工程
  贷：银行存款

【例 6-7】

根据例 6-6 中的资料，应纳税额为 1 136 620，则会计处理如下：

借：在建工程   1 136 620
  贷：银行存款   1 136 620

填表日期：2016 年 9 月 1 日

表 6-11　耕地占用税纳税申报表

金额单位：元至角分；面积单位：平方米

纳税人识别号						□单位 □个人	
纳税人信息	名称	深圳市佳禾有限公司		所属行业			
	登记注册类型			联系人		联系方式	
	身份证照类型						
	项目（批次）名称		批准占地部门		批准占地文号		占地日期/批准日期
	占地位置		占地用途		占地方式		
	批准占地面积	67 000	实际占地面积	67 000			
耕地占用信息	计税面积	其中：□减□免税面积	适用税率	计征税额	减免性质代码	□减□免税额	应缴税额
	总计	51 831	10 169	20	1 136 620			1 136 620
	耕地							
	其中：1. 经济开发区							
	2. 基本农田							
	其他农用地							
	其他类型土地							

以下由纳税人填写：

纳税人声明	此纳税申报表是根据《中华人民共和国耕地占用税暂行条例》和国家有关税收规定填报的，是真实的、可靠的、完整的。		
纳税人签章		代理人签章	代理人身份证号

以下由税务机关填写：

受理人		受理日期	年　月　日	受理税务机关签章

本表一式两份，一份纳税人留存，一份税务机关留存。

六、耕地占用税纳税申报表

耕地占用税纳税申报表依据《中华人民共和国税收征收管理法》《中华人民共和国耕地占用税暂行条例》及其实施细则制定。进行耕地占用税纳税申报必须填写耕地占用税纳税申报表（表6-11）。

耕地占用税纳税申报表适用于在中华人民共和国境内占用耕地建房或者从事非农业建设的单位和个人。纳税人应当在收到领取农用地转用审批文件通知之日起或占用耕地之日起30日内，填报耕地占用税纳税申报表，向土地所在地地方税务机关申报纳税。

练 习 题

一、单项选择题

1．土地增值税采用（　　）超率累进税率。

A．三级　　　　　B．四级　　　　　C．五级　　　　　D．六级

2．根据《土地增值税暂行条例》规定，纳税人应在转让房地产合同签订后的（　　）内，到房地产所在地主管税务机关办理纳税申报。

A．五日　　　　　B．六日　　　　　C．七日　　　　　D．八日

3．城镇土地使用税以纳税人（　　）占用的土地面积为计税依据。

A．计划　　　　　B．预算　　　　　C．申请　　　　　D．实际

4．"城镇土地使用税分级幅度税额"中规定，非农业正式户口人数在（　　）以上的属于大城市。

A．50万　　　　　B．60万　　　　　C．70万　　　　　D．80万

5．城镇土地使用税（简称土地使用税）是以（　　）为征税对象。

A．土地使用单位　B．土地使用个人　C．城镇土地　　　D．占用面积

6．城镇土地使用税实行（　　）税额。

A．累进税额　　　B．个别税额　　　C．单位税额　　　D．差别幅度

7．自行开山填海整治的土地和改造的废弃用地，从使用的月份起，免征土地使用税（　　）。

A．5～8年　　　　B．5～10年　　　C．5～12年　　　D．5～15年

8．耕地占用税采用（　　）。

A．各地统一税率　B．地区差别税率　C．累进税额　　　D．分级税率

9．铁路线路、公路线路、飞机场跑道、停机坪、港口、航道占用耕地，减按每平方米（　　）征收耕地占用税。

A．2元　　　　　B．3元　　　　　C．4元　　　　　D．5元

10. 纳税义务人应当在收到土地管理部门的通知之日起（　　　）内缴纳耕地占用税。

A．5 日　　　　　　B．10 日　　　　　　C．15 日　　　　　　D．30 日

二、多项选择题

1. 下列属于土地增值税特点的是（　　　）。

A．征税面比较广　　　　　　　　B．以转让房地产取得的增值额为征税对象

C．实行超率累进税率　　　　　　D．采用扣除法和评估法计算增值额

2. 土地增值税主要通过设置（　　　）账户进行。

A．"管理费用"　　　　　　　　　B．"营业税金及附加"

C．"应交税费"　　　　　　　　　D．"其他应交款"

3. 土地增值税是一种以转让所取得的收入包括（　　　）减除法定扣除项目金额后的增值额为计税依据向国家缴纳的一种税赋。

A．货币收入　　　　B．实物收入　　　　C．其他收入　　　　D．有价证券

4. 城镇土地使用税的特点包括（　　　）。

A．征税范围有所限定　　　　　　B．对占用土地的行为征税

C．征税对象是土地　　　　　　　D．实行差别幅度税额

5. 城镇土地使用税的征收范围为（　　　）。

A．城市　　　　　　B．县城　　　　　　C．建制镇　　　　　　D．工矿区

6. 下列属于免征城镇土地使用税的有（　　　）。

A．国家机关自用的土地　　　　　B．人民团体自用的土地

C．军队自用的土地　　　　　　　D．名胜古迹自用的土地

7. 城镇土地使用税主要通过设置（　　　）账户进行。

A．"管理费用"　　　　　　　　　B．"营业税金及附加"

C．"应交税费"　　　　　　　　　D．"其他应交款"

8. （　　　）占用耕地免征耕地占用税。

A．学校　　　　　　B．幼儿园　　　　　　C．养老院　　　　　　D．医院

9. 耕地占用税兼具（　　　）与（　　　）的性质。

A．资源税　　　　B．土地增值税　　　　C．特定行为税　　　　D．占用行为税

10. 所谓耕地是指种植农业作物的土地，包括菜地、园地。其中，园地包括（　　　）等。

A．花圃　　　　　　B．苗圃　　　　　　C．茶园　　　　　　D．果园

三、判断题

1. 土地增值税是指转让国有土地使用权、地上的建筑物及其附着物产权并取得增值性收入的单位所征收的一种税。　　　　　　　　　　　　　　　　　（　　　）

2. 土地增值税只对有偿转让的房地产征税，对以继承、赠予等方式无偿转让的房

地产，不予征税。 （   ）

3．对旧房及建筑物的转让，以及对纳税人转让房地产申报不实、成交价格偏低的，则采用推算法确定增值额，计征土地增值税。 （   ）

4．土地增值税在房地产发生转让的环节，实行按次征收。 （   ）

5．城镇土地使用税（简称土地使用税）是以城镇土地为征税对象，以实际占用的土地面积为计税依据。 （   ）

6．城镇土地使用税由拥有土地使用权的个人缴纳。 （   ）

7．拥有土地使用权的个人不在土地所在地的，不需要缴纳城镇土地使用税。（   ）

8．城镇土地使用税实行分级幅度税额。 （   ）

9．耕地占用税属于对特定土地资源占用课税。 （   ）

10．耕地占用税具有分次性征收的特点。 （   ）

四、业务题

1．2016 年某公司转让 5 年前购入的一块土地，取得转让收入 1 900 万元，该土地购进价 1 200 万元，取得土地使用权时缴纳相关税费 40 万元，转让该土地时缴纳相关税费 35 万元。

要求：（1）计算增值额；（2）计算增值率；（3）计算应缴纳的土地增值税。

2．2016 年某公司销售一幢已经使用过的办公楼，取得收入 560 万元，办公楼原价 480 万元，已提折旧 360 万元。经房地产评估机构评估，该楼重置成本价为 800 万元，成新度折扣率为五成，销售时缴纳相关税费 38 万元。

要求：（1）计算增值额；（2）计算增值率；（3）计算应缴纳土地增值税。

3．2016 年居民甲某将 6 年前以 80 万元购入的一套自住房转让给乙某，取得收入 150 万元，经房地产评估机构评估，该房屋重置成本价为 150 万元，成新度折扣率为八成。销售时缴纳相关税费 7 万元。

要求：（1）计算增值额；（2）增值率；（3）计算应缴纳土地增值税。

4．2016 年某林场处于城镇土地使用税征收区域内，共占地 3 万平方米，其中办公占地 0.4 万平方米，职工宿舍占地 0.1 万平方米；育林地 1 万平方米，运材道占地 1 万平方米，林中度假村占地 0.5 万平方米，适用的税额为每平方米 1.3 元。要求：计算该企业全年应缴纳城镇土地使用税。

5．2016 年年某企业土地使用证标明实际占地 68 000 平方米，厂区内厂医院占地 900 平方米，托儿所占地 600 平方米，将 150 平方米无偿提供给公安局派出所使用，厂区内还有 600 平方米绿地，向厂内外开放。该厂所在地区城镇土地使用税年税额为 2.5 元 / 平方米。要求：计算该厂应缴的城镇土地使用税。

6．2016 年某处于基建期的核电站占地 17 000 平方米，其中核岛占地 0.9 万平方米，辅助厂房和通信设施占地 0.3 万平方米，生活办公用地 0.5 万平方米，该电站所在地城镇使用税单位税额每平方米 2.8 元。要求：计算该企业全年应缴纳的城镇土地使用税。

7．某人民团体 A、B 两栋办公楼，A 栋占地 3 000 平方米，B 栋占地 1 000 平方米。2016 年 5 月 31 日至 12 月 31 日该团体将 A 栋出租。当地城镇土地使用税的税率为每平方米 16 元。要求：计算该团体 2016 年应缴纳城镇土地使用税。

8．某企业占用林地 50 万平方米建造生态高尔夫球场，还占用林地 200 万平方米开发经济林木，所占耕地适用的定额税率为 19 元 / 平方米。要求：计算企业应缴纳耕地占用税。

9．某企业 2016 年 9 月经批准占用园地 9 000 平方米用于建造厂房，占用菜地 7 000 平方米用于种植经济作物。当地耕地占用税适用税额为 10 元 / 平方米。要求：计算该企业应缴纳耕地占用税。

10．2016 年某航空企业经批准占用耕地 21 000 平方米用于建设民用机场，其中飞机场跑道占用耕地 9 800 平方米，停机坪占用耕地 8 200 平方米，停车场占用耕地 3 000 平方米。该地区耕地占用税适用税额为 11 元 / 平方米。要求：计算该航空企业应缴纳的耕地占用税。

参考答案

第七章　契税、印花税、房产税、车船税、车辆购置税及其会计核算

学习目标

　　通过学习本章，学生应认识契税、印花税、房产税、车船税、车辆购置税的概念及特点；了解几种税的纳税人、征税范围及税率、纳税环节及纳税义务的发生时间等基础知识；掌握各种税的计算、会计处理方法及申报与缴纳。

第一节　契税及其会计核算

情景导入

　　甲某的父母将自己名下房产过户给甲某（即仅作房产证更名），是否视同法定继承人继承土地、房屋权属，不缴纳契税？乙某在某一花园购买了一套房产，采用分期付款方式支付款项，首期支付总价款的五成，乙某应按总价款还是按首期支付的款项计缴契税？

一、契税概述

1. 契税的概念

　　契税是指以所有权发生转移变动的不动产为征税对象，向产权承受人征收的一种财产税。在中华人民共和国境内转移土地、房屋权属，承受的单位和个人为契税的纳税人，应当依照条例的规定缴纳契税。

2. 契税的特点

　　（1）契税属于财产转移税

　　契税以发生转移的不动产，即土地和房屋为征税对象，具有财产转移课税性质。土地、房屋产权未发生转移的，不征契税。

　　（2）契税由财产承受人缴纳

　　一般税种都确定销售者为纳税人，即卖方纳税。契税则属于土地、房屋产权发生交易过程中的财产税，由承受人纳税，即买方纳税。对买方征税的主要目的，在于承

认不动产转移生效，承受人纳税以后，便可拥有转移过来的不动产产权或使用权，法律保护纳税人的合法权益（一般实行先税后证）。

《中华人民共和国契税
暂行条例》

《中华人民共和国契税暂
行条例实施细则》

【知识拓展】

在我国，契税起源于东晋时期的"估税"，至今已有 1600 多年的历史。清初顺治四年（公元 1648 年）规定，民间买卖、典押土地和房屋登录于官时，由买主依买卖价格，每一两银纳三分（即 3%）。到清朝末年，土地、房屋的买卖契税税率提高到 9%，典当契税税率提高到 6%。

二、契税的征收范围及纳税义务人

1. 征收范围

契税的征收范围如表 7-1 所示。

表 7-1 契税的征收范围

主要征收范围	说明
国有土地使用权出让	国有土地使用权出让是指土地使用者向国家交付土地使用权出让费用，国家将国有土地使用权在一定年限内让与土地使用者的行为
土地使用权的转让	土地使用权的转让是指土地使用者以出售、赠予、交换或者其他方式将土地使用权转移给其他单位和个人的行为。土地使用权的转让不包括农村集体土地承包经营权的转移
房屋买卖	① 以房产抵债或实物交换房屋。经当地政府和有关部门批准，以房抵债和实物交换房屋，均视同房屋买卖，应由产权承受人，按房屋现值缴纳契税
	② 以房产作投资或作股权转让。这种交易业务属房屋产权转移，应根据国家房地产管理的有关规定，办理房屋产权交易和产权变更登记手续，视同房屋买卖，由产权承受方按契税税率计算缴纳契税
	③ 买房拆料或翻建新房，应照章征收契税
房屋赠予	以获奖方式取得房屋产权的，其实质是接受赠予房产，应照章交纳契税
房屋交换	包括房屋使用权交换和房屋所有权交换，双方交换价值相等，免纳契税，价值不相等的，按超出部分由支付差价方缴纳契税

2. 纳税义务人

契税的纳税义务人是指在中华人民共和国境内转移土地、房屋权属，承受的单位和个人。单位包括内外资企业、事业单位、国家机关、军事单位和社会团体。个人包括中国公民和外籍人员。

三、契税纳税额的计算

1. 主要减免税优惠

契税的主要减免税优惠如表 7-2 所示。

表 7-2　主要减免税优惠

具体情况	减征或免征
1. 国家机关、事业单位、社会团体、军事单位承受土地、房屋用于办公、教学、医疗、科研和军事设施的	免征
2. 城镇职工按规定第一次购买公有住房的	免征
3. 因不可抗力灭失住房而重新购买住房的	酌情准予减征或者免征
4. 土地、房屋被县级以上人民政府征用、占用后，重新承受土地、房屋权属的	是否减征或者免征契税，由各省、自治区、直辖市人民政府确定
5. 纳税人承受荒山、荒沟、荒丘、荒滩土地使用权，用于农、林、牧、渔业生产的	免征
6. 依照我国有关法律规定及我国缔结或参加的双边和多边条约或协定的规定应当予以免税的外国驻华使馆、领事馆、联合国驻华机构及其外交代表、领事官员和其他外交人员承受土地、房屋权属的	经外交部确认，可以免征
7. 对国有控股公司以部分资产投资组建公司，且该国有控股公司占新公司股份 85% 以上的，对新公司承受该国有控股公司的土地、房屋权	免征

2. 契税税率

契税实行幅度比例税率，税率幅度为 3% ～ 5% 的幅度比例税率。具体执行税率，由各省、自治区、直辖市人民政府在规定的幅度内，根据本地区的实际情况而定。从 2010 年 10 月 1 日起，对个人购买 90 平方米及以下且属家庭唯一住房的普通住房，减按 1% 税率征收契税。

3. 契税应纳税额的计税依据和计算

（1）计税依据

契税的计税依据是不动产的价格。由于不动产的转移方式、定价方法不同，计税依据具体见表 7-3。

表 7-3　计税依据

征税范围	计税依据
土地使用权出售、房屋买卖	以成交价格为计税依据
土地使用权赠予、房屋赠予	由征收机关参照土地使用权出售、房屋买卖的市场价格核定
土地使用权交换、房屋交换	以所交换的土地使用权、房屋的价格差额为计税依据
出让国有土地使用权	为承受人为取得该土地使用权而支付的全部经济利益
房屋买卖	为房屋买卖合同的总价（买卖装修的房屋，装修费用应包括在内）

（2）应纳税额的计算

契税应纳税额的计算公式为

$$应纳税额 = 计税依据 \times 税率$$

【知识拓展】

财政部规定的其他减征、免征契税的项目如下。

1）对拆迁居民因拆迁重新购置住房的，对购房成交价格中相当于拆迁补偿款的部分免征契税，成交价格超过拆迁补偿款的，对超过部分征收契税。

2）承受国有土地使用权支付的土地出让金，要计征契税。不得因减免土地出让金而减免契税。

3）对国家石油储备基地第一期项目建设过程中涉及的契税予以免征。

4）对廉租住房经营管理单位购买住房作为廉租住房、经济适用住房经营管理单位回购经济适用住房继续作为经济适用住房房源的，免征契税。

5）自2011年8月31日起，婚姻关系存续期间，房屋、土地权属原归夫妻一方所有，变更为夫妻双方共有的，免征契税。

6）对已缴纳契税的购房单位和个人，在未办理房屋权属变更登记前退房的，退还已纳契税；在办理房屋权属变更登记后退房的，不予退还已纳契税。

7）对公租房经营管理单位购买住房作为公租房，免征契税。

【例7-1】

居民张甲有两套住房，将一套出售给王乙居民，成交价为600 000元；将另外一套三居一室与居民刘丙交换成小两居一室两套，并支付换房差价款90 000元。计算张甲、王乙、刘丙应缴纳的契税（假设适用税率3%）。

① 张甲：90 000×3%=2 700（元）。

② 王乙：600 000×3%=18 000（元）。

③ 刘丙不需要缴纳。

《关于"营改增"后契税、房产税、土地增值税、
个人所得税计税依据问题的通知》

四、契税的征收管理

1. 纳税义务人纳税发生时间

契税的纳税义务人纳税发生时间是纳税人签订土地、房屋权属转移合同的当天，或者纳税人取得其他具有土地、房屋权属转移合同性质凭证的当天。

2. 纳税时间和缴税方法

根据《中华人民共和国契税暂行条例》第九条的规定，自签订合同之日起10日内，

向土地、房屋所在地的契税征收机关办理纳税申报，并在契税征收机关核定的期限内缴纳税款。

3. 纳税地点

契税在土地、房屋所在地的征收机关缴纳。

五、契税的会计核算

1. 账户设置

企业契税的核算，主要通过设置"固定资产""无形资产"和"应交税费——应交契税"账户进行。

2. 契税的账户处理

（1）计算契税

借：固定资产、无形资产

　　贷：应交税费——应交契税

（2）缴纳契税

借：应交税费——应交契税

　　贷"银行存款"

【例 7-2】

嘉怡公司收到某投资者以土地使用权作价 2 000 000 投入企业作为资本。按规定，以土地使用权作价投资，应视同地使用权转让，按规定缴纳契税。契税税率为 3%，则：

$$应纳税额 = 2\ 000\ 000 \times 3\% = 60\ 000（元）$$

则企业应作如下会计分录：

（1）计算

借：无形资产　　　　　　　　　　　　　　　　　　60 000

　　贷：应交税费——应交契税　　　　　　　　　　　　　60 000

（2）缴纳

借：应交税费——应交契税　　　　　　　　　　　　60 000

　　贷：银行存款　　　　　　　　　　　　　　　　　　60 000

六、契税纳税申报表的编制

契税纳税申报表适用于承受土地使用权、房屋所有权的契税纳税人。该纳税人应在签订土地、房屋权属转移合同或者取得其他具有土地、房屋权属转移合同性质凭证后十日内，向土地、房屋所在地契税征收机关填报契税纳税申报表（表 7-4）和权属转移对象、方式、用途逻辑关系对照表（表 7-5）。

表 7-4　契税纳税申报表

填表日期：　年　月　日

纳税人识别号：□□□□□□□□□□

金额单位：元至角分；面积单位：平方米

承受方信息	名称		登记注册类型		所属行业		□单位　□个人
	身份证照类型		身份证照类型		联系人	联系方式	□单位　□个人
转让方信息	名称		纳税人识别号		所属行业		□单位　□个人
	身份证照类型		身份证照类型		联系人	联系方式	□单位　□个人
	合同签订日期		土地房屋坐落地址				
土地房屋权属转移信息	权属转移方式	设立下拉列表框	用途	设立下拉列表框	权属转移对象	设立下拉列表框*	
	权属转移面积		成交价格		家庭唯一普通住房	□90平方米以上　□90平方米及以下	
	评估价格		计税价格		成交单价		
税款征收信息	计税税额		减免性质代码		减免税额		税率
							应纳税额

以下由纳税人填写：

纳税人声明	此纳税申报表是根据《中华人民共和国契税暂行条例》和国家有关税收规定填报的，是真实的、可靠的、完整的。
纳税人签章		代理人签章		代理人身份证号	

以下由税务机关填写：

受理人		受理日期	年　月　日	受理税务机关签章	

本表一式两份，一份纳税人留存，一份税务机关留存。

注：设立下拉列表框说明。

表 7-5 权属转移对象、方式、用途逻辑关系对照表

权属转移对象			权属转移方式	用途
一级（大类）	二级（小类）	三级（细目）		
土地	无	无	土地使用权出让	1. 居住用地；2. 商业用地；3. 工业用地；4. 综合用地；5. 其他用地
			土地使用权转让	1. 居住用地；2. 商业用地；3. 工业用地；4. 综合用地；5. 其他用地
			土地使用权赠予	1. 居住用地；2. 商业用地；3. 工业用地；4. 综合用地；5. 其他用地
			土地使用权交换	1. 居住用地；2. 商业用地；3. 工业用地；4. 综合用地；5. 其他用地
			土地使用权作价入股	1. 居住用地；2. 商业用地；3. 工业用地；4. 综合用地；5. 其他用地
			其他	1. 居住用地；2. 商业用地；3. 工业用地；4. 综合用地；5. 其他用地
房屋	增量房	普通商品住房	1. 房屋买卖；2. 房屋赠予；3. 房屋交换；4. 房屋作价入股；5. 其他	居住
		非普通商品住房	1. 房屋买卖；2. 房屋赠予；3. 房屋交换；4. 房屋作价入股；5. 其他	居住
		保障性住房	1. 房屋买卖；2. 房屋赠予；3. 房屋交换；4. 房屋作价入股；5. 其他	居住
		其他住房	1. 房屋买卖；2. 房屋赠予；3. 房屋交换；4. 房屋作价入股；5. 其他	居住
		非住房	1. 房屋买卖；2. 房屋赠予；3. 房屋交换；4. 房屋作价入股；5. 其他	1. 商业；2. 办公；3. 商住；4. 附属建筑；5. 工业；6. 其他
	存量房	普通商品住房	1. 房屋买卖；2. 房屋赠予；3. 房屋交换；4. 房屋作价入股；5. 其他	居住
		非普通商品住房	1. 房屋买卖；2. 房屋赠予；3. 房屋交换；4. 房屋作价入股；5. 其他	居住
		保障性住房	1. 房屋买卖；2. 房屋赠予；3. 房屋交换；4. 房屋作价入股；5. 其他	居住
		其他住房	1. 房屋买卖；2. 房屋赠予；3. 房屋交换；4. 房屋作价入股；5. 其他	居住
		非住房	1. 房屋买卖；2. 房屋赠予；3. 房屋交换；4. 房屋作价入股；5. 其他	1. 商业；2. 办公；3. 商住；4. 附属建筑；5. 工业；6. 其他

【例7-3】

嘉怡公司拥有的库房12间，与华研公司拥有的一座厂房相交换，双方协议规定由甲企业补付现金120 0000元，契税税率为3%，则

$$应纳税额 = 120\,0000 \times 3\% = 36\,000\ 元$$

（1）计算

借：固定资产　　　　　　　　　　　　　　　　　　　36 000

　　贷：应交税费——应交契税　　　　　　　　　　　　　36 000

（2）缴纳

借：应交税费——应交契税　　　　　　　　　　　　　36 000

　　贷：银行存款　　　　　　　　　　　　　　　　　　36 000

第二节　印花税及其会计核算

情景导入

某地税务人员在风险应对中发现，某建筑企业于2014～2016年，因忽视印花税，少缴纳"建筑安装工程承包合同"印花税71.62万元、"购销合同"印花税3.18万元、借款合同0.3万元。税务人员要求企业补缴相应税款，加收滞纳金17.95万元，并处以罚款38.51万元，企业为小小印花税付出了大代价。

一、印花税概述

1. 印花税的概念

印花税是对经济活动和经济交往中设立、领受具有法律效力的凭证的行为所征收的一种税。因采用在应税凭证上粘贴印花税票作为完税的标志而得名。

印花税的纳税人包括在中国境内设立、领受规定的经济凭证的企业、行政单位、事业单位、军事单位、社会团体、其他单位、个体工商户和其他个人。

2. 印花税的特点

印花税的特点说明见表7-6。

表7-6　印花税的特点

特点	说明
兼有凭证税和行为税性质	印花税是对单位和个人书立、领受的应税凭证征收的一种税，具有凭证税性质。另一方面，任何一种应税经济凭证反映的都是某种特定的经济行为，因此，对凭证征税，实质上是对经济行为的课税
征税范围广泛	印花税的征税对象包括了经济活动和经济交往中的各种应税凭证，凡书立和领受这些凭证的单位和个人都要缴纳印花税，其征税范围是极其广泛的。随着市场经济的发展和经济法制的逐步健全，依法书立经济凭证的现象将会愈来愈普遍。因此，印花税的征收面将更加广阔

续表

特点	说明
税率低、税负轻	印花税与其他税种相比较，税率要低得多，其税负较轻，具有广集资金、积少成多的财政效应
由纳税人自行完成纳税义务	纳税人通过自行计算、购买并粘贴印花税票的方法完成纳税义务，并在印花税票和凭证的骑缝处自行盖戳注销或画销。这也与其他税种的缴纳方法存在较大区别

《中华人民共和国印花
税暂行条例》

《中华人民共和国印花税
暂行条例施行细则》

二、印花税征收范围及纳税义务人

1. 征收范围

印花税的征收范围见表 7-7。

表 7-7　征收范围

征收范围	说明
经济合同	经济合同的依法订立，是指在经济交往中为了确定、变更或终止当事人之间的权利和义务关系的合同法律行为，其书面形式即经济合同书。我国印花税只对依法订立的经济合同书征收
产权转移书据	产权转移即产业权利的改变，表现为产权主体出现改变。产权转移书据是在产权的交易、交流、继承、赠予、切割等产权主体改变过程中，由产权出让人与受让人之间所缔结的民事法律文书
营业账簿	印花税税目中的营业账簿归属与财务会计账簿，是按照财务会计制度的要求设置的，反映生产经营活动的账册。分为记载资金的账簿（简称资金账簿）和其他营业账簿两类　资金账簿，以"实收资本"与"资本公积"两项的合计金额为计税依据。其他营业账簿，以件数作为计税依据
权利、许可证照	权利、许可证照仅包括"四证一照"：包括政府部门发给的房屋产权证、工商营业执照、商标注册证、专利证、土地使用证等
经财政部门确定征税的其他凭证	

印花税征收具体范围

2. 印花税纳税义务人

在中华人民共和国境内书立、领受的应税凭证，是指在中国境内具有法律效力，受中国法律保护的凭证。在中华人民共和国境内书立、领受的应税凭证的单位和个人，都是印花税的纳税义务人，应当按照规定缴纳印花税，均应依照规定贴花。

三、印花税纳税额的计算

1. 主要减免税优惠

（1）基本优惠

优惠范围见表 7-8。

表 7-8 基本优惠的优惠范围

序号	优惠范围
1	已纳印花税的凭证的副本或抄本；但以副本或抄本作为正本使用的，另贴印花
2	财产所有人将财产赠给政府、社会福利单位、学校所立的书据
3	国家指定的收购部门与村民委员会、农民个人书立的农业产品收购合同
4	无息、贴息贷款合同
5	外国政府或者国际金融组织向我国政府及国家金融机构提供优惠贷款所书立的合同

（2）其他优惠

优惠范围见表 7-9。

表 7-9 其他优惠的优惠范围

序号	优惠范围
1	房地产管理部门与个人订立的租房合同，凡房屋用于生活居住的，暂免贴花
2	军事物资运输、抢险救灾物资运输，以及新建铁路临管线运输等的特殊货运凭证
3	对国家邮政局及所属各级邮政企业，从 1999 年 1 月 1 日起独立运营新设立的资金账簿，凡属在邮电管理局分营前已贴花的资金免征印花税，1999 年 1 月 1 日以后增加的资金按规定贴花
4	对经国务院和省级人民政府决定或批准进行的国有（含国有控股）企业改组改制而发生的上市公司国有股权无偿转让行为，暂不征收证券（股票）交易印花税。对不属于上述情况的上市公司国有股权无偿转让行为，仍应征收证券（股票）交易印花税
5	经县级以上人民政府及企业主管部门批准改制的企业改制前签订但尚未履行完的各类应税合同，改制后需要变更执行主体的，对仅改变执行主体，其余条款未作变动且改制前已贴花的，不再贴花
6	经县级以上人民政府及企业主管部门批准改制的企业因改制签订的产权转移书据免予贴花
7	投资者买卖封闭式证券投资基金免征印花税
8	对国家石油储备基地第一期项目建设过程中涉及的印花税予以免征
9	证券投资者保护基金有限责任公司发生的凭证和产权转移书据享受印花税的优惠政策（略）。与保护基金有限责任公司签订的这些合同或产权转移书据，只是对保护基金有限责任公司免征印花税，而对其他的当事人应该照章征收印花税
10	对公共租赁住房经营管理单位免征建设、管理公共租赁住房涉及的印花税
11	对公共租赁住房经营管理单位购买住房作为公共租赁住房，免征契税、印花税；对公共租赁住房租赁双方免征签订租赁协议涉及的印花税
12	对商品储备管理公司及其直属库资金账簿免征印花税；对其承担商品储备业务过程中书立的购销合同免征印花税，对合同其他各方当事人应缴纳的印花税照章征收
13	自 2014 年 11 月 1 日至 2017 年 12 月 31 日，对金融机构与小型、微型企业签订的借款合同免征印花税
14	自 2014 年 1 月 1 日起至 2018 年 12 月 31 日止，暂免征收飞机租赁企业购机环节购销合同印花税
15	对改造安置住房经营管理单位、开发商与改造安置住房相关的印花税及购买安置住房的个人涉及的印花税予以免征
16	对与高校学生签订的高校学生公寓租赁合同，免征印花税

续表

序号	优惠范围
17	对经营性文化事业单位转制中资产评估增值、资产转让或划转涉及的印花税，自 2014 年 1 月 1 日至 2018 年 12 月 31 日止，符合现行规定的享受相应税收优惠政策
18	自 2016 年 1 月 1 日至 2018 年 12 月 31 日，对饮水工程运营管理单位为建设饮水工程取得土地使用权而签订的产权转移书据，以及与施工单位签订的建设工程承包合同免征印花税

2. 印花税税率

印花税税率分比例税率和定额税率两类。除权利、许可证照及营业账簿中的其他账簿使用定额税率（按件贴花 5 元）之外，其他征税项目使用比例税率。

（1）比例税率

税率表见 7-10。

表 7-10　税率表

税率档次		应税凭证
比例税率 （四档）	0.05‰	借款合同
	0.3‰	购销合同、建筑安装工程承包合同、技术合同
	0.5‰	加工承揽合同、建筑工程勘察设计合同、货物运输合同、产权转移书据、营业账簿中记载资金的账簿
	1‰	财产租赁合同、仓储保管合同、财产保险合同、股权转让书据（股票特殊）
5 元定额税率		权利、许可证照和营业账簿中的其他账簿

【知识拓展】

1）证券交易印花税单边按 1‰ 征收。

2）在上交所、深交所、全国中小企业股份转让系统买卖、继承、赠予优先股所书立的股权转让书据由出让方按实际成交额的 1‰ 征收。

3）香港投资者通过沪港通买卖、继承、赠予上交所上市 A 股，按内地规定缴纳印花税，内地投资者通过沪港通买卖、继承、赠予联交所上市股票按香港规定缴纳印花税。（买哪个股票按哪个规矩缴纳）

（2）定额税率

适用定额税率的权利、许可证照和营业账簿中的其他账簿，采取按件征收固定税额，单位税额均为每件 5 元；对其他营业账簿、权利、许可证照，单位税额均为每件 5 元。

3. 应纳税额的计算

第一种为按比例税率计算应纳税额：应纳税额 = 计税金额 × 适用税率。

第二种为按定额税率计算应纳税额：应纳税额 = 凭证数量 × 单位税额。

印花税实行由纳税人根据规定自行计算应纳税额，购买并一次贴足印花税票（以下简称贴花）的缴纳办法。

【例 7-4】

光大公司 2016 年 1 月份开业，领受房屋产权证、土地使用证、工商营业执照、商标注册证、税务登记证各一件；与其他企业订立购销合同一份，所载金额 170 万元；订立房屋租赁合同一份，所载金额 120 万元；营业账簿中，"实收资本"账户记载金额为 790 万元。则光大公司 1 月份应纳的印花税为：

① 房屋产权证、土地使用证、工商营业执照、商标注册证应纳税额 = 4 × 5 = 20（元）。

② 购销合同应纳税额 = 1 700 000 × 0.3‰ = 510（元）。

③ 租赁合同应纳税额 = 1 200 000 × 1‰ = 1 200（元）。

④ 记载增加性质应纳税额 = 7 900 000 × 0.5‰ = 3 950（元）。

光大公司应纳印花税合计 = 20 + 510 + 1 200 + 3 950 = 5 680（元）。

四、印花税的征收管理

1. 纳税申报

凡印花税纳税单位均应按季进行申报，于每季度终了后十日内向所在地地方税务机关报送印花税纳税申报表或监督代表报告表。只办理税务注册登记的机关、团体、部队、学校等印花税纳税单位，可在次年一月底前到当地税务机关申报上年税款。

2. 纳税时间和缴税方法

（1）纳税时间

印花税的纳税期限是在印花税应税凭证书立、领受时贴花完税的。对实行印花税汇总缴纳的单位，缴款期限最长不得超过一个月。

（2）缴税方法

缴纳方法及说明见表 7-11。

表 7-11　缴纳方法及说明

序号	缴纳方法	说明
1	一般纳税方法	印花税通常由纳税人根据规定自行计算应纳税额，购买并一次贴足印花税票，完纳税款
2	简化纳税方法	① 以缴款书或完税证代替贴花的方法（一份凭证的纳税额超过 500 元） ② 按期汇总缴纳印花税方法。同一类应纳税需要频繁贴花，可申请按期汇总缴纳印花税（最长不超过一个月） ③ 代扣税款汇总缴纳的方法。税务机关委托经由发放或者办理应税凭证的单位代为征收印花税税款
3	其他具体规定	纳税人对纳税凭证应妥善保存。凭证的保存期限，凡国家已有明确规定的，按规定办理；其他凭证均应在履行纳税义务完毕后保存 10 年

3. 纳税地点

印花税应当在书立或领受时贴花。具体是指，在合同签订时、账簿启用时和证照领受时贴花。如果合同是在国外签订，并且不便在国外贴花的，应在将合同带入境时

表7-12 印花税纳税申报表

税款所属期限：自 年 月 日 至 年 月 日 填表日期： 年 月 日 金额单位：元至角分

纳税人识别号 □□□□□□□□□□□□□□□

纳税人信息	名称		所属行业		□单位 □个人		
	登记注册类型						
	身份证件号码		联系方式				

应税凭证名称	计税金额或件数 1	核定征收		适用税率 4	本期应纳税额 5＝1×5÷2×4×5	本期已缴税额 6	本期减免税额		本期应补（退）税额 9＝5－6－8
		核定依据 2	核定比例 3				减免性质代码 7	减免额 8	
购销合同				0.3‰					
加工承揽合同				0.5‰					
建设工程勘察设计合同				0.5‰					
建筑安装工程承包合同				0.3‰					
财产租赁合同				1‰					
货物运输合同				0.5‰					
仓储保管合同				1‰					
借款合同				0.05‰					
财产保险合同				1‰					
技术合同				0.3‰					
产权转移书据				0.5‰					
营业账簿（记载资金的账簿）		—		0.5‰					
营业账簿（其他账簿）		—		5					
权利、许可证照		—		5					
合计	—	—		—					

以下由纳税人填写：

纳税人声明：此纳税申报表是根据《中华人民共和国印花税暂行条例》和国家有关税收规定填报的，是真实的、可靠的、完整的。

纳税人签章　　代理人签章　　代理人身份证号

以下由税务机关填写：

受理人　　受理日期 年 月 日　　受理税务机关签章

办理贴花纳税手续。印花税一般实行就地纳税。

五、印花税的会计核算

1. 账户设置

印花税属于一次性缴纳的税种，不存在与税务机关清算和结算的问题，因此，印花税可以不通过"应交税费"账户核算。企业可设置"管理费用——印花税"账户，核算印花税的上交情况。

2. 印花税的账户处理

【例7-5】

根据例7-3的资料，光大公司缴纳印花税时的会计处理如下：

借：管理费用——印花税　　　　　　　5 680
　　贷：银行存款　　　　　　　　　　　　　5 680

六、印花税纳税申报表

印花税纳税申报表格式见表7-12。

第三节　房产税及其会计核算

情景导入

　　广州南岭村村民黄亮利用自家宅基地上的房屋开办了一家旅店，对外进行经营。其居住的村落系镇政府所在地。2016年10月，区地方税务局某税务所向黄亮征收旅店经营用房的房产税420元。黄亮对此不服，以农村不应收取房产税、旅店所用房屋系其自有住宅、不属于房产税征收范围为由，先后提起行政复议和诉讼。那么，黄亮会胜诉吗？

一、房产税概述

1. 房产税的概念

房产税是以房屋为征税对象，按房屋的计税余值或租金收入为计税依据，向产权所有人征收的一种财产税。

2. 房产税的特点

1）房产税属于财产税中的个别财产税，其征税对象只是房屋。

2）征收范围限于城镇的经营性房屋，不涉及农村。

3）区别房屋的经营使用方式规定征税办法，对于自用的按房产计税余值征收，对于出租房屋按租金收入征税。产权出典的房产，由承典人依照房产余值缴纳房产税，税率为1.2%。

《中华人民共和国房产
税暂行条例》

《财政部 税务总局关于房产税若
干具体问题的解释和暂行规定》

二、房产税的征收范围及纳税义务人

1. 征收范围

《中华人民共和国房产税暂行条例》规定，房产税在城市、县城、建制镇和工矿区征收。城市、县城、建制镇、工矿区的具体征税范围，由各省、自治区、直辖市人民政府确定。

2. 纳税义务人

房产税的纳税义务人是征税范围内的房屋产权所有人，包括国家所有和集体、个人所有房屋的产权所有人、承典人、代管人或使用人三类。具体见表7-13。

表7-13　纳税义务人

产权所有	纳税义务人
产权属国家所有的	由经营管理单位纳税
产权属集体和个人所有的	由集体单位和个人纳税
产权出典的	由承典人纳税
产权所有人、承典人不在房屋所在地的	由房产代管人或者使用人纳税
产权未确定及租典纠纷未解决的	由房产代管人或者使用人纳税
无租使用其他房产的	由房产使用人纳税

以人民币以外的货币为记账本位币的外资企业及外籍个人在缴纳房产税时，均应将其根据记账本位币计算的税款按照缴款上月最后一日的人民币汇率中间价折合成人民币。

三、房产税纳税额的计算

1. 主要减免税优惠

减免税优惠见表7-14。

表7-14　减免税优惠

免征范围	说明
国家机关、人民团体、军队自用的房产	但上述免税单位的出租房产不属于免税范围
由国家财政部门拨付事业经费的单位自用的房产	但如学校、工厂、商店、招待所等应照章纳税

续表

免征范围	说明
宗教寺庙、公园、名胜古迹自用的房产	但经营用的房产不免
个人所有非营业用的房产	但个人拥有的营业用房或出租的房产，应照章纳税
对行使国家行政管理职能的中国人民银行总行所属分支机构自用的房产	—
财政部批准免税的其他房	如经有关部门核定属危房、不准使用的房产

【知识拓展】

税法规定：企业办的各类学校、医院、托儿所、幼儿园自用的房产，免征房产税。

在确定房产税的计税依
据时几个特殊规定

2.房产税率

房产税按年征收，分期缴纳。纳税期限由省、自治区、直辖市人民政府规定。房产税税率采用比例税率。房产税率表见表7-15。

表7-15　房产税率表

征收依据	税率
依照房产余值计算缴纳的	1.2%
依照房产租金收入计算缴纳的	12%
对个人出租住房，不区分用途	4%
对企事业单位、社会团体以及其他组织按市场价格向个人出租用于居住的住房	减按4%

3.应纳税额的计算

企业房产税计算的计税依据有两种：一是房产的计税余值；二是房产租金收入。具体见表7-16。

表7-16　房产税计税依据

计税方法	计税依据	税率	应纳税额计算公式
从价计征	房产计税余值	1.2%	全年应纳税额＝应税房产原值×（1-扣除比例）×1.2%
从租计征	房产租金收入	12%（个人出租住房暂按4%）	全年应纳税额＝租金收入×12%（个人为4%）

所谓房产的计税余值，是指依照税法规定房产原值一次减除10%～30%的损耗价值后的余额。具体减除幅度由省、自治区、直辖市人民政府确定。没有房产原值作为依据的，由房产所在地税务机关参考同类房产核定。

【知识拓展】

这里所说的房产原值，是指企业按照会计制度的规定，在"固定资产"账簿中记载的房屋的原价。凡是在企业"固定资产"账簿中记载有房屋原价的，均以房屋原价扣除一定比例后作为房产的计税余值。按照规定，企业对房屋进行改建、扩建的，要相应增加房产的原值。

【例 7-6】

张榕拥有二处房产，其中一处原值 90 万元的房产自己居住；另一处原值 70 万元的房产出租给王某居住，2016 年 8 月 1 日按市场价每月取得租金收入 3 000 元，则张某 2016 年应交纳的房产税为

$$应纳房产税 =3\,000 \times 5 \times 4\%=600（元）$$

【例 7-7】

越秀公司 2016 年拥有经营用房原始价值为 900 万元，按照当年政府规定允许扣除 25% 后余值计算，适用税率为 1.2%，则该公司 2016 年应纳房产税为

$$应纳房产税 =9\,000\,000 \times （1 - 25\%） \times 1.2\%=81\,000（元）$$

四、房产税的征收管理

1. 纳税申报

房产税的纳税申报，是房屋产权所有人或纳税人缴纳房产税必须履行的法定手续。纳税义务人应根据税法要求，将现有房屋的坐落地点、结构、面积、原值、出租收入等情况，据实向当地税务机关办理纳税申报，并按规定纳税。如果纳税人住址发生变更、产权发生转移，以及出现新建、改建、扩建、拆除房屋等情况，而引起房产原值发生变化或者租金收入变化的，都要按规定及时向税务机关办理变更登记。

2. 纳税时间和缴税方法

房产税是以房屋为征税对象，按房屋的计税余值或租金收入为计税依据，向产权所有人征收的一种财产税。纳税时间见表 7-17。

表 7-17 纳税时间

具体情况	纳税时间
纳税人将原有房产用于生产经营	从生产经营之月起
纳税人自行新建房屋用于生产经营	从建成之次月起
纳税人委托施工企业建设的房屋	从办理验收手续之次月起
纳税人购置新建商品房	自房屋交付使用之次月起
纳税人购置存量房，自办理房屋权属转移、变更登记手续	房地产权属登记机关签发房屋权属证书之次月起

续表

具体情况	纳税时间
纳税人出租、出借房产	自交付出租、出借房产之次月起
房地产开发企业自用、出租、出借本企业建造的商品房	自房屋使用或交付之次月起

房产税实行按年计算，分期缴纳的征收办法。具体纳税期限由省、自治区、直辖市人民政府规定。

3. 纳税地点

房产税在房产所在地缴纳。对房产不在同一地方的纳税人，应按房产的坐落地点分别向房产所在地的税务机关缴纳。

五、房产税的会计核算

1. 账户设置

企业房产税的核算，主要通过设置"管理费用——房产税"和"应交税费——应交房产税"账户进行。

2. 房产税的账户处理

（1）计算房产税时

借：管理费用——房产税

　　贷：应交税费——应交房产税

（2）缴纳房产税时

借：应交税费——应交房产税

　　贷：银行存款

【例 7-8】

根据例 7-6 资料，越秀公司计算、缴纳房产税时的会计处理如下。

①计算：

借：管理费用——房产税　　　　　　　　　　　　　　　　81 000

　　贷：应交税费——应交房产税　　　　　　　　　　　　　　　81 000

②缴纳：

借：应交税费——应交房产税　　　　　　　　　　　　　　81 000

　　贷：银行存款　　　　　　　　　　　　　　　　　　　　　81 000

六、房产税纳税申报表

房产税纳税申报表适用于在中华人民共和国境内申报缴纳房产税的单位和个人。房产税纳税申报表格式见表7-18。

《从价计征房产税税源明细表》
《从租计征房产税税源明细表》

表 7-18 房产税纳税申报表

税款所属期期：自 年 月 日至 年 月 日 　　　填表日期： 年 月 日 　　　金额单位：元至角分；面积单位：平方米

纳税人识别号：□□□□□□□□□□□□□□□□

纳税人信息	名称								纳税人分类	单位□ 个人□	
	登记注册类型				*				所属行业		*
	身份证照类型	身份证□ 护照□ 军官证□ 其他□							联系人	联系方式	

一、从价计征房产税

	房产编号	房产原值	其中：出租房产原值	计税比例	税率	所属期起	所属期止	本期应纳税额	本期减免税额	本期已缴税额	本期应补（退）税额
1	*										
2	*										
3	*										
4	*										
5	*										
6	*										
7	*										
8	*										
9	*										
10	*										
合计	*		*	*	*	*	*				

二、从租计征房产税

	本期申报租金收入	税率	本期应纳税额	本期减免税额	本期已缴税额	本期应补（退）税额
1						
2						
3						
合计	*	*				

以下由纳税人填写：

纳税人声明　此纳税申报表是根据《中华人民共和国房产税暂行条例》和国家有关税收规定填报的，是真实的、可靠的、完整的。

纳税人签章　　　　　代理人签章　　　　　代理人身份证号

以下由税务机关填写：

受理人　　　受理日期　 年 月 日　　　受理税务机关签章

本表一式两份，一份纳税人留存，一份税务机关留存。

第四节　车船税及其会计核算

情景导入

李女士刚刚买了一辆排气量为 2.0 升的汽车，她想节约一些费用，就问朋友车船税不交可以吗？朋友回答她"按规定必须要交"。按照相关规定，李女士的这辆汽车每年应交纳的车船税应为多少？在哪里交？

一、车船税概述

1. 车船税的概念

车船税以车船为课征对象，对在中华人民共和国境内车辆、船舶（以下简称车船）的所有人或者管理人征收的一种税。

2. 车船税的特点与立法原则

车船税具有涉及面广、税源流动性强、纳税人多为个人等特点。立法原则见表 7-19。

表 7-19　立法原则

立法原则	作用
筹集地方财政资金	支持交通运输事业
加强对车船使用的管理	促进车船的合理配置
调节财富分配	体现社会公平

《中华人民共和国
车船税法》

《中华人民共和国车船
税法实施条例》

二、车船税的征收范围及纳税义务人

1. 征收范围

车船税的征税范围是指在中华人民共和国境内属于《中华人民共和国车船税税法》所附《车船税税目税额表》规定的车辆、船舶。车辆、船舶是指：①依法应当在车船管理部门登记的机动车辆和船舶；②依法不需要在车船管理部门登记、在单位内部场所行驶或者作业的机动车辆和船舶。

2. 纳税义务人

在中华人民共和国境内，车辆、船舶（以下简称车船）的所有人或者管理人为车船税的纳税人，应当依照规定缴纳车船税。即在我国境内拥有车船的单位和个人。车船的所有人或者管理人未缴纳车船税的，使用人应当代为缴纳车船税。所称的管理人，是指对车船具有管理使用权，不具有所有权的单位和个人。

三、车船税纳税额的计算

1. 主要减免税优惠

主要减免税优惠见表 7-20。

表 7-20　减免税优惠

减免	减免范围	减免优惠
法定减免	捕捞、养殖渔船	免征
	军队、武装警察部队专用的车船	免征
	警用车船	免征
	依法应当给予能免税的外国驻华使领馆、国际组织驻华代表机构及其有关人员的车船	免征
	节约能源的车船	减半征收
	使用新能源的车船	免征
	对受严重自然灾害影响纳税困难及有其他特殊原因确需减税、免税的	减征或免征
	省、自治区、直辖市人民政府根据当地实际情况，可以对公共交通车船，农村居民拥有并主要在农村地区使用的摩托车、三轮汽车和低速载货汽车	定期减征或者免征
特定减免	经批准临时入境的外国车船和香港特别行政区、澳门特别行政区、台湾地区的车船	不征收
	按照规定缴纳船舶吨税的机动船舶	自《中华人民共和国车船税税法》实施之日起5年内免征车船税
	机场、港口、铁路站场内部行驶或者作业的车船	

免征车船税的使用新能源汽车是指纯电动商用车、插电式（含增程式）混合动力汽车、燃料电池商用车。纯电动乘用车和燃料电池乘用车不属于车船税征税范围，对其不征车船税。

2. 车船税税目税额

车船税是以车船为征税对象，向拥有车船的单位和个人征收的一种税。车船税实行定额税率。定额税率也称固定税额，是税率的一种特殊形式。定额税率计算简便，适用于从量计征的税种。车船税税目税额表见表 7-21。

表 7-21　车船税税目税额表

税目		计量单位	年基准税额	备注
乘用车 [按发动机汽缸容量（排气量）分档]	1.0 升（含）以下的	每辆	60 ~ 360 元	核定载客人数9人(含)以下
	1.0 升以上至 1.6 升（含）的		300 ~ 540 元	
	1.6 升以上至 2.0 升（含）的		360 ~ 660 元	
	2.0 升以上至 2.5 升（含）的		660 ~ 1200 元	
	2.5 升以上至 3.0 升（含）的		1200 ~ 2400 元	
	3.0 升以上至 4.0 升（含）的		2400 ~ 3600 元	
	4.0 升以上的		3600 ~ 5400 元	

续表

税目		计量单位	年基准税额	备注
商用车	客车	每辆	480 ~ 1440 元	核定载客人数 9 人以上，包括电车
	货车	整备质量每吨	16 ~ 120 元	包括半挂牵引车、三轮汽车和低速载货汽车等
其他车辆	挂车	整备质量每吨	按照货车税额的 50% 计算	不包括拖拉机
	专用作业车	整备质量每吨	16 ~ 120 元	
	轮式专用机械车		16 ~ 120 元	
摩托车		每辆	36 ~ 180 元	
船舶	机动船舶	净吨位每吨	3 ~ 6 元	拖船、非机动船舶分别按照机动船舶税额的 50% 计算
	游艇	艇身长度每米	600 ~ 2000 元	

3. 应纳税额的计算

购置的新车船，购置当年的应纳税额自纳税义务发生的当月起按月计算。计算公式为

$$应纳税额 = 年应纳税额 / 12 \times 应纳税月份数$$

【知识拓展】

1）在一个纳税年度内，已完税的车船被盗抢、报废、灭失的，纳税人可以凭有关管理机关出具的证明和完税证明，向纳税所在地的主管税务机关申请退还自被盗抢、报废、灭失月份起至该纳税年度终了期间的税款。

2）已办理退税的被盗抢车船，失而复得的，纳税人应当从公安机关出具相关证明的当月起计算缴纳车船税。

3）在一个纳税年度内，纳税人在非车辆登记地由保险机构代收代缴机动车车船税，且能够提供合法有效完税证明的，纳税人不再向车辆登记地的地方税务机关缴纳车辆车船税。

4）已缴纳车船税的车船在同一纳税年度内办理转让过户的，不另纳税，也不退税。

【例 7-9】

2016 年华源运输公司拥有纯电动汽车 10 辆，载客人数 9 人以下的小汽车 25 辆，载客人数 9 人以上的客车 38 辆，载货汽车 20 辆（每辆整备质量 8 吨）。

小汽车适用的车船税年税额为每辆 900 元，客车适用的车船税年税额为每辆 1 000 元，货车适用车船税税额为整备质量每吨 70 元。该运输公司 2013 年度应缴纳车船税为

小汽车应纳税额 $=900 \times 25 = 22\ 500$（元）

大客车应纳税额 $=1\ 000 \times 38 = 38\ 000$（元）

货车应纳税额 $=8 \times 70 \times 20 = 11\ 200$（元）

该运输公司应纳车船税 $=22\ 500 + 38\ 000 + 11\ 200 = 71\ 700$（元）

四、车船税的征收管理

1. 纳税申报

车船税按年申报，分月计算，一次性缴纳。纳税年度为公历 1 月 1 日至 12 月 31 日。车船税按年申报缴纳。具体纳税申报期限由省、自治区、直辖市人民政府规定。

2. 纳税时间和缴税方法

（1）纳税时间

车船税的纳税义务发生时间，为取得车船所有权或者管理权的当月，即该车船交付的当月，应为车船管理部门核发的车船登记证书或者行驶证书所记载日期的当月。

（2）缴税方法

1）保险机构代收代缴。

2）委托交通运输部门海事管理机构代为征收船舶车船税。

3. 纳税地点

车船税的纳税地点为车船的登记地或者车船税扣缴义务人所在地。依法不需要办理登记的车船，车船税的纳税地点为车船的所有人或者管理人所在地。

五、车船税的会计核算

1. 账户设置

企业车船税的核算，主要通过设置"管理费用——车船税"和"应交税费——应交车船税"账户进行。

2. 车船税的账户处理

（1）计算车船税时

借：管理费用——车船税

　　贷：应交税费——应交车船税

（2）缴纳车船税时

借：应交税费——应交车船税

　　贷：银行存款

【例 7-10】

根据例 7-9 中的资料，华源运输公司计算、缴纳华源运输公司税时的会计处理如下。

① 计算：

借：管理费用——车船税　　　　　　　　　　　　　　　　　　71 700

　　贷：应交税费——应交车船税　　　　　　　　　　　　　　　　　　71 700

② 缴纳：

借：应交税费——应交车船税　　　　　　　　　　　　　　　　　71 700

　　贷：银行存款　　　　　　　　　　　　　　　　　　　　　　　　71 700

表 7-20　车船税纳税申报表

税款所属期限：自　年　月　日　至　年　月　日　　　　填表日期：　年　月　日　　　　金额单位：元至角分

纳税人识别号 □□□□□□□□□□□□□□□□□

纳税人名称						纳税人身份证照类型							
纳税人身份证照号码						居住（单位）地址							
联系人						联系方式							

序号	(车辆)号牌号码/(船舶)登记号码	车船识别代码(车架号/船舶识别号)	征收品目	计税单位	计税单位的数量	单位税额	年应缴税额	本年减免税额	减免性质代码	减免税证明号	当年应缴税额	本年已缴税额	本期年应补（退）税额
	1	2	3	4	5	6	7=5×6	8	9	10	11=7-8	12	13=11-12
合计													
申报车辆总数（辆）						申报船舶总数（艘）							

以下由申报人填写：

纳税人声明：此纳税申报表是根据《中华人民共和国车船税法》和国家有关税收规定填报的，是真实的、可靠的、完整的。

纳税人签章	代理人签章	代理人身份证号

以下由税务机关填写：

受理人	受理日期	受理税务机关（签章）

本表一式两份，一份纳税人留存，一份税务机关留存。

六、车船税纳税申报表

车船税纳税申报表适用于中华人民共和国境内自行申报车船税的纳税人填报。本表分为一主表两附表，车辆车船税纳税人填报纳税申报表和税源明细表（车辆），船舶车船税纳税人填报纳税申报表和税源明细表（船舶）。车船税纳税申报表的格式见表 7-22。

第五节　车辆购置税及其会计核算

情景导入

小魏今年从某大学会计专业毕业，近几天单位购买了一辆车，车辆价格在 30 万元，车辆购置税 2 万元，单位为车购买了强制险和平安保险共计 1 万元，车船税等费用 500元。车辆购置税进成本么？购买的车辆账务处理是怎样的？小魏向老会计请教。老会计告诉小魏，单位的固定资产不仅包括房屋、建筑物、仪器、运输工具等的购买价格、进口关税、运输和保险等相关费用，还包括固定资产在取得时的成本，为使固定资产达到预定可使用状态前所必要的支出。车辆购置税是为了取得车辆这个固定资产而付出的代价，所以车辆购置税进成本。

一、车辆购置税概述

1. 车辆购置税的概念

车辆购置税是以在中国境内购置规定的车辆为课税对象、在特定的环节向车辆购置者征收的一种税。就其性质而言，属于直接税的范畴。车辆购置税在 2001 年 1 月 1日通过"费改税"方式由车辆购置附加费演变而来。

2. 车辆购置税的特点

车辆购置税除具有税收的共同特点外，还有其自身独立的特点，见表 7-23。

表 7-23　车辆购置税特点

特点	说明
征收范围单一	是以购置的特定车辆为课税对象，而不是对所有的财产或消费财产征税，范围窄，是一种特种财产税
征税具有特定目的	车辆购置税为中央税，它取之于应税车辆，用之于交通建设，其征税具有专门用途
价外征收，不转嫁税负	征收车辆购置税的商品价格中不包含车辆购置税税额，车辆购置税税额是附加在价格之外的，且纳税人即为负税人，税负不发生转嫁

《车辆购置税暂行条例》

《车辆购置税征收管理办法》

《国家税务总局关于车辆购置税征收管理有关问题的补充公告》

二、车辆购置税的征收范围及纳税义务人

1. 征收范围

车辆购置税的征收范围包括汽车、摩托车、电车、挂车、农用运输车，具体征收范围依照《车辆购置税征收范围表》，见表7-24。

表7-24 车辆购置税征收范围

范围		具体内容
汽车		各类汽车
摩托车	轻便摩托车	最高设计时速不大于50km/h，发动机汽缸总排量不大于50cm³ 的两个或者三个车轮的机动
	二轮摩托车	最高设计车速大于50km/h，或者发动机汽缸总排量大于50cm³ 的两个车轮的机动车
	三轮摩托车	最高设计车速大于50km/h，或者发动机汽缸总排量大于50cm³，空车重量不大于400kg 的三个车轮的机动车
电车	无轨电车	以电能为动力，由专用输电电缆线供电的轮式公共车辆
	有轨电车	以电能为动力，在轨道上行驶的公共车辆
挂车	全挂车	无动力设备，独立承载，由牵引车辆牵引行驶的车辆
	半挂车	无动力设备，与牵引车辆共同承载，由牵引车辆牵引行驶的车辆
农用运输车	三轮农用运输车	柴油发动机，功率不大于7.4kW，载重量不大于500kg，最高车速不大于40km/h 的三个车轮的机动车。
	四轮农用运输车	柴油发动机，功率不大于28kW，载重量不大于1500kg，最高车速不大于50km/h 的四个车轮的机动车

2. 纳税义务人

车辆购置税的纳税人包括在中华人民共和国境内购买、进口、自产、受赠、获奖或者以其他方式取得并自用应税车辆的国有企业、集体企业、私营企业、股份制企业、外商投资企业、外国企业及其他企业和事业单位、社会团体、国家机关、部队、其他单位，以及个体工商户和其他个人。

【知识拓展】

开征车辆购置税有以下作用。

1）有利于合理筹集建设资金，积累国家财政收入，从而促进交通基础设施建设事业的健康发展。

2）有利于规范执法行为，理顺税费关系，深化和完善财税体制改革。

3）有利于调整收入差别，缓解社会分配不公的矛盾。

4）有利于配合打击走私，保护国内汽车工业的发展、维护国家权益。

三、车辆购置税纳税额的计算

1. 主要减免税优惠

1）减免税的具体规定。

减免税的具体规定见表 7-25。

表 7-25　减免税的具体规定

具体规定	减免
外国驻华使馆、领事馆和国际组织驻华机构及其外交人员自用的车辆	免税
中国人民解放军和中国人民武装警察部队列入军队武器装备订货计划的车辆	免税
设有固定装置的非运输车辆。（自卸式垃圾车不属于设有固定装置的非运输车辆）	免税

2014 年 9 月 1 日至 2017 年 12 月 31 日，对购置的新能源汽车免征车辆购置税。

2）车辆购置税的退税。

准予纳税人申请退税时，应如实填写《车辆购置税退税申请表》，并提供相关的资料。准予纳税人申请退税情况及需提供的资料见表 7-26。

表 7-26　准予申请退税情况及需提供资料

准予申请退税情况	提供资料	
	已办理车辆登记注册的	未办理车辆登记注册的
车辆退回生产企业或者经销商的（提供生产企业或经销商开具的退车证明和退车的发票）	提供原完税凭证、完税证明正本、公安机关车辆管理机构出具的机动车注销证明	提供原完税凭证、完税证明正本和副本
符合免税条件的设有固定装置的非运输车辆但已征税的	提供原完税凭证、完税证明正本	提供原完税凭证、完税证明正本和副本
其他依据法律法规规定应予退税的	提供原完税凭证、完税证明正本、公安机关车辆管理机构出具的机动车注销证明或者税务机关要求的其他资料	提供原完税凭证、完税证明正本和副本

因质量原因，车辆被退回生产企业或者经销商的，自纳税人办理纳税申报之日起，按已缴税款每满 1 年扣减 10% 计算退税额。

对公安机关车辆管理机构不予办理车辆登记注册手续的车辆，退还全部已缴税款。

2. 车辆购置税的税率

我国车辆购置税统一比例税率，税率 10%。

根据财税〔2015〕104 号《财政部、国家税务总局关于减征 1.6 升及以下排量乘用车车辆购置税的通知》的规定，自 2015 年 10 月 1 日起至 2016 年 12 月 31 日止，对购置 1.6 升及以下排量乘用车减按 5% 的税率征收车辆购置税。

3. 应纳税额的计算

车辆购置税实行从价定律的办法计算应纳税额，计算公式为

$$应纳税额 = 计税价格 × 税率$$

计税价格的计算见表 7-27。

表 7-27　计税依据

应税行为	计税依据	计税价格
购买自用	支付给销售方的全部价款和价外费用（不含增值税）	计税价格 =（全部价款 + 价外费用）÷（1+ 增值税税率或征收率）

续表

应税行为	计税依据	计税价格
进口自用	组成计税价格	组成计税价格＝关税完税价格＋关税＋消费税 或 组成计税价格＝(税完税价格＋关税)÷(1－消费税税率) 其中： 关税＝关税完税价格 × 关税税率 消费税＝组成计税价格 × 消费税税率
其他自用	不能或不能准确提供车辆价格的，以国家税务总局核定的最低计税价格为计税依据	计税价格＝最低计税价格
申报价格低于同类型应税车辆的最低计税价格，又无正当理由的	最低计税价格作为计税依据	

【例7-11】

凯奇汽车贸易公司 2016 年 9 月进口 45 辆小轿车，海关审定的关税完税价格为 25 万元 / 辆，当月销售 30 辆，取得含税销售收入 540 万元；10 辆企业自用，剩余 5 辆待售。（小轿车关税税率 20%，消费税税率为 9%），则

组成计税价格＝关税完税价格＋关税＋消费

＝（关税完税价格＋关税）÷（1－消费税税率）

关税完税价格＝ $10 \times 25 = 250$（万元）

关税＝ $10 \times 25 \times 20\% = 50$（万元）

组成计税价格＝（$250＋50$）÷（$1－9\%$）＝ 329.6703（万元）

该公司应纳车辆购置税＝ $329.6703 \times 10\% = 32.97$（万元）

四、车辆购置税的征收管理

1. 车辆购置税的纳税申报

车辆购置税是对应税车辆的购置行为课征，征税环节选择在使用环节（最终消费环节）。车辆购置税实行一车一申报制度。需要办理车辆登记注册手续的纳税人，向车辆登记注册地的主管税务机关办理纳税申报；不需要办理车辆登记注册手续的纳税人，向纳税人所在地的主管税务机关办理纳税申报。

2. 纳税时间和缴税方法

（1）纳税时间

纳税时间的申报见表 7-28。

纳税人可以在税务机关提供的自助办税设备进行申报。

（2）缴税方法

车辆购置税缴税方法：自报核缴、集中征收缴纳、代征、代扣、代收。具体见表 7-29。

表7-28　纳税时间申报表

申请范围	申报纳税时间
购买自用应税车辆的	应当自购买之日起 60 日内
进口自用应税车辆的	应当自进口之日起 60 日内
自产、受赠、获奖或者以其他方式取得并自用应税车辆的	应当自取得之日起 60 日内申报纳税
免税车辆因转让、改变用途等原因，其免税条件消失的	应在免税条件消失之日起 60 日内到税务机关重新申报纳税
免税车辆发生因转让，但仍属于免税范围的	受让方应当自购买或取得车辆之日起 60 日内到税务机关重新申报纳税

表7-29　车辆购置税缴税方法

缴税方法	说明
自报核缴	指纳税人自行计算应纳税额、自行填写纳税申报表有关资料，向主管税务机关申报，经税务机关审核后开具完税凭证，由纳税人持完税凭证向当地金库或金库经收处缴纳税款
集中征收缴纳	① 由纳税人集中向税务机关统一申报纳税 ② 由税务部门集中缴税款
代征、代扣、代收	扣缴义务人按税法规定代扣代缴、代收代缴税款，税务机关委托征收单位代征税款的征收方式

3. 纳税地点

纳税人购置应税车辆，应当向车辆登记注册地的主管税务机关申报纳税；购置不需办理车辆登记注册手续的应税车辆应当向纳税人所在地的主管税务机关申报纳税。车辆登记注册地是指车辆的上牌落籍地或落户地。概括地讲，车辆购置税的纳税地点为应税车辆登记注册地（即上牌照落户地）或居住地。

五、车辆购置税的会计核算

1. 账户设置

企业车船税的核算，主要通过设置"固定资产"和"应交税费——应交车辆购置税"账户进行。

【知识拓展】

外购固定资产的成本，包括购买价款、相关税费，是固定资产达到预计可使用状态前所发生的可归属于该项资产的运输费、装卸费、安装费和专业人员服务费等。而车辆购置税是在取得车辆资产时必须要支出的；而车船税和保险费是在取得车辆资产后使用时必要的支出，应计入期间费用。

2. 车辆购置税的账户处理

（1）购入时

借：固定资产

　　应交税费——应交增值税（进项税额）

贷：应交税费——应交车辆购置税

　　银行存款

（2）上交税款时

借：应交税费——应交车辆购置税

　　贷：银行存款

【例 7-12】

　　华泰公司 2016 年 9 月 30 日购买一辆汽车（用于管理部门），价款为 100 000 元，增值税 17 000 元，车辆购置税为 10 000 元，车辆牌照费为 500 元。华泰公司购买汽车时的会计核算如下。

　　① 购入时：

　　借：固定资产　　　　　　　　　　　　　　　　　　　110 500

　　　　应交税费——应交增值税（进项税额）　　　　　　 17 000

　　　　贷：应交税费——应交车辆购置税　　　　　　　　 10 000

　　　　　　银行存款　　　　　　　　　　　　　　　　 117 500

　　② 上交税款时：

　　借：应交税费——应交车辆购置税　　　　　　　　　　 10 000

　　　　贷：银行存款　　　　　　　　　　　　　　　　　 10 000

六、车辆购置税纳税申报表

　　《车辆购置税纳税申报表》由车辆购置税纳税人（或代理申报人）在办理纳税申报时填写。本表可由车辆购置税征收管理系统打印，交纳税人签章确认。

　　车辆购置税纳税申报表格式见表 7-30。

表 7-30　车辆购置税纳税申报表

填表日期：　　年　月　日　　　　　　　　　　　　　　　　　　　金额单位：元

纳税人名称		证件名称	
		证件号码	
行业代码		注册类型代码	
联系电话		地　　址	
车辆类别代码		生产企业名称	
合格证编号（或货物进口证明书号）		厂牌型号	
车辆识别代号（车架号）		发动机号	
座位		吨位	排量（cc）

续表

机动车销售统一发票	代码		机动车销售统一发票价格			价外费用合计	
	号码						
其他有效凭证名称		其他有效凭证号码		其他有效凭证价格			
进口自用车辆纳税人填写右侧项目		海关进口关税专用缴款书（或进出口货物征免税证明）号码					
		关税完税价格		关税		消费税	
购置日期			申报计税价格				

委托代办授权声明	申报人声明
为办理车辆购置税涉税事宜，现授权（　　　　）为代理申报人，提供的凭证、资料是真实、可靠、完整的。任何与本申报表有关的往来文件，都可交予此人。 　　　授权人（签名或盖章）：	此纳税申报表是根据《中华人民共和国车辆购置税暂行条例》《车辆购置税征收管理办法》的规定填报的，提供的凭证、资料是真实、可靠、完整的。 　　　声明人（签名或盖章）：

如属委托代办的，应填写以下内容		
代理人名称		代理人（签名或盖章）
经办人姓名		
经办人证件名称		
经办人证件号码		

核定计税价格	税率	应纳税额	免（减）税额	实纳税额	滞纳金金额
	10%				

接收人：

接收日期：　　年　　月　　日　　　　　　　　　　　　主管税务机关（章）：

备注：

车辆类别代码为：1.汽车；2.摩托车；3.电车；4.挂车；5.农用运输车

练 习 题

一、单项选择题

1. 房屋买卖时，契税的计税依据为（　　）。

A．房屋买卖合同的价格　　　　　B．房屋买卖合同的总价

C．房屋买卖价格的差额　　　　　D．房屋重置价格

2. 契税纳税时间应为自签订合同之日起（　　）日内。

A．5　　　　　　　　B．8　　　　　　　　C．10　　　　　　　　D．15

3．下列各项中，属于印花税免税范围的是（　　）。

A．一般贷款合同　　　　　　　　B．高校学生公寓租赁合同

C．技术合同　　　　　　　　　　D．企业与农民个人书立的农业产品收购合同

4．下列关于印花税计税依据的表述中，符合印花税条例规定的是（　　）。

A．对采用易货方式进行商品交易签订的合同，应以易货差价为计税依据

B．货物运输合同的计税依据是运输费用总额，含装卸费和保险费

C．建筑安装工程承包合同的计税依据是承包总额

D．对于由委托方提供辅助材料的加工合同，无论加工费和辅助材料金额是否分开记载，均以其辅助材料与加工费的合计数，依照加工承揽合同计税贴花

5．下列属于房产税征收范围的是（　　）。

A．外国企业生产用房

B．房地产开发企业建造的商品房在出售前对外出租

C．某工业企业地处于农村的生产用房

D．外籍个人经营的房产

6．下列各项中，不符合房产税相关规定的是（　　）。

A．将房屋产权出典的，承典人为纳税人

B．将房屋产权出典的，产权所有人为纳税人

C．房屋产权未确定的，房产代管人或使用人为纳税人

D．产权所有人不在房产所在地的，房产代管人或使用人为纳税人

7．下列属于现行房产税纳税义务人的是（　　）。

A．农村开设工厂的厂房所有者

B．在城镇拥有房屋进行生产经营的外商投资企业

C．所有拥有城镇房屋的单位和个人

D．在工矿区拥有房屋的国有企业

8．根据车船税法的规定，下列表述错误的是（　　）。

A．拖船按照发动机功率每千瓦折合净吨位 0.67 吨计算征收车船税

B．在机场、港口及其他企业内部场所行驶或者作业且依法不需在车船登记管理部门登记的车船不缴纳车船税

C．车船税按年申报缴纳，具体申报纳税期限由省、自治区、直辖市人民政府规定

D．按照规定缴纳船舶吨税的机动船舶，自车船税法实施之日起 5 年内免征车船税

9．下列车船中，以整备质量每吨作为车船税计税标准的是（　　）。

A．载客汽车　　　　B．挂车　　　　　　C．摩托车　　　　　D．电车

10．车辆适用的车船税税率形式是（　　）。

A．比例税率　　　　B．超额累进税率　　　C．超率累进税率　　D．定额税率

11. 我国车辆购置税统一比例税率，税率为（　　　）。

A．5% 　　　　　B．8% 　　　　　C．10% 　　　　　D．12%

12. 购买自用应税车辆的，车辆购置税申报纳税时间为自购买之日起（　　　）内。

A．30 日 　　　　B．40 日 　　　　C．50 日 　　　　D．60 日

二、多项选择题

1. 以下属于契税特点的是（　　　）。

A．契税属于财产转移税 　　　　　　　B．契税属于物资转移税

C．契税由财产承受人缴纳 　　　　　　D．契税由财产转让人缴纳

2. 契税主要征收范围（　　　）。

A．国有土地使用权出让 　　　　　　　B．土地使用权的转让

C．房屋买卖 　　　　　　　　　　　　D．房屋赠予

3. 企业契税的核算，主要通过设置（　　　）账户进行。

A．管理费用 　　　B．固定资产 　　　C．无形资产 　　　D．应交税费

4. 下列关于印花税贴花的说法，正确的有（　　　）。

A．签订应税凭证后，于凭证生效之日起贴花

B．凡多贴印花税票者，不得申请退税或者抵扣

C．印花税票应贴在应纳税凭证上，由纳税人注销或画销

D．已经贴花的凭证，凡修改后所载金额增加的部分，应就增加的部分补贴印花

5. 按《印花税暂行条例》规定，下列凭证中不纳印花税的有（　　　）。

A．购销合同副本 　　　　　　　　　　B．以货易货合同

C．房屋产权证 　　　　　　　　　　　D．农牧业保险合同

6. 按照房产税的规定，下列表述正确的有（　　　）。

A．军队空余房产租赁收入，免征房产税

B．房屋大修停工 3 个月以上的房产在大修期间免征房产税

C．基建单位出资建造的施工期间使用的茶炉房，在施工期间免征房产税

D．老年服务中心自用的房产，免征房产税

7. 下列房产中，经财政部批准可以免征房产税的有（　　　）。

A．对停止使用的不堪居住的房屋和危险房屋

B．对军队空余房产租赁收入

C．对邮政部门坐落在城市、县城、建制镇、工矿区范围内的房产

D．施工期间在基建工地为其服务的临时性房产

8. 企业房产税计算的计税依据有（　　　）和（　　　）两种。

A．房产的计税余值 　　　　　　　　　B．房产的计税净值

C．房产租金收入 　　　　　　　　　　D．房产出售收入

9．依据车船税的申报规定，下列表述正确的有（　　　）。

A．车船税的纳税义务发生时间为取得车船所有权或管理权的当月

B．对依法不需要购买机动车交通事故责任强制险的车辆，纳税人应当向主管税务机关申报缴纳车船税

C．已办理退税的被盗车船失而复得的，纳税人应当从公安机关出具相关证明的当月起计算缴纳车船税

D．纳税人在购买机动车交强险时缴纳了车船税的，不再向地方税务机关申报纳税

10．下列车船中，应以"辆"作为车船税计税依据的有（　　　）。

A．电车　　　　　　　B．摩托车　　　　　C．微型客车　　　D．客货两用车

11．车船税具有（　　）等特点。

A．涉及面广　　　　　　　　　　　B．税源流动性强

C．纳税人多为单位　　　　　　　　D．纳税人多为个人

12．车辆购置税的征收范围包括（　　　）。

A．电车　　　　　　　B．摩托车　　　　　C．挂车　　　　　D．农用运输车

13．以下属于车辆购置税缴税方法的是（　　　）。

A．自报核缴　　　　　　　　　　　B．集中核缴

C．集中征收缴纳　　　　　　　　　D．代征、代扣、代收

三、判断题

1．契税是指以所有权发生转移变动的不动产为征税对象，向产权承受人征收的一种财产税。　　　　　　　　　　　　　　　　　　　　　　　　　　　　（　　）

2．契税的纳税义务人是指在中华人民共和国境内转移土地、房屋权属，承受的单位。　　　　　　　　　　　　　　　　　　　　　　　　　　　　　　　　（　　）

3．城镇职工购买公有住房，应交纳契税。　　　　　　　　　　　　　　（　　）

4．对国有控股公司以部分资产投资组建公司，且该国有控股公司占新公司股份80%以上的，对新公司承受该国有控股公司的土地、房屋权，免征契税。　　（　　）

5．契税的计税依据是不动产的价格。由于不动产的转移方式、定价方法不同。
　　　　　　　　　　　　　　　　　　　　　　　　　　　　　　　　　（　　）

6．印花税因采用在应税凭证上粘贴印花税票作为完税的标志而得名。　（　　）

7．权利、许可证照和营业账簿中的其他账簿，印花税定额税率为10元。（　　）

8．房产税是一种交易行为税。　　　　　　　　　　　　　　　　　　　（　　）

9．国家机关、人民团体、军队自用的房产，免征房产税。　　　　　　（　　）

10．房产税法征收范围包括城镇、农村的经营性房屋。　　　　　　　　（　　）

11．车船税的征税范围是指在中华人民共和国境内属于《车船税法》所附《车船税税目税额表》规定的车辆、船舶。　　　　　　　　　　　　　　　　　　（　　）

12．车船税实行从价税率。 （　　）

13．车辆购置税就其性质而言，属于间接税的范畴。 （　　）

14．车辆购置税实行一次课征制，只是在退出流通进入消费领域的特定环节征收。

（　　）

15．车辆购置税实行从价定率的办法计算应纳税额。 （　　）

四、业务题

1．2016 年居民蔡某共有三套房产，自住一套市价 90 万元的房产，将第一套市价为 70 万元的房产与何某交换，并支付给何某 15 万元；将第二套市价为 55 万元的房产折价给高某抵偿了 50 万元的债务。（当地确定的契税税率为 4%），要求：计算蔡某应缴纳的契税。

2．2016 年居民钟先生 2016 年购置了一套价值 100 万元的新住房，同时对原有的两套住房作如下处理：一套出售给居民杨某，成交价格 50 万元；另一套市场价格 80 万元的住房与居民刘某进行等价交换。（当地确定的契税税率为 3%），要求：计算钟先生应缴纳的契税。

3．杨某是华岳公司的债权人，2016 年 9 月华岳公司破产，杨某获得抵债的门面房一间，评估价格 50 万元；当月杨某将门面房作价 60 万元投资于丽日公司；另外丽日公司还购买了华岳公司价值 150 万元的房产。（假设契税税率为 3%）。要求：计算丽日公司应缴纳的契税，并编写有关会计分录。

4．海耘公司 2015 年资金账簿记载实收资本 600 万元，2016 年资金账簿记载实收资本为 800 万元、资本公积 50 万元，2016 年新启用其他账簿 12 本。要求：计算海耘公司 2016 年应缴纳的印花税，并编写会计分录。

5．达信运输公司以价值 110 万元的仓库作抵押，从银行取得抵押贷款 90 万元，并在合同中规定了还款日期，但是到了还款日期后，由于资金周转困难而无力偿还，按合同规定将抵押财产的产权转移给银行以抵偿贷款本息 110 万元，签订了产权转移书据。要求：计算达信运输公司应缴纳的印花税。

6．琪瑞公司 2016 年 1 月 1 日的房产原值为 3 000 万元，其中原值为 1 000 万元的临街房出租给某公司作为经营用，月租金 11.5 万元，另外的原值 200 万元的房屋出租给个人居住，月租金 2 万元。当地政府规定允许按房产原值减除 20% 后的余值计税。要求：计算该公司 2016 年应缴纳的房产税，并编写会计分录。

7．安丽公司 2016 年除拥有原值为 2 300 万元的生产性房产外，还建有一座房产原值为 350 万元的内部医院、一个房产原值为 200 万元的幼儿园。当地规定允许减除房产原值的 30%，要求：计算该公司当年应纳房产税。

8．某交通运输企业 2016 年初拥有 20 辆整备质量为 5 吨载重汽车，10 辆整备质量为 4 吨的挂车，2.5 吨载货汽车 8 辆，中型载客汽车 15 辆，其中包括 5 辆纯电动车。

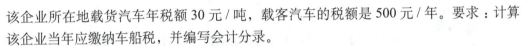

该企业所在地载货汽车年税额 30 元 / 吨，载客汽车的税额是 500 元 / 年。要求：计算该企业当年应缴纳车船税，并编写会计分录。

9．2016 年远航船运公司拥有净吨位 3 000 吨的机动船 12 艘，税额为 5 元 / 吨；净吨位 1 500 吨机动船为 8 艘，税额为 4 元 / 吨；净吨位 200 吨的非机动驳船 5 艘，税额为 3 元 / 吨。要求：计算远航船运公司应纳车船税。

10．凯悦公司 2016 年 3 月购进 3 辆小轿车，排气量均为 2.0 升，按合同规定车辆当月交付，当地省政府规定年税额为 900 元每辆。要求：计算凯悦公司 2016 年购进小轿车应缴纳的车船税。

11．陆先生从某 4S 店（一般纳税人）购买轿车一辆供自己使用，支付含增值税的价款 190 000 元，另支付购置工具件和零配件价款 3 000 元，车辆装饰费 5 000 元，另支付代收临时牌照费 150 元，并统一开具普通发票。要求：计算陆先生应纳的车辆购置税。

12．长虹货运公司 2016 年 9 月购置小轿车 3 辆，每辆含增值税的价款为 200 000 元；购置载货汽车 3 辆，每辆含增值税的价款为 110 000 元；进口摩托车 2 辆，每辆关税完税价格为 9 000 元。要求：计算长虹货运公司应纳车辆购置税税额。（摩托车关税税率为 6%，摩托车消费税税率为 10%，车辆购置税税率为 10%。）

参考答案

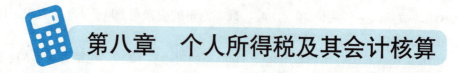

第八章 个人所得税及其会计核算

学习目标

通过学习本章，学生应了解个人所得税的概念及特点，了解个人所得税的纳税人、税目及税率、纳税环节，个人所得税纳税义务的发生时间，个人所得税应税额的计算，掌握个人所得税的会计处理方法以及个人所得税的申报与缴纳。

第一节 个人所得税概述

情景导入

翩翩是某大学大三学生，暑假到某便利店勤工俭学，一个月取得2 800元，却被告知要缴纳400元的个人所得税，实际上到手只有2 400元，她很纳闷，个人所得税的工资薪金的免征额不是3 500元么？怎么2 800元还会被扣税，还扣那么多呢？她打12 366纳税热线咨询，税务部门工作人员热心解答了她的疑问。原来，按照国家税务总局国税函〔2002〕146号文件，关于在校学生参与勤工俭学活动取得的收入如何征收个人所得税问题上明确指出，凡在校学生因参与勤工俭学活动（包括参与学校组织的勤工俭学活动）而取得属于个人所得税法规定的应税项目的所得，一律应依法缴纳个人所得税。大学生勤工俭学的收入属于个人所得税征收范围中的"劳务报酬"所得。对劳务报酬所得按照《个人所得税法》及其《实施条例》的规定，劳务报酬每次收入不超过4 000元的，减除费用800元；4 000元以上的，减除20%的费用，其余额为应纳税所得额，税率为20%。对劳务报酬所得一次收入偏高的，实行加成征收。即如果纳税人每次取得劳务报酬在2万元至5万元及5万元以上的，还应在此基础上加成征收。因此，翩翩取得的2 800元要缴纳400元个人所得税是有法可依的，具体算法为：（2 800–800）×20%=400（元）。

那么，到底什么是个人所得税？哪些人要交个人所得税呢？

一、个人所得税的概念

个人所得税是国家对本国公民、居住在本国境内的个人的所得和境外个人来源于本国的所得征收的一种所得税。在有些国家，个人所得税是主体税种，在财政收入中占较大比重，对经济亦有较大影响。在我国，个人所得税是对个人（自然人）取得各项应税所得征收的一种所得税。

个人所得税的纳税义务人，既包括居民纳税义务人，也包括非居民纳税义务人。居民纳税义务人负有完全纳税的义务，必须就其来源于中国境内、境外的全部所得缴纳个人所得税；而非居民纳税义务人仅就其来源于中国境内的所得缴纳个人所得税。

【知识拓展】

个人所得税最早于 1799 年在英国创立，目前世界上已有 140 多个国家开征了这一税种，它是世界上最有发展前景的税种之一。随着生产力水平的提高和个人所得税制度的不断完善，个人所得税收入在税收收入中的比重也迅速增加，在许多国家尤其是发达国家已确立了主体税种的地位，成为财政收入的主要来源。

我国的个人所得税发展历程如下：

我国个人所得税的起步很晚，较早涉及所得税的法律文件是 1909 年清政府草拟的《所得税章程》。近代个人所得税的发展基本上陷于停滞。直到新中国成立之后，我国个人所得税才步入了新的发展阶段。

1950 年，我国政务院发布了新中国税制建设的纲领性文件《全国税政实施要则》，其中涉及对个人所得征税的主要是薪给报酬所得税和存款利息所得税，但由于种种原因，一直没有开征。

1980 年 9 月 10 日，第五届全国人民代表大会第三次会议通过并公布了《中华人民共和国个人所得税法》。我国的个人所得税制度至此方始建立。

1986 年 9 月，针对我国国内个人收入发生很大变化的情况，国务院发布了《中华人民共和国个人收入调节税暂行条例》，规定对本国公民的个人收入统一征收个人收入调节税。

1993 年 10 月 31 日，第八届全国人民代表大会常务委员会第四次会议通过了《关于修改〈中华人民共和国个人所得税法〉的决定》的修正案，规定不分内外，所有中国居民和有来源于中国所得的非居民，均应依法缴纳个人所得税。

1999 年 8 月 30 日，第九届全国人大常务委员会第 11 次会议通过了《关于修改〈中华人民共和国个人所得税法〉的决定》，把个税法第四条第二款"储蓄存款利息"免征个人所得税项目删去，而开征了个人储蓄存款利息所得税。

2002 年 1 月 1 日，个人所得税收入实行中央与地方按比例分享。

2003 年 7 月财政部财政科学研究所公布了一份名为《我国居民收入分配状况及财税调节政策》的报告，建议改革现行的个人所得税税制，适度提高个人所得税起征点，同时对中等收入阶层采取低税率政策。

2012 年 7 月 22 日，中央政府有关部门已经准备在 2012 年启动全国地方税务系统个人信息联网工作，为"按家庭征收个人所得税"改革做好技术准备。此前业内一直呼吁的综合税制有望在未来实现。

2015 年 2 月在经过多次研讨后，个税改革方案已初具雏形，财政部最快有望在 2016 年年初将改革草案上报中央。"提低、扩中、调高"成为基本的改革思路和方向。

现行个人所得税法施行以来，已按照法律修改程序先后三次调整工薪所得减除费用标准：2006 年 1 月 1 日起由 800 元／月提高到 1600 元／月，2008 年 3 月 1 日起由 1600 元／月提高到 2000 元／月。2011 年 9 月 1 日起由 2000 元／月提高到 3500 元／月。

《中华人民共和国个人所得税法》

《中华人民共和国个人所得税法实施条例》

我国个税改革方案已初具雏形

《个税改革有望分步到位房贷利息抵扣个税已确认》

二、个人所得税的特点

个人所得税与其他税种相比有如下几个特点：

1. 实行分类征收

世界各国的个人所得税制大体可分为 3 种类型：分类所得税制、综合所得税制和混合所得税制。这 3 种税制各有所长，各国可根据本国的国情进行选择、运用。我国现行个人所得税采用的是分类所得税制，即将个人取得的各种所得划分为 11 类，分别运用不同的费用减除规定、不同的税率和不同的计税办法。实行分类课税制度，可以广泛采用源泉扣缴办法，加强源泉控管，简化纳税手续，方便征纳双方。同时，还可以对不同所得实行不同的征税方法，便于体现国家对个人收入的分配调节政策。

2. 累进税率与比例税率并用

比例税率计算简便，便于实行源泉扣缴；累进税率可以合理调节收入分配，体现公平。我国现行个人所得税根据各类个人所得的不同性质和特点，将这两种形式的税率运用于个人所得税制。其中，工资薪金所得、个体工商户的生产经营所得和对企事业单位的承包经营、租赁经营所得采用超额累进税率计算征税，实行量能负担；对劳务报酬、稿酬等其他所得，采用比例税率计算征税，实行等比负担。

3. 费用扣除额较宽

各国的个人所得税均有费用扣除的规定，只是扣除的方法及额度不同。我国的费用扣除本着费用扣除从宽、从简的原则，采用费用定额扣除和定率扣除两种方法。对工资、薪金所得，按月扣除费用 3 500 元；对劳务报酬、稿酬、特许权使用费、财产租赁等所得，每次收入不超过 4 000 元，扣除费用 800 元，每次收入超过 4 000 元以上的，减除 20% 的费用。定额扣除有利于保障收入较低的个人最低生活费用和其他必要费用的需要。定率扣除有利于保证收入较高的个人所发生的较高的必须费用得到补偿。各项收入、每次收入都分别扣除，同其他国家相比，费用扣除额是较宽的。

4. 计算简便

由于我国个人所得税的费用扣除采取总额扣除法，免去了对个人实际生活费用支出逐项计算的麻烦。而且，各种所得项目实行分类计算，各有明确的费用扣除规定，费用扣除项目及方法易于掌握，计算比较简单，符合税制简便原则。这样，既方便了纳税人，又有利于税务机关征收管理。

5. 实行纳税人与扣缴义务人向税务机关双向申报制度

我国个人所得税法规定，对纳税人的应纳税额分别采取由支付单位源泉扣缴和纳税人自行申报两种方法。对凡是可以在应税所得的支付环节扣缴个人所得税的，均由扣缴义务人履行代扣代缴义务；对于没有扣缴义务人的，以及个人在两处以上取得工资、薪金所得的，由纳税人自行申报纳税。此外，对其他不便于扣缴税款的，也规定由纳税人自行申报纳税。

第二节 个人所得税的纳税人及其征税对象

情景导入

翩翩在便利店勤工俭学做暑期工，月收入 2 800 元，由于要按"劳务报酬"项目交个人所得税，拿到手是 2 400 元，但她想不明白，假如她大学毕业后继续在实习的便利店任职工作，收入所得还是按照"劳务报酬"所得征税吗？

那么，个人所得税的纳税人和征税对象到底是怎么回事呢？

一、个人所得税的纳税人

个人所得税纳税人是指在中国境内有住所，或者无住所而在中国境内居住满一年，以及无住所又不居住或无住所且居住不满一年的个人。

个人所得税以所得人为纳税人，以支付所得的单位或个人为扣缴义务人。

个人所得税的纳税人包括中国公民、个体工商户、外籍个人、香港、澳门、台湾同胞等。

【提示】个人独资企业和合伙企业不缴纳企业所得税，其投资者为个人所得税的纳税人。

我国按照住所和居住时间两个标准，将个人所得税纳税人划分为居民纳税人和非居民纳税人。居民纳税人承担无限纳税义务，非居民纳税人承担有限纳税义务。

1. 住所标准

我国税法将在中国境内有住所的个人界定为："因户籍、家庭、经济利益关系而在中国境内习惯性居住的个人"。可见，我国目前采用的住所标准是习惯性住所标准。

习惯性居住地，是指个人因学习、工作、探亲等原因消除之后，没有理由在其他地方继续居留时，所要回到的地方，而不是指实际居住或在某个特定时期内的居住地。

例如，李强为中国四川省某公司援外驻津巴布韦国家的工作人员，其居住在津巴布韦，但由于家庭或经济利益仍在国内，援外任务结束后，必须回到中国四川省。因此，李强虽因公离境但仍然属于中国的居民纳税人，在任期内取得的境内、外所得，应当在中国缴纳个人所得税。

2. 时间标准

我国税法规定的时间标准是在一个纳税年度（即自公历 1 月 1 日起至 12 月 31 日止）中在中国境内居住满 1 年，达到这个标准的个人就是中国居民。在计算居住天数时，对临时离境应视同在华居住，不扣减其在华居住的天数。所谓临时离境，是指在 1 个纳税年度内，一次离境不超过 30 日或者多次离境累计不超过 90 日。例如，某外国专家 2016 年 8 月 1 日开始离开中国回国 15 天，其余时间在中国居住，则此外国专家属于居民纳税人，如果这个外国专家 2016 年 9 月 1 日至 10 月 15 日离开中国，共 45 天离境，则属于非居民纳税人。

上述两个判定标准是并列性标准，个人只要符合或达到其中任何一个标准，就可以被认定为居民的纳税人。

二、居民纳税人和非居民纳税人的纳税义务范围

1. 居民纳税人的纳税义务范围

根据上述两个判定标准确定为中国居民的个人，是指在中国境内有住所，或者无住所，而在境内居住满 1 年的个人，属于我国的居民纳税人，应就其来源于中国境内和境外的所得，向我国政府履行全面纳税义务，依法缴纳个人所得税。

2. 非居民纳税人的纳税义务范围

非居民纳税人，是指不符合居民纳税人的判定标准（条件）的纳税人，非居民纳税人承担有限纳税义务，即仅就其来源于中国境内的所得，向中国缴纳个人所得税。居民纳税人与非居民纳税人的知识点说明见表 8-1。

表 8-1　居民纳税人与非居民纳税人知识点简表

纳税人类别	承担的纳税义务	判定标准
居民纳税人	负有无限纳税义务。其所取得的应纳税所得，无论是来源于中国境内还是中国境外任何地方，都要在中国境内缴纳个人所得税	住所标准和居住时间标准只要具备一个就成为居民纳税人： ① 住所标准："在中国境内有住所"是指因户籍、家庭、经济利益关系而在中国境内习惯性居住； ② 居住时间标准："在中国境内居住满 1 年"是指在一个纳税年度（即公历 1 月 1 日起至 12 月 31 日止）内，在中国境内居住满 365 日
非居民纳税人	承担有限纳税义务，只就其来源于中国境内的所得，向中国缴纳个人所得税	非居民纳税的判定条件是以下两条必须同时具备： ① 在我国无住所； ② 在我国不居住或居住不满 1 年

【提示】在计算居住天数时，对临时离境应视同在华居住，不扣减其在华居住的天数。"临时离境"是指在一个纳税年度内，一次不超过 30 日或者多次累计不超过 90 日的离境。

现行税法中关于"中国境内"的解释，是指中国大陆地区，目前还不包括香港、澳门和台湾地区。

在中国境内有住所的居民纳税人不适用上述规定。

三、个人所得税的征税对象

个人所得税以个人取得的所得为征税对象，其具体征税项目共设有以下 11 个。

1. 工资、薪金所得

工资、薪金所得是指个人因任职或受雇而从机关、团体、部队、学校、企业事业单位、个体工商户以及其他单位取得的工资、薪金、奖金、年终加薪、劳动分红、津贴、补贴以及其他与任职受雇有关的所得。这里所说的所得，包括现金、有价证券和实物。

2. 个体工商户的生产、经营所得

1）个体工商户从事工业、手工业、建筑业、交通运输业、商业、饮食业、服务业、修理业以及其他行业生产、经营取得的所得。

2）个人经政府有关部门批准，取得执照，从事办学、医疗、咨询以及其他有偿服务活动取得的所得。

3）其他个人从事个体工商业生产、经营取得的所得。

4）上述个体工商业户及个人取得的与生产、经营有关的各项应纳税所得。

3. 承包经营、承租经营所得

承包、承租经营所得是指个人对企事业单位承包、承租经营以及转包、转租取得的所得，并包括个人按月或者按次取得的工资、薪金性质的所得。这里的承包、承租、转包、转租，不包括企事业单位内部搞的承包责任制的层层承包。

4. 劳动报酬所得

劳动报酬所得是指个人独立从事设计、装潢、制图、化验、测试、医疗、法律、会计、咨询、讲学、新闻、广播、翻译、审稿、书画、雕刻、影视、录音、录像、渔业、表演、广告、展览、技术服务、介绍服务、经纪服务、代办服务以及其他劳动取得的所得。

5. 稿酬所得

稿酬所得是指个人因其作品以图书、报刊形式出版、发表而取得的所得。

6. 特许权使用费所得

特许权使用费所得是指个人向他人或单位提供专利权、著作权、商标权、非专利技术以及其他特许权取得的所得。提供著作权的所得，不包括稿酬所得。

7. 利息、股息、红利所得

利息、股息、红得所得，是指个人拥有债权、股权而取得的利息、股息、红利所得。

8. 财产租赁所得

财产租赁所得是指个人出租建筑物、土地使用权、机器设备、车船以及其他自有

财产而取得的所得。

9. 财产转让所得

财产转让所得是指个人因转让有价证券、股权、土地使用权、建筑物、机器设备、车船以及其他自有财产而取得的所得。

10. 偶然所得

个人因参加企业的有奖销售活动而取得的赠品所得，应按"偶然所得"计征个人所得税。

11. 经国务院财政部门确定征税的其他所得

根据财政部、国家税务总局的规定，对超过国家利率支付给储户的揽储奖金，按"其他所得"征税。

第三节　个人所得税的计算

情景导入

翩翩在便利店勤工俭学做暑期工，月收入 2 800 元，由于要按"劳务报酬"项目交个人所得税，超过 800 元部分的所得需按照 20% 征税，所以拿到手的是 2 400 元，通过咨询，她了解到大学毕业后留在便利店全职工作取得收入不再按"劳务报酬"所得征税，而是按照"工资、薪金所得"项目征收，那么如果按照"工资薪金"项目征收个人所得税，同样是 2 800 元，要交多少的税？怎样计算呢？

一、个人所得税税率

个人所得税的税率按所得项目不同分别确定为：

1）工资、薪金所得适用 3%～45% 的七级超额累进税率，具体见表 8-2。

表 8-2　2011 年 9 月 1 日起工资、薪金所得适用税率表

级数	月应纳税所得额（含税）	税率（%）	速算扣除数
1	不超过 1 500 元的部分	3	0
2	超过 1 500～4 500 元的部分	10	105
3	超过 4 500～9 000 元的部分	20	555
4	超过 9 000～35 000 元的部分	25	1 005
5	超过 35 000～55 000 元的部分	30	2 755
6	超过 55 000～80 000 元的部分	35	5 505
7	超过 60 000～80 000 元的部分	45	13 505

注：应纳税所得额＝月收入－三险一金－3500。

2）个体工商户的生产经营所得、对企事业单位的承包承租经营所得、个人独资企业和合伙企业的生产经营所得适用 5%～35% 的五级超额累进税率，见表 8-3。

表 8-3 个体工商户的生产、经营所得和对企事业单位
承包、承租经营所得适用税率表

级数	年应纳税所得额	税率（%）	速算扣除数
1	不超过 15 000 元的部分	5	0
2	超过 15 000～30 000 元的部分	10	750
3	超过 30 000～60 000 元的部分	20	3 750
4	超过 60 000～100 000 元的部分	30	9 750
5	超过 100 000 元的部分	35	14 750

3）稿酬所得、劳务报酬所得、特许权使用费所得、财产租赁所得、财产转让所得、利息、股息、红利所得、偶然所得和其他所得适用 20% 的比例税率。

二、个人所得税的减征和加成征税规定

个人所得税法为了体现国家政策，有效调节收入，对有关所得项目规定予以减征或加成征收。

1. 减征规定

1）对稿酬所得，规定在适用 20% 税率征税时，按应纳税额减征 30%，即只征收 70% 的税额。主要是考虑作者写作或制作一件作品往往需要投入较长的时间和较多的精力，有必要给予适当的税收照顾，体现对稿酬这种知识性劳动所得的特殊政策。

2）为了配合国家住房制度改革，支持住房租赁市场的健康发展，从 2001 年 1 月 1 日起，对个人出租房屋取得的所得暂减按 10% 的税率征收个人所得税。

3）为了配合国家宏观调控政策的需要，经国务院批准，自 2008 年 10 月 9 日（含）起，暂免征收储蓄存款利息所得税。

2. 加成征税规定

对劳务报酬所得一次收入畸高的，规定在适用 20% 的税率征税的基础上，实行加成征税办法。所谓"劳务报酬所得一次收入畸高的"是指个人一次取得劳务报酬，其应纳税所得额超过 20 000 元，劳务报酬所得加成征税采取超额累进办法，对应纳税所得额超过 20 000 元至 50 000 元的部分，依照税法规定计算应纳税额后，再按照应纳税额加征五成；对超过 50 000 元的部分，按应纳税额加征十成，这等于对应纳税所得额超过 20 000 元和超过 50 000 元的部分分别适用 30% 和 40% 的税率，因此，对劳务报酬所得实行加成征税办法，实际上是一种特殊的、延伸的三级超额累进税率。具体见表 8-4。

表 8-4 劳务报酬所得适用税率表

级数	每次应纳税所得额	税率（%）	速算扣除数
1	不超过 20 000 元的部分	20	0
2	超过 20 000~50 000 元的部分	30	2 000
3	超过 50 000 元的部分	40	7 000

三、个人所得税计税依据的相关规定

1. 个人所得税计税依据的一般规定

个人所得税以应纳税所得额为计税依据。计算个人应纳税所得额，需按不同应税项目分项计算。以某项应税项目的收入额减去税法规定的该项费用减除标准之后的余额，为该项应纳税所得额。计算公式为

$$某项应纳税所得额＝某项应税所得－某项费用扣除标准$$

（1）应税收入的形式

个人取得的收入一般是货币。除现金外，纳税人的所得为实物的，应当按取得实物的凭证上注明的价格，计算应纳税所得额。

（2）费用扣除的方法

我国现行的个人所得税采取分项确定、分类扣除，根据纳税人所得的不同情况，分别实行定额、定率和会计核算3种扣除办法。

1）对工资、薪金所得涉及的个人生计费用，采取定额扣除的方法。

2）个体工商户的生产、经营所得和对企事业单位的承包经营、承租经营所得及财产转让所得，涉及生产、经营有关成本或费用的支出，采取会计核算办法扣除有关成本、费用或规定的必要费用。

3）对劳务报酬所得、稿酬所得、特许权使用费所得、财产租赁所得，因涉及既要按一定比例合理扣除费用，又要避免扩大征税范围等两个需同时兼顾的因素，故采取定额和定率两种扣除方法。

4）利息、股息、红利所得和偶然所得，因不涉及必要费用的支付，所以规定不得扣除任何费用。

2. 个人所得税计税依据的特殊规定

1）个人将其所得通过中国境内的社会团体、国家机关向教育机构和其他社会公益事业以及遭受严重自然灾害地区、贫困地区的捐赠，捐赠额未超过纳税人申报的应纳税所得额30%的部分，可以从应纳税所得额中扣除，超过部分不得扣除。

2）个人通过非营利的社会团体和国家机关向红十字事业、农村义务教育和公益性青少年活动场所的捐赠，在计算缴纳个人所得税时，准予在税前的所得额中全部扣除。

3）个人所得（不含偶然、经国务院财政部门确定征税的其他所得）用于非关联的科研机构和高等学校研究开发新产品、新技术、新工艺所发生的研究开发经费的资助，可以在下月（工资、薪金所得）或下次（按次计征的所得）或当年（按年计征的所得）计征个人所得税时，从应纳税所得额中扣除，不足抵扣的，不得结转抵扣。

3. 个人所得税的减免

下列项目免纳个人所得税。

（1）免纳个人所得税的项目

1）省级人民政府、国务院部委和中国人民解放军军以上单位，以及外国组织、国际组织颁发的科学、教育、技术、文化、卫生、体育、环境保护等方面的奖金。

2）国债和国家发行的金融债券利息。

3）按照国家统一规定发给的补贴、津贴。

4）福利费、抚恤金、救济金。

5）保险赔款。

6）军人的转业费、复员费。

7）按照国家统一规定发给干部、职工的安家费、退职费、退休工资、离休工资、离休生活补助费。

8）依照我国有关法律规定应予免税的各国驻华使馆、领事馆的外交代表、领事官员和其他人员的所得。

9）中国政府参加的国际公约、签订的协议中规定免税的所得。

10）经国务院财政部门批准免税的所得。

（2）经批准可以减征个人所得税的项目

下列项目经批准可以减征个人所得税。

1）残疾、孤老人员和烈属的所得。

2）因严重自然灾害造成重大损失的。

3）其他经国务院财政部门批准减税的。

四、个人所得税应纳税额的计算

1. 工资、薪金所得的计税方法

（1）应纳税所得额计算

工资、薪金所得按月计征的办法。因此，工资、薪金所得的个人每月收入额（需扣除养老保险费、医疗保险费、失业保险费、住房公积金，简称"三险一金"）

《关于推广实施商业健康保险个人所得税政策有关征管问题的公告

及固定扣除 3 500 元费用后的余额为应纳税所得额。计算公式为

$$应纳税所得额 = 月工资、薪金收入 - 3\,500\ 元$$

按照税法规定，单位为个人缴付和个人缴付的基本养老保险费、基本医疗保险费、失业保险费、住房公积金，可以从纳税义务人的应纳税所得额中扣除。

《中华人民共和国个人所得税法》第六条规定，对在中国境内无住所而在中国境内取得工资、薪金所得的纳税义务人和在中国境内有住所而在中国境外取得工资、薪金所得的纳税义务人，可以根据其平均收入水平、生活水平以及汇率变化情况确定附加减除费用，附加减除费用适用的范围和标准由国务院规定。

条例规定，《中华人民共和国个人所得税法》第六条中所说附加减除费用，是指每

月在减除 3 500 元费用的基础上，再减除 1 300 元的标准。

$$应纳税所得额＝月工资薪金收入－3500－1300$$

实际附加减除费用适用范围有以下几方面：

1）在中国境内的外商投资企业和外国企业中工作的外籍人员。

2）应聘在中国境内的企业、事业单位、社会团体、国家机关中工作的外籍专家。

3）在中国境内有住所而在中国境外任职或者受雇取得工资、薪金所得的个人。

4）财政部确定的其他人员。

（2）应纳税额计算

应纳税额的计算公式为

$$应纳税额＝应纳税所得额 × 适用税率－速算扣除数$$

【例 8-1】

某市明兴有限公司经理李晶系中国公民，2016 年 10 月份的工资收入为 8 000 元，捐给农村义务教育 300 元，"三险一金"为 1 200 元，试计算 10 月份应纳个人所得税额。

$$应纳税所得额 = 8\,000 - 1\,200 - 3\,500 - 300 = 3\,000（元）$$
$$应纳税额 = 3\,000 × 10\% - 105 = 195（元）$$

【例 8-2】

在例 8-1 中，假设李晶系外籍专家，10 月份的工资收入为 12 500 元，捐给红十字会 2 000 元，试计算其 10 月份应纳个人所得税额。

$$应纳税所得额 = 12\,500 - 3\,500 - 1\,300 - 2\,000 = 5\,700（元）$$
$$应纳税额 = 5\,700 × 20\% - 555 = 585（元）$$

【例 8-3】

杨超是某市宏远公司职工，2016 年 7 月份王华应付职工薪酬为 6 000 元，"代扣个人项目"的金额为 1 190 元，其中：代扣水电费 160 元；代扣基本养老保险费 380 元；代扣基本医疗保险费 150 元；代扣失业保险费 80 元；代扣住房公积金 420 元。试计算 7 月份杨超应缴纳的个人所得税额。

$$应纳税所得额 = 6\,000 - 3\,500 - （380 + 150 + 80 + 420） = 1\,470（元）$$
$$应纳税额 = 1\,470 × 3\% - 0 = 44.1（元）$$

（3）特殊情况下个人所得税的计算

1）雇佣单位和派遣单位分别支付工资、薪金。

在外商投资企业、外国企业和外国驻华机构工作的中方人员取得的工资、薪金收入，凡是由雇佣单位和派遣单位分别支付的，支付单位是代扣代缴义务人。同时，纳税人应以每月全部工资、薪金收入减除规定费用后的余额为应纳税所得额。实际操作时，采取由支付者一方减除费用的方法，通常只由雇佣单位在支付工资、薪金时，减除费用、计算扣缴个人所得税。派遣单位支付的工资、薪金不再减除费用，以支付金额直接确定适用税率，计算扣缴个人所得税。纳税人应持两处支付单位提供的原始明细工资、薪金单和完税凭证原件，选择并固定到一地税务机关申报每月工资、薪金收入，汇算清缴其工资、薪金收入的个人所得税，多退少补。但对于可以提供有效合同及有关证据，能够证明其工资、薪金所得的一部分按规定上交派遣（介绍）机构的，可以扣除其实际上交的部分，按其余额计征个人所得税。

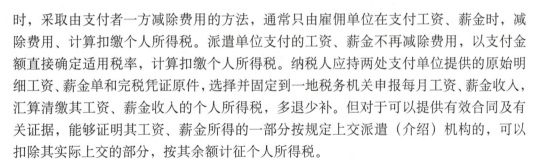

【例 8-4】

张平是某市外商投资企业中方工作人员，2016 年 10 月该企业支付给张平薪金为 13 200 元（"三险一金"为 2 400 元）；同月，他还收到所在派遣单位发给的工资 4 000 元。试计算张平 10 月份应纳的个人所得税。

企业应为张平扣缴个人所得税 ＝ （13 200 － 2 400 － 3 500）×20% － 555
＝ 7 300×20% － 555 ＝ 905（元）

派遣单位为张平扣缴个人所得税 ＝ 4 000×10% － 105 ＝ 295（元）

张平实际应纳的个人所得税 ＝ （13 200 － 2 400 ＋ 4 000 － 3500）×25% － 1 005
＝ 1 820（元）

张平到税务机关申报时，应补缴个人所得税 ＝ 1 820 － 905 － 295 ＝ 620（元）

【例 8-5】

在例 8-4 中，假设张平从该外商投资企业取得的薪金收入 10 800 元（已扣"三险一金" 2 400 元），按合同规定 50%（5 400 元）上交派遣单位，并有上交款项的证明。试计算张平 10 月应纳的个人所得税。

企业应为张平扣缴个人所得税 ＝ （10 800 － 3500）×20% － 555 ＝ 905（元）

派遣单位为张平扣缴个人所得税 ＝ 4 000×10% － 105 ＝ 295（元）

应纳税所得额 ＝ 10 800 ＋ 4 000 － 3 500 － 5 400 ＝ 5 900

张平实际应纳个人所得税 ＝ 5 900×20% － 555 ＝ 625（元）

张平到税务机关申报时，应退还个人所得税 ＝ 625 － 905 － 295 ＝ － 575（元），税务机关应退还张平 575 元个人所得税。

2）一次取得数月奖金，年终分红或劳动分红的征税规定。

全年一次性奖金是指行政机关、企事业单位等扣缴义务人根据全年经济效益和对雇员全年工作业绩的综合考核情况，向雇员发放的一次性奖金。一次性奖金也包括年终加薪、实行年薪制和绩效工资的单位根据考核情况兑现的年薪和绩效工资。雇员取得除全年一次性奖金以外的其他各种名目奖金，如半年奖、季度奖、加班奖、先进奖、考勤奖等，一律与当月工资、薪金收入合并，按税法规定缴纳个人所得税。

根据 2005 年 1 月 21 日国家税务总局下发的文件，纳税人取得全年一次性奖金，单独作为一个月工资、薪金所得计算纳税，并按以下计税办法，由扣缴义务人发放时代扣代缴。

先将雇员当月内取得的全年一次性奖金，除以12个月，按其商数确定适用税率和速算扣除数。在发放年终一次性奖金的当月，雇员当月工资薪金所得低于规定的费用扣除额，应将全年一次性奖金减除"雇员当月工资薪金所得与费用扣除额的差额"后的余额，按上述办法确定全年一次性奖金的适用税率速算扣除数。

将雇员个人当月内取得的全年一次性奖金，按第一条确定的适用税率和速算扣除数计算征税。

如果雇员当月工资薪金所得高于（或等于）税法规定的费用额的，适用公式为

应纳税额 = 雇员当月取得全年一次性奖金 × 适用税率 − 速算扣除数

如果雇员当月工资薪金所得低于税法规定的费用扣除额的，适用公式为

应纳税额 =（雇员当月取得全年一次性薪金 − 雇员当月工资薪金所得与

费用扣除额的差额）× 适用税率 − 速算扣除数

注意：在一个纳税年度内，对每一个纳税人，该计税办法只允许采用一次。

【例8-6】

2016年12月份王明取得单位发放的年终奖金28 800元，当月的工资为5 300元（已扣"三险一金"1 200元），那么，王明12月应纳的个人所得税是多少？

当月工资应纳个人所得税 =（5 300 − 3500）×10% − 105 = 75（元）

年终一次性奖金28 800元，除以12等于2 400，对照税率表适用税率为10%，速算扣除数为105。

年终奖金应纳的个人所得税 = 28 800×10% − 105 = 2 775（元）

当月应纳的个人所得税 = 75 + 2 775 − 2850（元）

【例8-7】

在例8-6中，如果王明12月份的工资为3 000元（已扣"三险一金"），那么，王明12月份应纳个人所得税的计算为：

当月工资3 000元，费用扣除额3500元与工资差额为500元（3 500 − 3 000），全年一次性奖金28 800元减去差额500元后的余额为28 300元，用28 300元除12等于2 358.33元，对照税率表，适用税率为10%，速算扣除数为105。

当月应纳个人所得税 = [28 800 −（3 500 − 3 000)]×10% − 105 = 2 125（元）

3）采掘业、远洋运输业、远洋捕捞业以及财政部确定的其他行业的职工工薪所得应纳税额的计算。

为了照顾特定行业因季节、产量等因素的影响，职工的工资、薪金收入呈较大幅度波动的实际情况，对于特定行业职工的工资、薪金所得的应纳税款，可以实行按年

内预缴，自年度终了之日起 30 月内，合计其全年工资，薪金所得，再按 12 个月平均并计算实际应纳税款，多退少补。

【例 8-8】

某市达明洋运输公司职工林伟，其 2016 年度工资为 61 200 元和预缴个人所得税 600 元，见表 8-5，试计算林伟 2016 年应纳的个人所得税。

表 8-5　工资表

单位：元

月份	1	2	3	4	5	6	7	8	9	10	11	12	合计
工资	8 600	4 800	9 200	2 500	2 500	2 000	2 000	3 000	3 000	9 600	8 800	5 200	61 200
预交税	50	50	50	50	50	50	50	50	50	50	50	50	600

林伟应纳个人所得税 = [（61 200 ÷ 12 − 3 500）× 10% − 105]× 12 = 660（元）
年终林伟应补交的个人所得税 = 660 − 600 = 60（元）

2. 对个体工商户个人所得税计算征收的有关规定

1）个体工商户业主的费用扣除标准统一确定为每年 42 000 元，即每月为 3 500 元。

2）个体工商户向其从业人员实际支付的合理的工资、薪金支出，允许在税前据实扣除。

3）个体工商户拨缴的工会经费、发生的职工福利费、职工教育经费支出分别在其工资、薪金总额的 2%、14%、2.5% 的标准内据实扣除。

4）个体工商户每一纳税年度发生的广告费和业务宣传费用不超过当年销售（营业）收入的 15% 的部分，可据实扣除；超过部分准予在以后的纳税年度结转扣除。

5）个体工商户每一纳税年度发生的与其生产经营业务直接相关的业务招待费支出，按照发生额的 60% 扣除，但最高不得超过销售（营业）收入的 5‰。

6）个体工商户在生产、经营期间借款的利息支出，凡有合法证明的，不高于金融机构同类、同期贷款利率计算的数额的部分，准予扣除。

7）个体工商户或个人专营种植业、养殖业、饲养业、捕捞业，应对其所得征收个人所得税。兼营上述四业并且四业的所得单独核算的，对属于征收个人所得税的，应与其他行业的生产、经营所得合并计征个人所得税；对于上述四业的所得不能单独核算的，应就其全部所得征收个人所得税。

8）个体工商户和从事生产、经营的个人，取得与生产、经营活动无关的各项应税所得，应分别适用各应税项目的规定征收个人所得税。

个体工商户的生产、经营所得应纳税额的计算公式为

应纳税所得额 = 全年收入总额 −（成本 + 费用 + 损失）

应纳税额 = 应纳税所得额 × 适用税率 − 速算扣除额

公式中的成本、费用，是指个体工商户以及生产、经营所发生的各项直接支出和分配计入成本的间接费用以及销售费用、管理费用、财务费用；公式中的损失，是指

个体工商户在生产、经营过程中发生的各项营业外支出。

【例8-9】

　　某个体工商户美贤全年的经营收入为 250 000 元，成本为 98 000 元，费用为 10 000 元（不包括业主个人工资），试计算该个体工商户全年应缴纳的个人所得税。

　　应纳税所得额 =250 000 − 98 000 − 10 000 − 42 000=100 000（元）

　　应纳税额 =100 000×35% − 14 750=20 250（元）

　　由于个体工商户生产、经营所得的应纳税额实行按年计算、分月或分季预缴，年终汇算清缴，多退少补的方法。因此，在实际工作中，需要分别计算按月或按季预缴税额和年终汇算清缴税款，其计算公式为

　　本月应预缴税额=本月累计应纳税所得额 × 适用税率−速算扣除数

　　　　　　　　　　−上月累计已预缴税款

【例8-10】

　　某市东山酒店系个体工商户，账证齐全，2016 年 12 月取得营业额为 150 000 元，购进肉、菜等原料费为 50 000 元，交纳水电费、房租等 20 000 元，当月支付给 4 名雇员工资共 12 000 元（该业主个人全年未领工资）。1～11 月累计应纳税所得额为 110 000 元；1～11 月累计已预缴个人所得税为 30 000 元。计算该个体工商户 12 月份应缴纳的个人所得税。

　　12 月份应纳税所得额 = 150 000 − 50 000 − 20 000 − 12 000 = 68 000（元）

　　全年累计应纳税所得额 = 110 000 + 68 000 − 42 000=136 000（元）

　　12 月份应缴纳个人所得税 = 136 000×35% − 14 750 − 30 000 = 2 850（元）

　　9）对个人独资企业和合伙企业生产、经营所得，其个人所得税的计算有以下两种方法：

　　第一种：查账征税。

　　对于实行查账征税办法的，生产经营所得按照《个体工商户个人所得税计税办法》的规定确定。但下列项目的扣除依照以下规定执行：

　　① 个人独资企业和合伙企业投资者本人的费用扣除标准统一确定为每年 42 000 元，即每月为 3 500 元。

　　② 投资者及其家庭发生的生活费用不允许在税前扣除。

　　③ 企业生产经营和投资者及其家庭生活共用的固定资产，难以划分的，由主管机关根据企业的生产经营类型、规模等具体情况，核定准予在税前扣除的折旧费用的数额或比例。

　　④ 企业向其从业人员实际支付的合理工资、薪金支出，允许在税前据实扣除。

　　⑤ 企业拨缴的工会经费、发生的职工福利费、职工教育经费支出分别在工资薪金总额 2%、14%、2.5% 的标准内据实扣除。

⑥ 每一纳税年度发生的广告费和业务宣传费用不超过当年销售（营业）收入 15% 的部分，可据实扣除；超过部分，准予在以后纳税年度结转扣除。

⑦ 每一纳税年度发生的与其生产经营业务直接相关的业务招待费支出，按照发生额的 60% 扣除，但最高不得超过当年销售（营业）收入的 5‰。

⑧ 企业计提的各种准备金不得扣除。

⑨ 投资者兴办两个或两个以上企业，并且企业性质全部是独资的，年度终了后，汇算清缴时，应纳税款的计算按以下方法进行：汇总其投资兴办的所有企业的经营所得作为应纳税所得额，以此确定适用税率，计算出全年经营所得的应纳税额，再根据每个企业的经营所得占所有企业经营所得的比例，分别计算出每个企业的应纳税额和应补缴税额。计算公式如下：

$$应纳税所得额 = \Sigma \ 各个企业的经营所得$$

$$应纳税额 = 应纳税所得额 \times 税率 - 速算扣除数$$

$$本企业应纳税额 = 应纳税额 \times 本企业的经营所得 \div \Sigma \ 各企业的经营所得$$

$$本企业应补缴的税额 = 本企业应纳税额 - 本企业预缴的税额$$

【例 8-11】

林波在市区投资兴办一家独资企业，2016 年取得营业收入为 1 800 000 元；主营业务成本为 800 000 元；营业税金及附加 20 000 元；财务费用 10 000 元；管理费用为 180 000 元，其中：业务招待费为 60 000 元；有 6 名员工，人平均月工资 4 500 元，共支付工资 324 000 元；林波每月领取工资 4 000 元，共支付工资 48 000 元；当年向某单位借入流动资金 100 000 元，支付利息费用 10 000 元，同期银行贷款利率为 4%；对外投资分得股息 40 000 元。试计算林波 2016 年应缴纳的个人所得税。

解答：

① 业务招待费的扣除限额，按其发生额的 60% 扣除，即 60 000×60%=36 000 元；但最高不得超过当年营业收入的 5‰，即 1 800 000×5‰=9 000（元）。所以扣除限额为 9 000 元。

② 投资者个人的工资 48 000 元不能扣除，但每月可以扣除费用 3 500 元（每年 42 000 元）。

③ 非金融机构的借款利息、不高于同期同类贷款利率计算的数额的部分，准予扣除，超过的部分不能扣除。允许扣除为 4 000 元（100 000×4%）。

④ 对外投资分得股息 40 000（元），应按股息项目单独计算个人所得税，不能并入生产、经营的应纳税所得额一并计算个人所得税。

⑤ 分得股息应纳的个人所得税 =40 000×20%=8 000（元）

⑥ 应纳税所得额 =1 800 000 － 800 000 － 20 000 －（180 000 － 60 000+9 000）－ 324 000 － 4 000 － 42 000=481 000（元）

⑦ 2016 年经营所得应缴个人所得税 =481 000×35% － 14 750=153 600（元）

⑧ 2016 年应缴个人所得税 =153 600+8 000=161 600（元）

第二种：核定征收。

核定征收方式，包括定额征收、核定应税所得率征收以及其他合理的征收方式。实行核定应税所得率征收方式的，应纳所得税额的计算公式如下：

$$应纳税所得额＝收入总额 × 应税所得率$$

$$或＝成本费用支出额 ÷（1－应税所得率）× 应税所得率$$

$$应纳所得税额＝应纳税所得额 × 适用税率$$

应税所得率应按表 8-6 规定的标准执行。

表 8-6　个人所得税应税所得率表

行业	应税所得率
工业、交通运输业、商业	5%~20%
建筑业、房地产开发业	7%~20%
饮食服务业	7%~25%
娱乐业	20%~40%
其他行业	10%~30%

企业经营多个行业的，无论其经营项目是否单独核算，均应根据其主营项目确定其适用的应税所得率。

实行核定征税的投资者，不能享受个人所得税的优惠政策。

实行查账征税方式的个人独资企业和合伙企业改为核定征税方式后，在查账征税方式下认定的年度经营亏损未弥补完的部分，不得再继续弥补。

3. 对企事业单位的承包经营、承租经营所得的计税方法

对企事业单位的承包经营、承租经营所得，是指个人承包经营、承租经营以及转包、转租取得的所得，包括个人按月或按次取得的工资、薪金性质的所得。其个人所得税的计算公式为

$$应纳税所得额＝纳税年度收入总额－必要费用$$

$$应纳税额＝应纳税所得额 × 适用税率－速算扣除数$$

公式中的必要费用，是指按月 3 500 元的扣除额。

> **【例 8-12】**
>
> 　　某市刘莹 2016 年 1 月起与某事业单位签订承包合同经营招待所，合同协议的承包期为三年，每年上缴费用 75 000 元，年终招待所实际的利润为 120 000 元，计算刘莹应缴的个人所得税。
>
> 　　刘莹应纳个人所得税＝（120 000－75 000－3 500×12）×5%－0＝150（元）

4. 对劳务报酬所得的计税方法

劳务报酬所得的个人每次取得的收入，定额或定率扣除规定费用后的余额为应纳税所得额。劳务报酬所得，属于一次收入的，以取得该项收入为一次，属于同一项目

连续性收入的，以一个月内取得的收入为一次。

每次收入不超过 4 000 元，减除费用 800 元，每次收入超过 4 000 元以上的，减除收入的百分之二十的费用，其余额为应纳税所得额。

$$应纳税所得额 = 每次收入 - 800$$

或
$$= 每次收入 \times （1 - 20\%）$$

$$应纳税额 = 应纳税所得额 \times 20\%$$

【例 8-13】

某市歌手郑焕与某歌舞厅签约，双休日到歌舞厅演唱，每月演唱 8 场，每场酬金为 400 元，计算郑焕每月应纳的个人所得税。

郑焕每月应纳个人所得税 =（8×400 - 800）×20%=480（元）

【例 8-14】

在例 8-13 中，假设每场酬金为 1 000 元，计算郑焕每月应纳的个人所得税。

郑焕每月应纳个人所得税 = 8×1 000×（1 - 20%）×20%=1 280（元）

注意捐赠问题，若郑焕捐赠贫困地区 5 000 元，计税时可以扣减应纳税所得额的 30%，即

$$8000 \times （1 - 20\%）\times 30\%=1\,920（元）$$
$$（6\,400 - 1\,920）\times 20\%=896（元）$$

若捐赠的是农村义务教育 5 000 元，可以全部扣减，郑焕每月应纳个人所得税为

$$（6\,400 - 5\,000）\times 20\%=280（元）$$

如果纳税人的每次应税劳务报酬收入的应纳税所得额超过 20 000 元，应实行加成征税。

【例 8-15】

在例 8-13 中，假设每场酬金为 5 000 元，计算郑焕每月应纳的个人所得税。

郑焕每月应纳个人所得税 = 8×5 000×(1 - 20%)×30% - 2 000=7 600（元）

5. 稿酬所得的计税方法

稿酬所得是指个人因其作品的图书、报刊形式出版，发表而取得的所得。稿酬所得，以每次出版、发表取得的收入为一次。个人每次的图书、报刊方式出版发表同一作品，不论出版单位预付还是分次支付稿酬，或者加印该作品再得稿酬，均应合并一次计算纳税。如果个人在两处或两处以上出版、发表或出版同一作品而取得的稿酬所得，则可分次计算纳税，同一作品在报刊分次连载，应将每次连载取得的稿酬合并计算一次，连载后又出版书籍，出版书籍所得可视为一次所得。

稿酬所得,每次收入不超过4 000元,减除费用800元,每次收入超过4 000元以上的,减除收入的百分之二十的费用,其余额为应纳税所得。计算应纳税额后,减征百分之三十的税款。

$$应纳税所得额 = 每次所得 - 800$$

或

$$= 每次所得 \times (1 - 20\%)$$

$$应纳税额 = 应纳税所得额 \times 20\% \times (1 - 30\%)$$

【例8-16】

某高校张旭教授,在出版社出版一部专著,取得稿酬收入为50 000元,计算出版社代扣张教授个人所得税额。

$$应纳税所得额 = 50\,000 \times (1 - 20\%) = 40\,000 \ (元)$$
$$应纳个人所得税 = 40\,000 \times 20\% \times (1 - 30\%) = 5\,600 \ (元)$$

 想一想: 若张教授取得稿酬收入为3 500元,如何计算其应交的个人所得税?

6. 特许权使用费所得的计税方法

特许权使用费所得,是指个人提供专利权、商标权、著作权、非专利技术以及其他特许权的使用权取得的所得。提供著作权的使用权取得的所得,不包括稿酬所得。特许权的使用费所得应纳的税额的计算如下:

(1) 每次收入不足4 000元的

$$应纳税额 = 应纳税所得额 \times 适用税率 = (每次收入额 - 800) \times 20\%$$

【例8-17】

陈楷将发明的某项专利转让给其他企业使用,每年取得使用费收入3 900元。试计算陈楷应交纳的个人所得税。

$$应交纳的个人所得税 = (3\,900 - 800) \times 20\% = 620 \ (元)$$

(2) 每次收入超过4 000元以上的

$$应纳税额 = 应纳税所得额 \times 适用税率 = 每次收入额 \times (1 - 20\%) \times 20\%$$

【例8-18】

在例8-17中,陈楷每年取得使用费收入20 000元。试计算陈楷应交纳的个人所得税。

$$应交纳的个人所得税 = 20\,000 \times (1 - 20\%) \times 20\% = 3\,200 \ (元)$$

7. 利息、股息、红利所得的计税方法

利息、股利、红利所得是指个人拥有债权、股权而取得的利息、股息、红利所得。利息、

股利、红利所得的个人每次取得的收入额为应纳税所得额，不得从收入额扣减任何费用，其中：每次取得的收入是指支付单位或个人每次支付利息、股息、红利时，个人所取得的所得，包括货币性所得和非货币性所得。应纳税额的计算公式为

$$应纳税额 = 应纳税所得额 × 适用税率 = 每次收入额 × 20\%$$

【例 8-19】

王文当年从公司取得红利收入 80 000 元，试计算王文当年应交纳的个人所得税。

$$应交纳的个人所得税 = 80\,000 × 20\% = 16\,000（元）$$

8. 财产租赁所得的计税方法

财产租赁所得是指个人出租建筑物、土地使用权、机器设备、车船以及其他财产取得的所得，财产租赁所得一般以个人每次（一月为一次）取得的收入，定额或定率扣除规定费用，以及在出租财产过程中缴纳的税金和教育费附加、修缮费用（每次以 800 元为限，一次扣除不完的，准予下次继续扣除，直至扣完为止）后的余额，作为应纳税所得额，具体应纳税额的计算如下：

（1）每次收入不足 4 000 元的

$$应纳税所得额 =（每次收入额 - 出租房屋财产过程中缴税、费$$
$$- 出租房屋财产实际开支的修缮费用应纳税额）- 800\,元$$
$$应纳税额 = 应纳税所得额 × 10\%$$

【提示】个人出租住房，暂减按 10% 的税率征收个人所得税；个人出租非居住用房，按 20% 的税率征收个人所得税。

【例 8-20】

某市徐凯将一套商品房租给别人使用，月租金 3 500 元，按月收取，房屋装修由出租人负责。2016 年 12 月，徐凯装修该出租房屋花费 1 000 元，已按规定缴纳有关税费 50 元，试计算徐凯 11 月应交纳的个人所得税。

$$应纳税所得额 = 3\,500 - 800 - 800 - 50 = 1\,850（元）$$
$$应纳个人所得税 = 1\,850 × 10\% = 185（元）$$

（2）每次收入超过 4 000 元的

$$应纳税所得额 =（每次收入额 - 出租房屋财产过程中缴纳的税、费$$
$$- 出租房屋财产实际开支的修缮费用应纳税额）×（1 - 20\%）$$
$$应纳税额 = 应纳税所得额 × 10\%$$

9. 财产转让所得的计税方法

财产转让所得，是指个人转让有价证券、股权、建筑物、土地使用权、机器设备、车船以及其他财产取得的所得。财产转让所得以个人每次转让取得的收入额扣除财产

原值和合理费用后的余额作为应纳税所得额，其中，每次转让取得的收入，是指以一个独立财产的所有权一次转让取得的收入额为一次。

【例 8-21】

在例 8-20 中，徐凯取得租金收入为 12 000 元，试计算徐凯 12 月应交纳的个人所得税。

应纳税所得额 = （12 000 − 800 − 50）× （1 − 20%）= 8 920（元）
应纳个人所得税 = 8 920 × 10% = 892（元）

【知识拓展】

目前，在全国范围内全面推广"营改增"。其他个人出租不动产（不含住房），增值税的征收率为 5%。其他个人出租住房，按照 5% 的征收率减按 1.5% 计算应纳税额征收增值税。

纳税人未提供完整、准确的财产原值凭证，不能正确计算财产原值的，由主管税务机关核定其财产原值。财产转让所得中允许扣除的合理费用，是指转让财产时按规定支付的有关费用，计算公式为

应纳税所得额 = 收入总额 − 财产原值 − 合理费用
应纳税额 = 应纳税所得额 × 适用税率

【知识拓展】

个人出售自有住房取得的所得应按照"财产转让所得"项目征收个人所得税。对个人转让自用 5 年以上、并且是家庭唯一生活用房取得的所得免征个人所得税。对出售自有住房并在 1 年内重新购房的纳税人不再减免个人所得税。如果未提供完整的房屋原值凭证，不能正确计算房屋原值和应纳税额的，税务机关对其实行核定征税，即按纳税人住房转让收入的一定比例核定应纳个人所得税额。

【例 8-22】

某市金凤将购买但未装修的居住房（非唯一生活住房，未满 5 年）转让他人，双方协商转让价格为 900 000 元；该房产的购入价为 500 000 元，支付相关费用 10 000 元，各种单据、凭证完整、准确。试计算金凤应交纳的个人所得税。

应纳税所得额 = 900 000 − 500 000 − 10 000 = 390 000（元）
应交纳的个人所得税 = 390 000 × 20% = 78 000（元）

10.偶然所得的计税方法

偶然所得是指个人得奖、中奖、中彩及其他偶然性质的所得。偶然所得以每次取

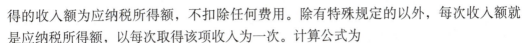

得的收入额为应纳税所得额，不扣除任何费用。除有特殊规定的以外，每次收入额就是应纳税所得额，以每次取得该项收入为一次。计算公式为

$$应纳税额 = 应纳税所得额 \times 适用 = 每次收入额 \times 20\%$$

【例 8-23】

伍怡在参加某市大新商场的有奖销售过程中，中奖所得为价值人民币 30 000 元的家用电器及 50 000 元现金，所得奖励价值 80 000 元。伍怡领奖时告知大厦商场，中奖所得的 5 000 元现金捐赠给红十字会。计算商场代扣伍怡的个人所得税。

$$应纳税所得额 = 80\,000 - 5\,000 = 75\,000（元）$$
$$商场代扣的个人所得税 = 75\,000 \times 20\% = 15\,000（元）$$

？ 想一想：若伍怡以 30 000 元现金捐赠贫困地区，商场代扣的个人所得税是多少？

11. 其他所得的计税方法

其他所得个人所得税的计算公式为

$$应纳税额 = 应纳税所得额 \times 适用税率 = 每次收入额 \times 20\%$$

【提示】在实际工作中，个人取得的应税所得，难以界定应纳税所得项目的，由主管税务机关确定。

第四节　个人所得税的会计处理

 情景导入

刘翩翩了解到假如自己大学毕业后全职在便利店工作，收入会按照"工资、薪金所得"项目进行征税，爱动脑筋的她又想到了新的问题，这个人所得税是单位代扣代缴的，那么单位的会计又是怎样做账的呢？

一、个人所得税会计账户的设置

根据税法的规定，个人所得税以所得人为纳税义务人，以支付所得的单位或个人为扣缴义务人，扣缴义务人应当按照国家规定办理全员全额申报。税务机关对扣缴义务人按照所扣缴的税款，付给 2% 的手续费。

企、事业单位核算代扣代缴的个人所得税，应设置"应交税费——应交个人所得税"的明细账，核算企业代扣代缴个人所得税的代扣和代缴情况。个人所得税按规定计算的应交税额并填写扣缴个人所得税报告表（表 8-7），根据纳税申报表，借记"应付职

工薪酬"账户，贷记"应交税费—应交个人所得税"账户；按税务机关开出的完税凭证借记"应交税费——应交个人所得税"账户，贷记"银行存款"账户。

【知识拓展】

　　全员全额扣缴申报，是指扣缴义务人向个人支付应税所税所得时，不论其是否属于本单位人员，支付的应税所得是否达到纳税标准，扣缴义务人应当在代扣税款的次月内，向主管机关报送其支付应税所得个人的基本信息、支付所得项目和数额、扣缴税款数额以及其他相关涉税信息。

表 8-7　扣缴个人所得税报告表

扣缴义务人编码：
扣缴义务人名称（公章）：　　　　　　　　　　　　　　　金额（元）
单位：元（列至角分）
填表日期：　　　年　　月　　日

序号	纳税人姓名	身份证照类型	身份证照号码	国籍	所得项目	所得期间	收入额	免税收入额	允许扣除的税费	费用扣除标准	准予扣除的捐赠额	应纳税所得额	税率/%	速算扣除数	应扣税额	已扣税额	备注
1	2	3	4	5	6	7	8	9	10	11	12	13	14	15	16	17	18
合计																		
扣缴义务人	我声明：此扣缴报告表是根据国家税收法律、法规的规定填报的，我确定它是真实的、可靠的、完整的。 声明人签字：																

会计主管签字：　　　　　　　负责人签字：　　　　　　　　　　扣缴单位（或法定代表人）（签章）：
受理人（签章）：　　　　　　受理日期：　　　年　　月　　日　　受理税务机关（章）：

　　个体工商户、对企业单位的承包、租赁经营的以及个人租赁、合伙企业交纳个人所得税的核算程序与企业所得税基本相同，个人所得税按规定计算的应交税额并填写个人独资企业和合伙企业投资者个人所得税申报表（表 8-7）等，须通过"所得税费用"和"应交税费—应交所得税"两个账户进行会计核算。

二、个人所得税的会计处理

【例 8-24】

某市新都公司职工曾华 10 月工资为 7 500 元（已扣"三险一金"），计算曾华应交纳的个人所得税，并作出企业相关会计处理。

解：

$$应纳税所得额 = 7\,500 - 3\,500 = 4\,000（元）$$
$$应纳税额 = 4\,000 \times 10\% - 105 = 295（元）$$

假设新都公司本月代扣代缴税款的个人所得税为 120 000 元，则：

$$手续费 = 120\,000 \times 2\% = 2400（元）$$

根据扣缴个人所得税报告表作：

借：应付职工薪酬——工资 120 000
　　贷：应交税费——应交个人所得税 120 000

根据个人所得税完税凭证作：

借：应交税费——应交个人所得税 120 000
　　贷：银行存款 120 000

根据税务机关开出的收入退还书等凭证作：

借：银行存款 2 400
　　贷：营业外收入 2 400

三、个人所得税的申报

个人所得税申报实行纳税人与扣缴义务人向税务机关双向申报制度，概括而言，有自行申报和代扣代缴两种。

1. 自行申报纳税

1）自行申报纳税是指由纳税人自行在税法规定的纳税期限内，向税务机关申报取得的应税所得项目和数额，如实填写个人所得税申报表，并按照税法规定计算应纳税额，缴纳个人所得税的一种方法。自行申报纳税的范围有以下几个方面。

① 年所得 12 万元以上的。

② 从中国境内二处或者二处以上取得工资、薪金所得的。

③ 从中国境外取得所得的。

④ 取得应纳税所得，没有扣缴义务人的。

⑤ 国务院规定的其他情形。

【提示】凡年应税所得 12 万元以上的个人所得税纳税人，无论取得的各项所得是否已足额缴纳个人所得税，切应于纳税年度终了后 3 个月内自行向税务机关办理纳税申报或者进行汇算清缴。

2）自行申报纳税的期限，根据税法的规定有以下几种情况。

① 个体工商户的生产、经营所得应纳的税款，按年计算，分月预缴，由纳税义务人在次月七日内预缴，年度终了后三个月内汇算清缴，多退少补。

② 对企事业单位的承包经营、承租经营所得应纳的税款、按年计算，由纳税义务人在年度终了后三十日内缴入国库，并向税务机关报送纳税申报表。纳税义务人在一年内分次取得承包经营、承租经营所得的，应当在取得每次所得后的七日内预缴，年度终了后三个月内汇算清缴，多退少补。

③ 从中国境外取得所得的纳税义务人，应当在年度终了后三十日内，将应纳的税款缴入国库，并向税务机关报送纳税申报表。

注意：按税法规定，自行申报缴纳个人所得税的纳税人)当其在中国境内两处或两处以上取得应纳税所得额时，选择其中一地为纳税地点。

2. 代扣代缴

按照税法规定，代扣代缴个人所得税是支付个人所得的单位或个人的法定义务，必须依法履行。代扣代缴的范围有：①工资、薪金所得；②对企事业单位的承包经营、承租经营所得；③劳务报酬所得；④稿酬所得；⑤特许权使用费所得；⑥利息、股息、红利所得；⑦财产租赁所得；⑧财产转让所得；⑨偶然所得；⑩其他所得。

扣缴义务人每月所扣的税款，应当在次月 15 日内缴入国库，并向主管税务机关报送扣缴个人所得税报告表、代扣代缴税款凭证和包括每一纳税人姓名、单位、职务、收入、税款等内容的支付个人收入明细表以及税务机关要求报送的其他有关资料。

练 习 题

一、单项选择题

1. 在中国境内有住所的个人所得，（ ） 在我国缴纳个人所得税。

A. 应就来源于中国境内的所得　　　　B. 应就来源于中国境外的所得

C. 应就来源于中国境内、外的所得　　D. 应就不需要缴纳个人所得税

2. 在中国境内无住所但在一个纳税年度中在中国境内累计居住不超过 90 日的个人应（ ），免征个人所得税。

A. 就其来源于中国境外的所得征收个人所得税

B. 就其来源于中国境外的所得征收个人所得税

C. 就其来源于中国境内的所得由境外雇主支付的部分征收个人所得税

D. 就其来源于中国境内的所得由境外雇主支付且不由该雇主在中国境内的机构场所负担的部分免于缴纳个人所得税

3．个人所得税法中所称的"临时离境"是指在一个纳税年度内，一次不超过 30 日或者多次累计不超过（　　）日的离境。

A．365　　　　　　B．180　　　　　　C．90　　　　　　D．60

4．个人取得的所得，难以界定应纳所得项目的，由（　　）确定。

A．扣缴义务人确定　　　　　　　　B．纳税人自行确定

C．主管税务部门确定　　　　　　　D．纳税人和主管税务部门协商确定

5．下列所得应缴纳个人所得税的是（　　）。

A．离退休工资　　　B．国债利息　　　C．企业债券利息　　D．保险赔款

6．某外籍专家在我国境内工作，月工资为 10 000 元人民币，则其每月应纳个人所得税税额为（　　）。

A．745 元　　　　　B．485 元　　　　C．1 495 元　　　D．1 600 元

7．某大学教授 2016 年 5 月编写教材一本并出版发行，获得稿酬 14 600 元。2017 年 3 月因加印又获得稿酬 5 000 元。该教授所得稿酬应缴纳个人所得税是（　　）。

A．1 635.2 元　　　B．2 195.2 元　　C．2 044 元　　　D．2 744 元

8．下列所得中一次收入畸高，可实行加成征收的是（　　）。

A．稿酬所得　　　　　　　　　　　B．利息、股息、红利所得

C．劳务报酬所得　　　　　　　　　D．偶然所得

9．个体户进行公益救济性捐赠时，捐赠额不得超过其应纳税所得额的（　　）。

A．3%　　　　　　　B．10%　　　　　C．15%　　　　　D．30%

10．按规定，在计算应纳个人所得税时允许在税前扣除一部分费用的是（　　）。

A．股息所得　　　　　　　　　　　B．财产租赁所得

C．彩票中奖所得　　　　　　　　　D．红利所得

11．根据税法规定，个人转让自用达（　　）以上并且是家庭唯一居住用房所取得的所得，暂免征收个人所得税。

A．一年　　　　　　B．三年　　　　　C．五年　　　　　D．十年

12．下列所得中，不采用代扣代缴方式征收个人所得税的是（　　）。

A．劳务报酬所得　　　　　　　　　B．稿酬所得

C．偶然所得　　　　　　　　　　　D．个体工商户的生产经营所得

13．个人所得税扣缴义务人每月扣缴税款上缴国库的期限为（　　）。

A．次月 3 日　　　B．次月 5 日　　　C．次月 7 日　　　D．次月 10 日

14．我国个人所得税的征收方式（　　）

A．个人自行申报　　　　　　　　　B．由税务机关上门征收

C．代扣代缴　　　　　　　　　　　D．代扣代缴和个人自行申报

15．税法规定自行申报缴纳个人所得税的纳税人，当其在中国境内两处或两处以上取得应纳税所得额时，其纳税地点的选择应是（　　）。

A．收入来源地   B．选择其中一地

C．税务局指定地   D．个人户籍所在地

二、多项选择题

1. 个人所得税纳税人区分为居民纳税义务人和非居民纳税义务人,依据标准有（　　）。

A．境内有无住所   B．境内工作时间

C．取得收入的工作地   D．境内居住时间

2. 采用按次征税的所得项目有（　　）。

A．工资、薪金所得   B．劳务报酬所得

C．财产租赁所得   D．其他所得

3. 以下各项所得适用累进税率形式的有（　　）。

A．工资薪金所得   B．个体工商户生产经营所得

C．财产转让所得   D．承包承租经营所得。

4. 下列各项所得在计算应纳税所得额时不允许扣减任何费用的有（　　）。

A．偶然所得   B．特许权使用费所得

C．利息、股息所得   D．财产租赁所得

5. 在下列各项所得中，可以免征个人所得税的是（　　）。

A．个人办理代扣代缴税款手续，按规定取得的扣缴手续费

B．外籍个人从外商投资企业取得的股息红利所得

C．个人转让自用达 5 年以上的住房取得的所得

D．保险赔款

6. 在计算缴纳个人所得税时，个人通过非营利性的社会团体和国家机关进行的公益性捐赠准予在应纳税所得额中全额扣除的有（　　）。

A．向红十字事业捐赠   B．向农村义务教育捐赠

C．向中国绿化基金会捐赠   D．公益性青少年活动场所

7. 个人所得税纳税人对企事业单位的承包，承租经营所得包括（　　）。

A．个人承包、承租经营所得   B．投资的股息所得

C．个人按月取得的工资薪金性质的所得   D．个人转包、转租取得的所得

8. 退休职工李某本月取得的下列收入中，需缴纳个人所得税的有（　　）。

A．退休工资 1 000 元   B．股票股利 900 元

C．咨询费 800 元   D．杂志上发表文章的稿酬 1 000 元

9. 在确定个人应纳税所得额时,可以采用比例扣除 20% 费用的所得项目有(　　)。

A．在 4 000 元以上的特许权使用费所得   B．在 4 000 元以上的财产转让所得

C．在 4 000 元以上的劳务报酬所得   D．在 4 000 元以上的稿酬所得

10. 下列收入中，可以直接作为个人所得税应税所得额的有（　　）。

A．存款利息　　　　　　　　　B．企业债券利息

C．股票转让所得　　　　　　　D．中奖奖金

三、判断题

1．公民有依照法律规定纳税的义务是税收征管法规定的。　　　　　　（　　）

2．我国个人所得税为分类税制模式。　　　　　　　　　　　　　　　（　　）

3．某个人独资企业采用核定征收办法计算个人所得税。2015年自报经营亏损，因而不用缴纳个人所得税。　　　　　　　　　　　　　　　　　　　　　　（　　）

4．个人所得税的纳税人，依据住所和居住时间划分为居民纳税人和非居民纳税人。　　　　　　　　　　　　　　　　　　　　　　　　　　　　　　　　（　　）

5．个人将其应税所得全部用于公益救济性捐赠将不承担缴纳个人所得税义务。　　　　　　　　　　　　　　　　　　　　　　　　　　　　　　　　　（　　）

6．个人独资企业与其他企业联营而分得的利润免征个人所得税。　　　（　　）

7．个人所得税区别所得项目分别适用超额累进税率和比例税率。　　　（　　）

8．根据非居民纳税人的定义，非居民纳税人可能是外籍个人、华侨或港、澳、台同胞，也可能是中国公民。　　　　　　　　　　　　　　　　　　　　（　　）

9．现行税法规定，"工资、薪金所得"适用5%~45%的九级超额累进税率。（　　）

10．劳务报酬收入一次性超过20 000元的应加成征税。　　　　　　　（　　）

11．个人提取原交纳的住房公积金、医疗保险金免征个人所得税。　　（　　）

12．个人从工资中实际缴付的各类商业保险，可不计入个人当期工薪所得征税。　　　　　　　　　　　　　　　　　　　　　　　　　　　　　　　　（　　）

13．农民进城销售自产农产品所取得的所得不用缴纳个人所得税。　　（　　）

14．扣缴义务人应扣未扣纳税人个人所得税税款的，应由扣缴义务人缴纳应扣未扣的税款、滞纳金及罚款。　　　　　　　　　　　　　　　　　　　　（　　）

15．从两处或两处以上取得工资、薪金所得的个人，需选择并固定在其中一处向税务机关自行申报纳税。　　　　　　　　　　　　　　　　　　　　　　（　　）

四、业务题

1．某市美达有限公司经理张易，2016年6月份的工资收入为15 000元，"三险一金"为1 500元，捐给红十字会500元，试计算6月份应纳个人的所得税额。

2．刘冰是某公司职工，2016年9月份其应付职工薪酬为8 500元，"代扣个人项目"的金额为990元，其中：代扣水电费150元；代扣基本养老保险费240元；代扣基本医疗保险费140元；代扣失业保险费60元；代扣住房公积金400元。试计算9月份刘冰应缴纳的个人的所得税额。

3．某市演员杨因2016年6月到某市进行文艺演出，取得收入80 000元，按规定将收入的10%上交其单位，并拿20 000元通过有关部门捐给希望工程。试计算：

（1）该演员劳务报酬的应纳税所得额。

（2）计算个人所得税时应扣除的捐赠额。

（3）该演员的劳务报酬应缴纳的个人所得税。

4．某市某个体户林灵从事商品经营，2016年12月全月销售收入为28 000元，进货成本为10 000元，各项费用支出为1 800元，缴纳增值税1 200元，其他税费合计1 800元，当月支付2名雇工工资各1 900元，而税务机关确定雇员工资标准为每月1 000元，1～11月份累计应缴纳所得额为12 000元。1～11月份累计已预缴个人所得税为2 100元。试计算：

（1）该个体户12月份应纳税所得额；

（2）该个体户1～11月份累计应纳税所得额；

（3）该个体户12月份应缴纳个人所得税额。

5．某市作家吴青于2016年2月出版一部长篇小说，取得稿酬40 000元，2016年4月又加印取得稿酬6 000元，2016年5月到2016年12月期间该长篇小说在某报纸上连载刊登，其取得稿酬18 000元。试计算：

（1）该作家的出版稿酬收入应缴纳的个人所得税；

（2）取得报刊连载收入应缴纳的个人所得税。

6．张铭承包一国营饭店，根据协议规定，分两次取得承包所得，6月取得24 000元，12月取得23 000元，每月取得固定工资5 000元。另外，12月取得以下几笔收入：

（1）转让一套居住过4年的自有住房，获转让收入50 000元。房屋购入原价30 000元，销售时支付有关税费共计3 000元；

（2）取得国家特殊补贴1 000元；

（3）取得误餐补助300元；

（4）取得特许权使用费收入5 000元，拿出2 000元通过民政局捐给养老院；

（5）购买福利彩票中奖收入24 800元，取得国债利息收入900元。

请根据以上资料与个人所得税法规的规定计算：

① 6月应预缴的个人所得税额；

② 转让房屋应纳的个人所得税；

③ 捐赠支出可扣除的数额；

④ 特许权使用费应纳个人所得税额；

⑤ 购买福利彩票应纳个人所得税额。

7．某市美芝有限公司系中外合资企业，外籍职工（非居民纳税人）陈凌的月工资为10 000元，中方职工李玲月工资为3 500元，分别捐给农村义务教育500元。试计算陈凌、李玲应交的个人所得税，并作出相关的会计处理。

8．某市远洋公司经理夏晖，2016纳税年度各月工资情况如表8-8所示。

（假设每月固定扣除3 500元费用）

表 8-8　工资表

单位：元

月份	1	2	3	4	5	6	7	8	9	10	11	12	合计
工资	5 600	2 800	3 800	9 600	8 600	10 800	1 900	1 700	1 000	1 500	11 000	8 000	
应缴													

要求：计算各月及全年应纳的个人所得税。

9. 2016 年 8 月，王林从其受雇的某市星光电子有限公司取得工资 4 600 元，各种津贴补贴 250 元，通过民政部门捐给某市贫困地区的约 500 元，计算王林 8 月份应纳个人所得税。

10. 某相声演员云鹏到某市进行文艺演出，取得收入 60 000 元，按规定将收入的 10% 上交其单位，并拿出 10 000 元捐给青少年活动中心。试计算其应纳个人所得税。

11. 2016 年 9 月 6 日，黄丽为某企业介绍一笔销售业务，取得介绍服务费 15 000 元。11～20 日又被聘请培训班讲授税法课程，共 10 天每天授课费 200 元。计算黄丽取得劳务收入的应纳个人所得税税法额。

12. 马文广将一间 30 平方米的旧房屋出租，合同规定：租期两年，月租金 3 000 元，按年预收，房屋装修费由出租人负责。2016 年 8 月，马文广一次性取得年租金 36 000 元，并装修该出租房屋花费 2 500 元。缴纳各税费忽略不计，计算其全年应纳个人所得税。

13. 李某 2017 年 1 月份工资为 6 250 元（已扣"三险一金"），年终奖金 36 000 元，试计算李某 1 月份的应缴纳的个人所得税。

参考答案

参 考 文 献

全国税务师职业资格考试教材编写组，2016. 税法 (I). 北京：中国税务出版社.
全国税务师职业资格考试教材编写组，2016. 税法 (II). 北京：中国税务出版社.